作者简介

曹相见

湖南汝城人,法学博士,吉林大学法学院副教授、博士生导师,吉林省长白山特聘青年拔尖人才。

国家社会科学基金青年项目"人格权确权的伦理基础研究"（项目编号：17CFX026）结题成果

General Theory of Personality Rights

人格权总论
传统与超越

曹相见 / 著

北京大学出版社
PEKING UNIVERSITY PRESS

目 录

序 言 ·· 1

绪论 人格权立法与研究的使命 ··· 1
 一、引言 ·· 1
 二、学术史梳理 ··· 3
 三、主要研究框架 ··· 8

第一编 人格权概念论

第一章 人格在法律上的语境 ·· 13
 一、引言 ··· 13
 二、人格作为伦理学上的概念 ····································· 15
 三、罗马法上的人格与"伦理人" ····························· 20
 四、近代私法对"伦理人"的移植 ····························· 23
 五、当代私法中"伦理人"的勃兴 ····························· 26
 六、结语 ··· 29

第二章 标表型人格权的构造 ·· 30
 一、引言 ··· 30
 二、标表型人格权的特殊性 ·· 33
 三、标表型人格权的权能与权利对象 ························ 41
 四、标表型人格权的保护模式 ····································· 51

五、结语 ………………………………………………… 59

第三章　物上"人格"的构造 ……………………………… 61
　　一、引言 ………………………………………………… 61
　　二、人格、财产的哲学谱系 …………………………… 64
　　三、主体、客体的规范形塑 …………………………… 76
　　四、物上"人格"的财产构成 ………………………… 85
　　五、结语 ………………………………………………… 93

第二编　人格权主体论

第四章　法人人格权何以不能 …………………………… 97
　　一、引言 ………………………………………………… 97
　　二、法人人格的规范意义 ……………………………… 100
　　三、团体人格的政策考量 ……………………………… 110
　　四、法人保护的体系思维 ……………………………… 115
　　五、结语 ………………………………………………… 125

第五章　死者"人格"的本质 …………………………… 126
　　一、引言 ………………………………………………… 126
　　二、比较法上的观察 …………………………………… 129
　　三、民事权利的生死机理 ……………………………… 134
　　四、死者"人格"的利益结构 ………………………… 146
　　五、死者"人格"的法律救济 ………………………… 153
　　六、结语 ………………………………………………… 157

第三编　人格权客体论

第六章　权利客体的理论构造 …………………………… 161
　　一、引言 ………………………………………………… 161
　　二、从法律关系到权利：客体的语境转换 …………… 163

三、从哲学到法学：客体的概念回归 …………………… 169
四、从多元到统一：客体的理论更新 …………………… 176
五、结论 …………………………………………………… 186

第七章 权利客体与权利对象 ……………………………… 188
一、为何要区分权利客体与对象 ………………………… 188
二、如何来区分权利客体与对象 ………………………… 202
三、客体与对象之于权利的意义 ………………………… 207
四、结语 …………………………………………………… 213

第四编 人格权性质论

第八章 人格权当属受尊重权 ……………………………… 217
一、引言 …………………………………………………… 217
二、支配语境与人格权支配属性 ………………………… 219
三、对物支配与人格自由的二分 ………………………… 229
四、结语 …………………………………………………… 237

第九章 人格权为基本权利 ………………………………… 238
一、引言 …………………………………………………… 238
二、民法、宪法关系的历史演进 ………………………… 242
三、民法、宪法关系的理论流变 ………………………… 252
四、基本权利私法介入的教义学分析 …………………… 266
五、结语 …………………………………………………… 284

余论 人格权法定及其立法评析 …………………………… 286
一、人格权法定的语境与技术 …………………………… 286
二、人格权独立成编的时代价值 ………………………… 297
三、人格权编的"得"与"失" …………………………… 305
四、结语 …………………………………………………… 316

后 记 ……………………………………………………… 319

序　言

　　人格权的重要性不言而喻。中国共产党十八届四中全会提出要编纂民法典，保障公民的人身权、财产权，十九大报告更是将人格权与人身权、财产权并列。在学术界，虽然在民法典编纂过程中学者之间围绕人格权的立法技术问题发生了激烈争论，但对人格权重要性的认识并不存在分歧。人格权最终在《民法典》中独立成编，标志着民法上人格—财产二元体系的真正形成。从内容上看，《民法典》规定了生命权、身体权、健康权、行动自由权、姓名权、肖像权、名誉权、荣誉权、隐私权等人格权益，以及人格保护的一般条款、人格标识的许可使用等规则，有利于明确人格权的类型与边界，周全地保护各种人格利益。

　　与之形成对照的是，在传统民法典上，人格权往往"寄居"于民事主体部分，虽然也受法律保护，却与主体密不可分。人们固然也把它当作一种权利，却也不深究它为什么是一种权利，只考虑侵权法的救济是否充分。作为一个落后于实践和立法的理论问题，关于人格权为何是一项独立权利的论证，在人格权独立成编以后尤其值得研究。处理这一问题，需要我们体系性地反思人格权的概念、主体、客体和性质，只是这些问题往往又超出人格权本身，涉及人格与财产的关系、权利客体理论等民法基础问题，从而使问题变得复杂起来。

　　本书是论证人格权何以可能的一种新尝试。作者首先从人格权概念入手，剖析了人格在法律上的语境及其利益构造；其次，从主体上否认了法人、死者享有人格权；再次，通过对民事客体理论的反思与建构，破解了人格权的客体难题；最后，对人格权作为受尊重权、兼有基本权利的属性进行了分析。本书的鲜明特点是，从独立的伦理角度论证人格权，试图建立起人格—财产的二元格局。其中，作者提出了人格有作为实证权利基础的含义、物上"人格"可发挥财产效果、死者"人格"为生前形象、区分权利的客体与对象、基本权利无法介入私法等命题，对我国人格权乃至整个民法基础理论的研究作出了推进性贡献。

本书作者曹相见是我的学生。硕士研究生毕业后，我推荐他到山东农业大学任教。其间，他跟我说想报考我的博士研究生，我问他攻读博士学位期间的研究计划，他说想论证人格权何以可能。我知道他硕士论文写的是人格权，但当时主要还是发现了问题，没有找到合适的分析框架。我对人格权也有长期思考，就鼓励他把这个研究做下去。2016年，曹相见考上华东政法大学的博士研究生，我们一起对人格权问题进行了许多有意义的探索。2017年，曹相见的"人格权确权的伦理基础研究"获国家社会科学基金立项资助。博士研究生毕业后，国家社科基金项目也很快结题，本书即为结题成果。

作为老师，很高兴看到学生常年积累的成果出版。刚考上博士的时候，我跟曹相见说，对特定问题感兴趣、敢钻研很好，但研究视野也不能过于狭窄，要把宽和窄、视野和规范结合起来。令人欣慰的是，本书的许多内容体现了这种治学方法。如在"物上'人格'的构造"一章，作者既提炼出了人格纯粹性的命题，又结合法哲学、经济学等知识揭示了物上"人格"的财产功能。而这些年，曹相见正在努力培养自己在财产法领域的对话能力，研究领域发生了从抽象到具体、从人格到财产的转变。这是可喜的现象。我希望他未来能够站住阵地、拓展领域，延续传统、拥抱现代，展现出年轻一代学者的精神风貌和治学能力。

房绍坤
2022年12月

绪论　人格权立法与研究的使命

一、引　言

立法与法学均有其历史使命，人格权的立法、研究也不例外。在中国，鉴于"文化大革命"的历史教训，《宪法》规定人身自由、人格尊严不受侵犯，《民法通则》（已废止）也确立了生命健康、姓名、肖像、名誉和荣誉等人格权，《民法典》更是独树一帜，专编规定人格权；民法学界也对人格权倾注了大量心血，王泽鉴、王利明、马骏驹、杨立新、姚辉、张红、张民安等教授均有专著出版，加上人格权立法分歧的弥散，人格权理论一时成为民法"显学"。在比较法上，基于第二次世界大战的惨痛经历，人权保护的需求激增，以《埃塞俄比亚民法典》《葡萄牙民法典》《巴西民法典》为代表的新兴民法典对人格权采取了正面确权的立法模式；随着康德思想的全面复兴，学界关于人权和人格权的研究也呈勃发之势。

人格保护的立法与研究早已有之。自习惯法时代以降，人的生命、名誉等即受法律保护。罗马法上的对人私犯、侵辱之诉，中国古代"杀人偿命"的观念，无不体现着人格保护的理念。而随着社会的进步、法制的发展，人格的利益类型不断丰富。就法学而言，立足于人格—财产的二元区分，胡果·多勒鲁斯首创现代人格权理论。依其主张，严格属于我们的，或存在于各人的人身中，或存在于外在的物中，为此，有着两个著名的法的原则：一是勿伤他人，二是各得其所。属于前者的有人身,属于后者的是个人拥有的物。[1] 此后,经普赫塔(Puchta)、基尔克(Gierk)、温德沙伊德(Windscheid)等人的努力,人格权理论日臻完善。只是人格权被广泛承认,确实是第二次世界大战以后的事情,"这恐怕是对纳粹轻视人的强烈反思而出现的结果"[2]。就我国而言,早在民国时期,龙显铭教授就著有《私法上人格权之保护》一书。

由此观之,人格权的立法与研究热潮,一定程度上是政治诉求在私法上的反映,与政治意义上的人权具有密切的关联,而非权利学说的理论推演结果。[3] 或者说,"人格权的确立不是实证主义的逻辑贯彻,而是现实主义的应对抉择,是解决现实人格保护迫切要求之所急"[4]。对此,有学者感慨道:"人格权在事实上已经成为一类民事权利,法律技术上的权利化也早已不成为问题,但在理论意义上证明人格权如何可能,仍然是极富挑战性与颠覆性的问题。质言之,是否可以证成一项对于自己的生命、身体、名誉乃至人格尊严的权利?此项抑或伴随着人格权理论的成长,至今挥之不去。"[5]

事实也确实如此。近代人格权理论的创设,虽以人格—财产二分为前提,但缺乏独立的结构模式,未形成泾渭分明的体系格局,在主体、客体结构等问题上一直未获有力说明;相反,它以所有权为模型[6],"遗传"了财产的"先天基因",典型的体现是:人格权的集大成者基尔克在推动人格权从"人对自己的权利"到"对人权"再到"人格权"的转化时,也同时提出了人格权的财产性问题。[7] 而在信息化和生命科技的背景之下,人与物、人格与财产的界限更是日渐"模糊",不断侵蚀人格权赖以存在的理论基础。因此,在《民法典》专编规定人格权的背景

---

[1] 转引自徐国栋:《人格权制度历史沿革考》,载《法制与社会发展》2008年第1期。
[2] [日]星野英一:《私法中的人》,王闯译,中国法制出版社2004年版,第58页。
[3] 参见马骏驹:《从人格利益到人格要素——人格权法律关系客体之界定》,载《河北法学》2006年第10期。
[4] 龙卫球:《人格权的立法论思考:困惑与对策》,载《法商研究》2012年第1期。
[5] 姚辉、周云涛:《人格权:何以可能》,载《法学杂志》2007年第5期。
[6] 参见王泽鉴:《人格权法》,北京大学出版社2013年版,第44页。
[7] 转引自张红:《人格权总论》,北京大学出版社2012年版,第17页。

下,借《民法典》解释之机,夯实人格权作为独立权利的理论基础,乃是中国学者的当代使命。

值得注意的是,本书在行文中出现了人格权"确权"的概念。从语义上看,人格权"确权"存在两个语境:一是权利基础意义上的确权,即认为人格保护的价值基础源于法律的规定;二是立法技术意义上的确权,即认为立法对加强人格保护具有规范意义,人格权应作为一项独立权利。很显然,第一重意义上的人格权确权与人格权源自人的伦理属性之哲学理论相悖,也与人格权经由实践而不断丰富其类型的历史不符。民法学界通常在第二重语境上使用人格权"确权"概念[1],本书同其立场。

二、学术史梳理

虽然我国人格权的理论研究历史背景与比较法不同,但在路径上两者均存在明、暗两条主线,分别以财产模式、伦理模式为范式。

(一)国内学术史梳理

国内人格权理论研究成果蔚然,但多集中于法体系的建构、释义学分析和侵权救济方面,对人格权理论证成的关注相对不多。由于人格权的理论基础不牢,民法学界迄今不能就人格的内涵、人格权主体、人格权客体、人格权性质等基础理论达成共识,以至于在人与物的关系、人格与财产的界分、法人能否享有人格权、人格能否成为权利客体、人格权是否为支配权等问题上纠缠不清,进而导致《民法典》编纂过程中学界对人格权立法的立场分歧。

1. 关于人格的内涵,主要包含三个方面内容

一是人格的法律语境,通说认为有三重含义,即权利主体、权利能

---

[1] 参见王利明:《人格权的积极确权模式探讨——兼论人格权法与侵权法之关系》,载《法学家》2016年第2期;房绍坤、曹相见:《〈民法典人格权编(草案)〉的贡献与使命》,载《山东大学学报(哲学社会科学版)》2019年第6期。

力与权利客体(梁慧星,2001;王利明,2005),但近来又出现一元说、二元说和四元说,或认为人格为主体资格(尹田,2001),或认为人格分为主体人格和客体人格(杨代雄,2008),或在通说之外增加表征主体特质的人格(崔拴林,2008)。但各说尚未阐明人格语境分化的内在机理,亦遮蔽了私法人格与公法人格的内在统一,既无法解释民法上的人格语境,也无法说明民事权利与宪法权利的关系。

二是人格利益的内部构造,即人格权中精神与财产利益的关系问题。学界对此存在三种意见。通说认为,(标表型)人格权兼有精神和财产利益,二者具有统一性(王泽鉴,2013);照此推论,人格权的专属性与非财产性日渐模糊,出现了"商品化"趋势(王利明,2013)。第二种意见主张人格标识使用权属于独立的财产权,以此隔离人格权的精神与财产利益(温世扬,2013;于晓,2017;孔祥俊,2018)。第三种意见认为,人格利益具有立体式结构:精神利益为固有利益,其他为衍生利益(严城,2010;张平华,2013)。但既有学说或仍以财产权为模型,或虽提出新模式却失于逻辑论证。

三是人格利益与外在物的关系,即具有人格利益的外在物的性质问题。有的学者认为,传统民法中的人、物二分已发生变化,人格与财产、人与物之间存在融合现象,人格物(冷传莉,2007)、人格物权(芮沐,2003)、人格财产(徐国栋,2005)等说法继起。有的学者提出了民事权利的"二元性"理论,认为民事权利内在地具有精神和财产利益,但因不同权利比例不同而处分权能各异(姜福晓,2016)。有的学者试图建构财产/尊严、生物性/尊严性并存的人体法益构造(汪志刚,2016;孟勤国,2020),为物质性人格权积极利用提供理论基础。有的学者则认为人格物权、人格物之说缺乏系统论证,其概念内涵和外延均存在模糊之处(周煜,2015;温世扬,2016)。

2.关于人格权的主体,主要存在两个方面问题

一是法人是否应享有人格权。虽然现行法规定法人享有人格权,但学界仍展开立法论上的探讨。通说从法人的主体地位(王利

明,2005;王泽鉴,2013;张民安,2020)、法人本质的实在说(姚辉,2011;谢鸿飞,2015)以及法人的社会功能(薛军,2011)出发,肯认法人享有人格权;反对意见则认为,相较于自然人,法人作为一种手段,是非伦理性的存在,故不得享有人格权(张俊浩,2001;尹田,2004;郑永宽,2005;刘凯湘,2020)。通说以财产权为理论模型,而对人格的不同含义、团体人格的社会地位等关注不多;反对意见着眼于人格权的伦理属性,但对法人人格的规范意义、法人的社会功能论证不力。

二是死者是否应享有人格权。通说认为,死者因无权利能力而不享有人格权,死者人格应采间接保护模式。此说又分为死者法益保护说(孙加锋,1991;王利明,2005)、近亲属利益保护说(魏振瀛,1990;张新宝 1997;梁慧星,2001)、人格权延伸保护说(杨立新,1995)。另有观点主张直接保护死者人格,其理由或认为利益客观存在、人格利益不必与人格共存、民法有穿越生死线的机理、死者仍然存在尊严(税兵,2011;朱晓峰,2021);或认为人格是动态和静态的结合体,死者也具有部分权利能力(刘召成,2013),该说近来有抬头之势,但其论证仍显乏力。

3. 关于人格权的客体

学界主要存在三种不同学说。一是以人格利益为客体的利益说,该说为早期通说(梁慧星,2001;王利明,2005);二是以人格为客体的人格说,该说认为人格是人之为人的整体性结构,其作为一个事实上的伦理概念,不同于作为法律主体的人(张俊浩,2001;姚辉,2011;尹飞,2011);三是以生命、名誉等人格要素为客体的要素说,该说认为人格要素可被支配,又不会与主体混同,故可为人格权客体(马俊驹,2006;郑晓剑,2011;程啸,2022)。但上述学说仍以财产权为模型,亦难以解释人格权的伦理属性。学界进而出现了区分客体与对象、重构客体理论的主张(熊文聪,2013;刘德良,2014;王坤,2020)。

4. 关于人格权的性质,又分为两个层面

一是人格权是否为支配权?传统理论持肯定意见(梁慧星,2001;

王泽鉴,2013),具有浓重的财产权色彩。比较谨慎的意见认为,仅物质性人格权、标表型人格权具有支配性,且其支配属性亦不绝对(尹田,2004;王利明,2005)。近来有学者突出其伦理属性,提出受尊重权(龙卫球,2011;温世扬,2013)或受保护权(李永军,2012)的主张。该说在思路上有创新,但缺乏体系化的论证。

二是人格权究竟为民事权利抑或宪法权利？有学者认为,人格权属于宪法权利,而非法定私权(尹田,2003);更多学者则认为,人格权既是宪法权利又是民事权利(王利明,2005;刘凯湘,2012;王泽鉴,2013)。认为人格权仅为宪法权利的意见,可能对人格语境存在误解,但对人格权双重属性的认识,又涉及基本权利的性质、效力和民法与宪法的关系,而民法、宪法学界则对此存在重大争议(林来梵,2016;韩大元,2016;龙卫球,2016;谢鸿飞,2016)。

由此观之,我国民法主流学说以财产权为模型进行人格权的理论建构,构成人格权研究的"明线",它在一定程度上模糊了人与物、人格与财产的界分,消融了人格权的专属性和非财产性;争鸣理论另辟蹊径,虽无统一范式,却不约而同地指向了人格权的伦理属性,构成人格权研究的"暗线",但因其缺乏体系思维和有力论证,尚未形成旗帜鲜明的研究进路。

(二)国外研究的学术史梳理及研究动态

人格权理论滥觞于 16 世纪的欧洲,以人、物二分原则为前提。首创者胡果·多勒鲁斯谓:严格属于我们的,或存在于各人的人身中,或存在于外在的物中,为此有着两个著名的法的原则:毋伤他人和各得其所。此外,阿梅斯瓜(Amesqua)、格勒克(Glück)等人也作出了相同判断。但关于人格权是否为独立权利的争论一直持续到整个 19 世纪。以萨维尼(Savigny)为代表的学者认为,人对自身的权利为天赋权利,是其他权利的基础、前提而非客体,此种主张实质影响了包含《德国民法典》在内的传统民法。以普赫塔、基尔克、温德沙伊德为代表的学者则坚持人格与财产的区分,并以所有权为模型完成了人格权的理论建构。这一见解虽与《德国民法典》失之交臂,但已为第二次世界大战以后的新兴民法典所采用。

1. 关于人格的内涵

其一,人格与人、权利能力、人格权等概念关联,人格权理论被认为缺乏确切的概念[汉斯·哈腾鲍尔(Hattenbauer),1982]。德国法还因经由宪法创设一般人格权,而使人格与人之尊严、人权联系起来,后者进而成为实证权利的基础[亨克·博萨(Henk Botha),2009]。其二,在人格利益的内部构造上,德国法形成了兼顾精神、财产利益的一元模式[乔治·雷斯塔(Giorgio Resta),2011];美国法则以隐私权、公开权分别保护人格、财产利益[格雷格·廷德尔(Ciaig Tindall),2003]。其三,在人格与外在物的关系上,欧洲学界主要讨论是否应予以保护[克雷斯汀·巴尔(Christian Bar),2001]。美国学者提出了人格财产概念,并产生了较大的影响[玛格丽特·拉丁(Margaret Radin),1982],但也遭到来自物质文化学的猛烈抨击[杰弗里·琼斯(Jeffrey Douglas Jones),2011]。

2. 关于人格权的主体

其一,关于法人人格权,德国学者认为,法人仅具有财产法上的权利能力,但又承认法人享有某些具体人格权[卡尔·拉伦茨(Karl Larenz),1988]。法国学界存在肯定、否定与折中三种学说[海伦·马特龙(Helene Martron),2011]。日本学者多持肯定意见(五十岚清,2009)。美国学界以否定者居多[理查德·施拉格(Richard Schragger),2013],判例法呈无秩序状态[伊丽莎白·伯尔曼(Elizabeth Pollman),2014]。其二,关于死者人格权,德国联邦法院明确予以承认,并认为死者兼有人格与财产利益[汉内斯·罗斯勒(Hannes Rosler),2008],但学理上仍存在不同看法[吕斯特(Rüthers),1985;拉伦茨,1988]。美国法虽承认死者的公开权,却否认死者享有隐私权[柯尔斯登·斯莫伦斯基(Kirsten Smolensky),2009],但也有学者持不同意见(汉内斯·罗斯勒,2008)。

3. 关于人格权的客体

大陆法系传统民法中的权利理论,系以财产权(尤其是所有权)为典型,认为权利乃主体对客体的支配关系,权利的性质在于主体对客体的意思支配,此种客体系处分的标的并具有财产价值。萨维尼因之否认人格权为独立权利;拉伦茨虽然承认人格权,但认为人身不能作为权利客体。德国新近学说逐渐克服此种传统观念,认为权利乃法律所赋予满足一定利益之力,以淡化主体对客体的支配色彩[拉伦茨、沃尔夫(Wolf),2004],但未提出新的理论框架。美国法则缺乏此理论层面的讨论。

4. 关于人格权的属性

其一,欧陆传统理论虽以财产权为模型,但学界对人格权的支配属性持谨慎态度[福尔克尔·博伊庭(Volker Beuthien),2003]。多数学者认为,支配权的范围限于物权和无形财产权[科勒(Köhler),1989];也有学者将人格权与支配权、请求权和形成权并列[汉斯·布洛克斯(Hans Brox),1959];还有学者提出了受尊重权说(拉伦茨,1988),并为法国1994年、2004年两次修法所肯认。其二,基于立宪主义的历史传统,人格权兼为宪法权利和民事权利,在欧陆法并无争议[杜立希(Dürig),1956],日本法则存在较大争论(五十岚清,2009)。

由此可见,国外人格权研究同样存在财产、伦理两条主线:人格权概念虽以人、物二分为原则,但其理论证成仍以财产权为模型,从而在人格与财产的关系、权利客体等问题上存在先天不足,阻碍了传统民法典对人格权的规定;国外学者对人格权伦理属性的关注也未成体系,相关概念和理论缺乏有力论证。新兴民法典对人格权的正面确权不过是现实主义的应对抉择,缺乏坚实的理论基础。

三、主要研究框架

既然以财产权为模型建构的人格权理论,模糊了人与物、人格与财产的界限,那就有对传统主流学说进行反思、从伦理角度探究人格权理论证成的必要,以实现人格权理论基础的超越。此又具体分为四大部分:一是概念论,主要涉及人格的法律语境、人格利益与外在物的关系、人格利益的内部构造;二是主体论,主要研究法人、死者是否享有人格权的问题;三是客体论,探讨人格权客体的建构问题,即完成客体理论从哲学到法学的建构;四是性质论,辨析人格权究竟为支配权或受尊重权、基本权利抑或民事权利。

(一)概念论:人格权所谓何物

欲知人格权的伦理基础,必先看清人格权的面目,因此,应首先研究人格的法律语境。本部分主要研究如下问题:其一,人格概念具有多义性,那么其具有哪些含义,既有学说的总结是否全面,人格语境分化的内在机理是什么,人格概念是否存在公、私法上的互动,人格权在其中居于何种地位。其二,人格权的专属性、非财产性是否已经消融,标表型人格权上的人格利益和财产利益能否共存,人格利益的一元保护模式是否具有合理性,人格标识使用权能否成为独立客体。其三,人格利益具有主观性,其与外在物的结合是否已经模糊人、物二分原则及人格与财产的界限,界定其性质有何认识论原理,司法实践又有何趋势。

(二)主体论:人格权为谁享有

就主体而言,自然人享有人格权当无疑议,但作为非伦理主体的法人、无权利能力的死者是否享有人格权,就必须体系化地考察其在伦理上的规范意义。该部分主要研究如下问题:其一,法人实在说为我国通说,但其与拟制说的关系是否非此即彼,二者在比较法上的历史地位如何,前者能否构成法人人格权的理论基础;法人享有主体资格是否意味着亦享有人格权,其规范意义何在;法人作为非伦理性的存在,所谓"名称权""名誉权"的本质为何;法人的社会功能是什么,其在社会中的地位如何,法人容忍义务对其权利有何影响,司法实践有何趋势。其二,就死者保护而言,比较法上是否真的铁板一块;直接保护模式如何跨越权利能力"始于出生终于死亡"的生死线;胎儿利益保护、著作人身权、继承权等能否构成例外;死者人格在哲学和生活上的意义为何,具有何种法律结构,应如何实现体系保护。

(三)客体论:人格权何以可能

客体是否可能为人格权证成的关键。为破解当前人格权的客体理论困境,应结合民法上的权利本质学说和调整对象理论,以"规范—事实""人格—财产"为视野,建构统一的权利客体理论。本部分主要研究如下问题。检讨人格权客体人格说、人格要素说、人格利益说的说服力,剖析其优势与不足,提出问题的解决思路。探讨权利客体理论的比较法起源与历史发展,检视其对权利体系的解释力,辨析其与哲学客体的区别和联系,从法律关系的角度探讨客体的内涵回归。区分客体与对象,重构既可解释财产权亦可解释人格权的客体理论。检讨客体多元说的优势与不足,研究建构统一权利客体理论的可能性。

(四)性质论:人格权属性为何

本部分主要研究如下问题:其一,归纳学界对人格权支配属性的态度,检讨人格权支配权说的依据与解释力,对比国外学者对人格权支配属性的理解。结合客体理论剖析支配权的规范意义,从权利角度阐述支配权与请求权的体系,论证人格权的受尊重权属性。其二,宪法权利和民事权利的关系是什么,二者是一体两面抑或非此即彼;宪法上的人之尊严、人权条款有何规范意义,其与基本权利条款的关系是什么;基本权利能否适用于私法,有何法教义学后果;中国学者的理论改造是否符合立宪主义的历史背景。

由于《民法典》已于2020年5月28日通过,本书最后还将对先前引起学界激烈讨论的人格权法定原则及其类型技术进行探讨,并结合《民法典》人格权编对具体人格权的规定进行评议。

第一编
人格权概念论

General Theory of Personality Rights

第一章 人格在法律上的语境[*]

一、引　言

法学上最难定义的概念,人格肯定位居其中。[1] 通说认为,民法上的人格具有三重意义:其一是指具有独立法律地位的权利主体;其二是指作为权利主体法律资格的民事权利能力;其三是从权利客体角度出发,把人格理解为一种受法律保护的利益,包括自然人的生命、身体、健康、自由、尊严、名誉等。[2] 此外,学界尚有"二元说"和"四元说"。二元说认为,人格即作为资格的人格和作为精神上的人格[3],也有学者称为主体意义上的人格和客体意义上的人格[4]。四元说又有两种不同的立场:一是在通说的三重意义上增加了作为特定实体客观上据以享有主体资格的属性的"人格特质"[5];二是在通说的基础

---

[*] 本章由作者与张平华教授合著的《人格的私法构造——以"伦理人"的历史演进为视角》(载《浙江工商大学学报》2014年第1期)一文修改而来,观点有更新。感谢老师的慷慨授权。

[1] 参见胡玉鸿:《围绕"人格"问题的法理论辩》,载《中国法学》2008年第5期。

[2] 参见王利明:《人格权法研究》(第三版),中国人民大学出版社2018年版,第5—6页;梁慧星:《民法总论》(第三版),法律出版社2007年版,第91页。

[3] 参见吴汉东:《试论人格利益和无形财产利益的权利构造——以法人人格权为研究对象》,载《法商研究》2012年第1期。

[4] 参见杨代雄:《主体意义上的人格与客体意义上的人格——人格的双重内涵及我国民法典的保护模式选择》,载《环球法律评论》2008年第4期。

[5] 参见崔拴林:《私法中的"人格"范畴含义辨析》,载《法律科学(西北政法大学学报)》2008年第4期。

上,增加了"指权利能力、行为能力、自由、名誉、姓名权等之总和"的意义,梁慧星教授新近持此说〔1〕。那么,人格为何具有多义性,各重意义之间存在何种关联,究竟应当采纳何种学说?

由于学界对此问题缺乏共识,人们对人格概念的使用出现了混乱。一种倾向认为,主体、人格、权利能力是具有不同对应坐标和上下位序的法律概念和法学范畴:主体即法律关系参与者、法律行为实施者、权利与义务承担者,其存在是人格、权利能力存在的必要前提和基础条件,其位序最基础,是第一位的;人格、权利能力则为主体的派生概念和法学范畴,属于主体的下位概念或范畴,其位序具有从属性,是第二位的。〔2〕另一种更为普遍的倾向则从通说中择取某种特定含义来定义人格。如有学者认为,人格即指权利主体〔3〕;更多的学者认为,人格实乃主体资格(法律地位)〔4〕。表面观之,民法上的人格似乎就此从"三国鼎立"演化为"楚汉相争",实则不然:把人格限定为权利主体也好,主体资格(法律地位)也罢,因其无法包容人格的其他两重含义〔5〕,势必在"人格"之上创设一更大的人格概念以为统摄。这样,人格既为属概念,又为种概念,结果就是自相矛盾。

问题还不限于此。有学者通过将人格定义为"人的一般性法律地

---

〔1〕 参见梁慧星:《民法总论》(第五版),法律出版社 2017 年版,第 90—91 页;梁慧星:《民法总论》(第四版),法律出版社 2011 年版,第 91 页。

〔2〕 参见肖海军:《民法典编纂中非法人组织主体定位的技术进路》,载《法学》2016 年第 5 期。

〔3〕 具体论述请参见马骏驹、刘卉:《论法律人格内涵的变迁和人格权的发展——从民法中的人出发》,载《法学评论》2002 年第 1 期;付翠英:《人格·权利能力·民事主体辨思——我国民法典的选择》,载《法学》2006 年第 8 期。

〔4〕 具体论述请参见梅夏鹰:《民事权利能力、人格与人格权》,载《法律科学(西北政法学院学报)》1999 年第 1 期;尹田:《论自然人的法律人格与权利能力》,载《法制与社会发展》2002 年第 1 期;徐国栋:《"人身关系"流变考(上)》,载《法学》2002 年第 6 期;王利民:《论法律人格的本质》,载《社会科学辑刊》2006 年第 4 期;张新宝:《人格权法疑难问题研究》,载王家福:《人身权与法治》,社会科学文献出版社 2007 年版,第 116 页。

〔5〕 值得注意的是权利主体与主体资格之间的关系,也许有人会将二者统一视为主体性人格,实际上二者截然二物:一个是主体本身的东西不可能同时又是主体的某种属性。参见徐国栋:《再论人身关系——兼评民法典总则编条文建议稿第 3 条》,载《中国法学》2002 年第 4 期。

位"的方式,得出人格是宪法概念的结论。[1] 这使我们不得不把眼光穿梭于民法与宪法之间。自《民法通则》规定人身权利以来,人格权立法在2002年官方"民法(草案)"和《民法典》编纂过程中均引起了学界的激烈争论。其中首要的问题,是学界对人格概念缺乏共识。在《民法典》解释论时代,要证成人格权何以可能仍系学界未完成之使命,而人格在法律上的语境为何,则是首先要处理的基础问题。

二、人格作为伦理学上的概念

横看成岭侧成峰,人格的多义性,与学者的研究视野有关。探求人格的庐山真面目,须跳出实证法的大山,追问人格的概念范畴。

(一)人格的私法突围

在通说的三种含义中,权利主体、人格权为民法概念,此无疑议。然则权利能力是否为民法概念,甚值探讨。通常认为,权利能力作为人享有权利的资格或称前提,体现的是人的一般法律地位,不是由实证法规定的。从这个意义上说,权利能力概念超越了民法范畴。不过,一种流行的意见认为,判断某个概念是否属于特定法,应以该特定法是否规定该概念为准,因此,权利能力为民法概念。

这种观点值得商榷。以责任为例,保险法、证券法、票据法等通常既规定违法的民事责任,也规定其行政责任。那么,行政责任是商法概念吗?又如,征收通常由宪法规制,物权法也会作相应规定,但这丝毫不会改变征收对抗公权力的性质,尽管它确实涉及私法。再者,1948年日本《民法部分修订法》对民法第1条增设1款:"对于本法,应以个人尊严及两性实质的平等为本旨而解释之。"那么,此处的"个人尊严"及"两性平等"也是民法概念吗?

---

[1] 参见尹田:《论自然人的法律人格与权利能力》,载《法制与社会发展》2002年第1期。

依本书之见,判断某一概念是否属于特定法,应以其功能为标准。商法中的行政责任体现了政府的行政管制,因此为行政法概念;征收体现的是国家对公民财产权的管控功能,因此并非私法概念,至少不仅仅是私法概念。而"个人自尊"与"两性平等"通常也不是由民法来规定的,它们体现的是尊严价值对民法的影响。权利能力是主体享受权利义务的资格,民法显然不能越俎代庖。

把权利能力理解为民法规定的概念,可能与对权利能力的误解相关。有学者指出:"即使将权利能力阐释为'享有总和之权利的资格',与直接表达和体现人之尊严、平等及自由的'人格',仍有角度、范围和价值理念上的根本不同。"〔1〕"如果说权利能力等于人格,则由于自然人的人格一律平等,自然人的权利能力就应当一律平等⋯⋯但是,自然人的权利能力范围实际上有大有小(如结婚权利能力),并非人皆有之。而法人的权利能力范围则根本不一致(法人权利能力范围依目的范围而定)。如此一来,一方面说'权利能力即人格平等',另一方面又说不同自然人或法人之间'权利能力即人格有差异',岂不相矛盾?"〔2〕

实际上,享有权利能力必然也就享有人之尊严、平等及自由。二者固然有角度上的不同,却并无价值上的区别,同属超越民法之概念。权利能力的"平等"是地位上的平等,而不是结果上的"相同"。人在事实上必然存在各种不同,高矮胖瘦、智愚美丑,只是建立在文明价值判断上的法律规范无意对其区别对待。就缔结婚姻的权利能力而言,任何人都是平等的,意味着任何人都有结婚的资格。因年龄、健康等导致的不同后果,并非地位上的不平等,而是事实结果的不同。在此,权利能力与行为能力乃有明显分工。申言之,将权利能力相对化有害无益〔3〕,本质上是对权利

---

〔1〕 尹田:《论人格权的本质——兼评我国民法草案关于人格权的规定》,载《法学研究》2003年第4期。

〔2〕 尹田:《论自然人的法律人格与权利能力》,载《法制与社会发展》2002年第1期。

〔3〕 梅迪库斯就认为,这种权利能力相对化的做法有害无益,应当坚持权利能力的传统定义。参见〔德〕迪特尔·梅迪库斯:《德国民法总论》,邵建东译,法律出版社2000年版,第788页。

能力和行为能力的混淆。[1]

就法人而言,其作为法律拟制的"人",并非人之尊严中的"人"。它虽是民事主体、具有权利能力,但只是人们为了财产性目的或其他非伦理性目的而创造的团体,因此应予以特别限定。诚如学者所言:"'以人为中心'不仅在强调人与神的关系中应当以人为中心,而且应当包括在个人与团体的关系中,也强调以人为中心而把个人从团体中解放出来。"[2]换言之,法人权利能力不过是人们以团体方式达致非伦理性目的的手段,难以与自然人的权利能力相提并论。即便是公益团体,其与自然人的权利能力也有所不同。

(二)人格的宪法超越

那么,是否如部分学者所言,人格应回归宪法?从比较法上看,德国联邦最高法院援引《基本法》第1条"人之尊严"和第2条"发展人格"条款创设了"一般人格权"。[3]《日本宪法》《美国宪法》则经由类似概括条款,解释出宪法上的人格权。我国学者亦将人格权的请求权基础上溯到《宪法》人权条款。[4] 就此而言,似乎人格为宪法概念。然则,甚值思考的,是为何各国并不径自认定人之尊严、人格自由、人权即人格权,而是通过解释的方式创设宪法人格权?换言之,宪法中的人之尊严、人格自由、人权与人格权等有什么不同?

对此,德国学者给出了启示性回答。针对《基本法》第1条规定的人之尊严(第1款)、人权(第2款)以及基本权(宪法权利)(第3款)条款,德国学者认为,人之尊严是最高的宪法原则,构成整个价值体系的基础。人权规定来自于人之尊严条款,而基本权(宪法权利)既是人权

---

[1] 参见郑晓剑:《权利能力相对性理论之质疑》,载《法学家》2019年第6期。
[2] 李永军:《民法上的人及其理性基础》,载《法学研究》2005年第5期。
[3] 参见[德]卡尔·拉伦茨:《德国民法通论(上册)》,王晓晔、邵建东、程建英等译,法律出版社2003年版,第171页。
[4] 参见张红:《一项新的宪法上基本权利——人格权》,载《法商研究》2012年第1期。

的实证化,即人权的法律表达,也是人权的具体化。[1] 不过,将人之尊严视为法的价值基础,已非新论。格劳秀斯早就指出:"法律存在的目的是维持某种内在于每个人的道德品质,并使其具有法律上的效力。此种道德品质是由理性通过每个人应具有某种支配财产或者作出行为的能力的方式获得的……因此,法律应当保护的自然权利的方案,就迅速化为它切实保护的基本权利方案,而有效的法定权利只能由此进行宣示。"[2] 盖其所谓道德品质,实质就是人之尊严。因此,人之尊严、人权等概念,虽明定于宪法,却非作为实证权利的宪法人格权,而是后者的价值基础,我们只能通过解释的方式创设宪法上的人格权。

由于人之尊严是整个法体系的价值基础,因此,属于宪法的非实证表达。盖人之尊严不可能由宪法等实证法赋予,其意义自然超越宪法本身。这一点,也许不好理解。因为在自然法不再流行的当下,学者通常以宪法规范的抽象性质,认为宪法人格权亦为抽象之概念,似乎将人之尊严视为宪法人格权并无不当。但实际情况并不如此。就实证法(包含民法与宪法)而言,任何违反法律规定之行为,应有相应救济手段才是。而因人格尊严、人格自由、人权等概念为实证权利(包含宪法人格权与民法人格权)之价值基础,并非实证法之概念,当然无法作为实证法的请求权基础为受害人提供诉讼救济。[3]

(三)人格与"伦理人"

当多数学者就人格问题在实证法上争论不休时,其他学者则把视角投向了法哲学、伦理学领域。[4] 在古典自然法理论中,人格乃是不

---

〔1〕 参见周云涛:《论宪法人格权与民法人格权——以德国法为中心的考察》,中国人民大学出版社 2010 年版,第 31—32 页。
〔2〕 Roscoe Pound, the Spirit of the Common Law, Marshall Jones Company, 1921, p.207.
〔3〕 参见张平华、曹相见:《人格权的"上天"与"下凡"——兼论宪法权利与民事权利的关系》,载《江淮论坛》2013 年第 2 期。
〔4〕 参见马骏驹:《人格与财产的关系——兼论法国民法的"总体财产"理论》,载《法制与社会发展》2006 年第 1 期。

可或缺的概念,因为没有作为理性主体的人格人,自然法既无法形成,也无法被人们认识。同样,没有人格的存在,个人凭什么拥有神圣不可侵犯的自然权利也无法得以说明。[1] 但据德国民法学家汉斯·哈腾鲍尔教授考证,人格这一名词原来并不是法律上的概念,而是伦理中的概念,是康德把这一概念引入到(法)哲学中。[2] 这一立场,也印证了前文对宪法的分析。盖只有从伦理意义上来理解人格,将人作为法律的目的和价值基础,才能正确理解人格的本质。易言之,伦理意义上的人(即"伦理人"),才是人格概念的本质范畴。

那么,究竟何谓"伦理人"?自然人是法律人的原型。自然人作为一种存在体,有血有肉有灵魂更有理性。不过,不同的自然人拥有不同的相貌(美与丑)、不一样的肉体(全与缺)以及不平等的理性(智与愚)。伦理人概念,产生于自然人,但二者又有不同。伦理人关注人的伦理意义,从而忽视相貌、身体以及智力之差别。因此,伦理人既出生于自然人,又是对后者的抽象,其基本立场就是:每一人都是作为目的的存在,人不能作为其他人达到目的的手段,即人具有尊严,其内涵可被理解为:"人依其本质属性,有能力在给定的各种可能性的范围内,自主地决定他的存在和关系、为自己设定目标并对自己的行为加以限制。"[3] 伦理人的要素为:其一,伦理人作为目的而存在,它可以作为权利的价值源泉。其二,伦理人具有理智。"借助于这种理智,人能够更精确地理解事物,对它们进行比较,利用已知的东西去认识未知事物。"[4] 因此,伦理人是主体。其三,伦理人是自然人,具有物质肉体和精神灵魂。作为理性的存在,其肉体和灵魂均须受到保护。

---

[1] 参见胡玉鸿:《围绕"人格"问题的法理论辩》,载《中国法学》2008年第5期。
[2] 参见〔德〕汉斯·哈腾鲍尔:《民法上的人》,孙宪忠译,载《环球法律评论》2001年第4期。
[3] 〔德〕卡尔·拉伦茨:《德国民法通论(上册)》,王晓晔、邵建东、程建英等译,法律出版社2003年版,第45—46页。
[4] 杨代雄:《伦理人概念对民法体系构造的影响——民法体系的基因解码之一》,载《法制与社会发展》2008年第6期。

三、罗马法上的人格与"伦理人"

在言必称罗马的大陆法系,罗马法上的人格是绕不过去的坎儿。正确解读罗马法上的人格,还其历史真容,是剖析人格私法构造的开端。

(一)罗马法上人格内涵的再探讨

关于罗马法上的人格,通说认为是主体资格(或称法律地位)。[1] 这一结论看似无可挑剔,细细寻味则值得推敲。固然,罗马法运用概念实现了自然人与法律人的分离,但除 homo(生物意义上的人)的意义比较明确外,学者对 Caput、Persona 的理解似有偏颇。从现代词义上看,Caput 既有地位、资格之义,也有法律主体之义。[2] 但 Caput 在罗马法上并非指地位、资格。Caput 原来的意义是书籍中章节的"章",[3] 后来转借而指权利义务的主体。[4] 无论是"章"也好,"主体"也罢,作为一种存在体,不可能成为某种地位或资格。Persona 今义指"人、个人、面具、角色、身份、地位",[5] 但在古罗马,Persona 源自斯多葛学派"具备理性的独立实体"之概念,在广义上指所有具有血肉之躯的人;在狭义上仅指自由人,即最起码拥有自由权的人。[6] 这也得到了意大利罗马法学家彭梵得(Bonfante)教授的印证。[7] 可见,Perso-

---

[1] 参见徐国栋:《"人身关系"流变考(上)》,载《法学》2002 年第 6 期。
[2] 参见薛波:《元照英美法词典》,法律出版社 2003 年版,第 193 页。
[3] 因为在古罗马,每一家长在户籍册中占有一章,家属则名列于其下,因此家长为"章",家属则为章下面的"节"。
[4] 周枏、吴文翰、谢邦宇:《罗马法》,群众出版社 1985 年版,第 69 页。
[5] 参见薛波:《元照英美法词典》,法律出版社 2003 年版,第 1048 页;杨代雄:《主体意义上的人格与客体意义上的人格——人格的双重内涵及我国民法典的保护模式选择》,载《环球法律评论》2008 年第 4 期。
[6] 参见马骏驹、刘卉:《论法律人格内涵的变迁和人格权的发展——从民法中的人出发》,载《法学评论》2002 年第 1 期。
[7] "当一个人(homo)具备足以使其获得权利能力的条件时,在技术用语上被称为'Persona',即便他不是罗马人。"[意]彼得罗·彭梵得:《罗马法教科书》,黄风译,中国政法大学出版社 1992 年版,第 29 页。

na 在罗马法上亦为法律主体。

那么,为什么学者对罗马法上的人取资格而避主体?德国法学家汉斯·哈腾鲍尔教授指出:"'人'的概念是我们从罗马法继承来的,而'人格'这一概念却是 18 世纪末期创造出来的……人是法律上的概念,人格却是习惯上的概念,表明人应该具备发展自己的自由能力。康德把人格这一概念使用到日常生活中的解释略显草率,结果造成了这一概念到处套用的情况。"[1]我们也可以说,罗马法中并不存在权利能力意义上的人格概念[2],而只有权利主体意义上的人的概念。

事实上,现代人格的概念起源应从基督教神学中寻找。与伊斯兰教、佛教、道教、儒教等信仰不同,基督教信仰的对象是三个不同位格而又合一的上帝。[3]"按基督教的创造论,人既然是按上帝的形象所造,人与自然、人与人关系和交往方式就不是'往下'走——只与物质打交道或与人交往的两极平面模式,而是一个首先转向'上',与上帝建立位格关系;应创造者上帝的要求和呼唤,才衍生出人与人、人与物之间关系的三角模式。从这个含有真正神圣性的三角关系模式出发,Persona 一词应准确地译为'位格人',而非'人格'。"[4]因此,现代法上的人格应是源自罗马神学中的"位格",后者经由伦理学引进到法学,才产生了近代法上的人格概念。

(二)身份与人格的貌合神离

实际上,罗马法上的 Caput、Persona 之所以被冠以地位、资格的含义,是因为权利能力意义上的人格作为习惯概念,被后世学者泛化并影响到其对罗马法上"人"的理解。换言之,学者把罗马法上的 Status(身

---

[1] 〔德〕汉斯·哈腾鲍尔:《民法上的人》,孙宪忠译,载《环球法律评论》2001 年第 4 期。
[2] 参见杨代雄:《主体意义上的人格与客体意义上的人格——人格的双重内涵及我国民法典的保护模式选择》,载《环球法律评论》2008 年第 4 期。
[3] 参见温晓莉:《罗马法人格权与胎儿权利的神学基础》,载《东方法学》2014 年第 1 期。
[4] 同上注。

份)嫁接到了 Caput 和 Persona 之上。由于身份在技术上起到了如同权利能力一样的作用,从而使人产生身份即人格(权利能力)的误解。那么,罗马法上"身份"有何神通?在罗马法上,主体地位的获得并非因为"人作为目的的存在",而是人具备了某种身份,这种身份实际上是罗马人用于组织社会的工具。[1] 对此,罗马法上的人格变动很能说明问题。人格变动有积极与消极两个方面,前者是指获得某种身份,例如外邦人获得市民籍、家子成为家父、奴隶被解放为自由民等;后者则是消失某种身份,也被称为"人格减等"。因此,在罗马法上,一个人可能"此时为尊彼时卑"。这与人作为目的存在应受尊重的原理严重背离。

可见,在罗马法上,身份是法律主体的基础。但身份的获得绝非基于人的伦理目的,而是由于社会秩序的需要。此时,身份所扮演的角色,只不过是使自然人成为法律人的技术手段,它与权利能力、伦理人等人格概念关系甚远。倘使一定要把身份视为"人格",则罗马法上的"人格"与我们现代所说的"人格"截然二物,二者不能等同。

(三) 被"阉割"的人身利益人格

值得注意的是,作为法律主体的人的人身利益在罗马法上仍然受到特殊保护。这种人身利益的保护,现代法称为"人格的保护",但罗马法却并不视为"人格",学者也往往忽视其在罗马法上的意义。但它恰恰体现了人的法律地位:其一,罗马法上不具有市民身份的异邦人虽然行为是自由的,但不受法的保护。亦即,只有市民才受本国法保护。其二,不具备自由人身份的奴隶,其所受保护与畜生一样。《阿奎利亚法》第一章规定:"谁杀死了一名奴隶或者畜群中的一头牲畜,谁就应当按照标的物在当年的最高价值进行赔偿。"[2] 依反面解释,杀死一个法律上的人,其赔偿应有重大区别。其三,父权下的子女,无论年龄怎样,即

---

[1] 参见徐国栋:《"人身关系"流变考(上)》,载《法学》2002年第6期;马骏驹:《人格与财产的关系——兼论法国民法的"总体财产"理论》,载《法制与社会发展》2006年第1期。

[2] [意]彼得罗·彭梵得:《罗马法教科书》,黄风译,中国政法大学出版社1992年版,第403页。

使是罗马市民并且在公法上享有权利,皆受制于家父那不受约束的生杀权。[1] 亦即,只有家父才能享有不受侵犯的人身权。

缘何罗马人对人身利益保护的法律意义视而不见?众所周知,罗马法上的权利是一种"物"[2],因此,罗马法上的权利主体,只是"对物权"的主体,而不包含对"对人权"的内容。事实上,罗马法上甚至也没有权利的概念。因此,罗马法虽然保护主体的人身利益,但不过是基于社会价值观念乃至公共利益实行的"人之本体"的保护,或称"利益的保护"。而依据现代人格的内涵,我们可以说,罗马法上的"人格"既包含法律主体,也包含人格利益。

四、近代私法对"伦理人"的移植

近代私法的重要贡献,就是对人的发现。"伦理人"自始进入法学的视野,成为近代私法的中心。

(一) 权利能力的时代意义

应当注意的是,虽然《法国民法典》肯认人的理性,但这并不意味着《法国民法典》上的人系"伦理人"的移植。《法国民法典》第 8 条规定:"所有法国人均享有民事权利。"法国民法由此塑造出一个具有与权利能力相同功能的"权利载体",使之成为人现实取得的权利的"聚集地"。[3] 然则,该条本质上是(基于自然法上人的理性所产生的)"人人平等与生而自由"的价值判断在实证法上的表述,而不是基于自然人作出的逻辑判断。我们也可以说,《法国民法典》上的人,体现了一定的伦理属性,是对伦理人理性要素的截取,却非目的要素的移植。

---

[1] 参见〔英〕巴里·尼古拉斯:《罗马法概论》(第二版),黄风译,法律出版社 2004 年版,第 69 页。
[2] 参见马骏驹、张翔:《人格权的理论基础及其立法体例》,载《法学研究》2004 年第 6 期。
[3] 参见马骏驹、张翔:《论民法个人人格构造中的伦理与技术》,载《法律科学(西北政法学院学报)》2005 年第 2 期。

开启近代私法"伦理人"移植风气之先的是《德国民法典》。在这一标志性法典中,权利能力概念具有重要意义。有学者认为,权利能力概念产生于18世纪后半期至19世纪的欧洲,由学者弗朗茨·冯·蔡勒(Franz von Zeiller)在《奥地利民法典》中首次使用。[1] 但这一说法值得商榷,《奥地利民法典》第16条规定:"每个人与生俱来都拥有理性所取得的权利,并在此之后被视为一个人格人。"它虽也清晰地塑造出"权利载体",但并未创设"权利能力",这种以自然法理性作为实证法基础的立法技术,与《法国民法典》并无不同。

实际上,权利能力是德国先验唯心主义哲学的产物,它是德国民法学家蒂堡(Thibaut)在《潘得克吞法的体系》一书中提出来的。[2] 在德国人看来,以抽象理性的自然法观念作为法律上的"人"的依据是不充分的,人的属性必须从实证法上寻找。"伦理人"由此取代自然法上的"理性人",成为法律上人的基础。故而拉伦茨谓:"《德国民法典》认为每一个人都生而为'人',对这一基本观念的内涵及其产生的全部后果,我们只有从伦理学上的人的概念出发才能理解。"[3]权利能力概念正是"伦理人"目的要素的法律延伸,是私法移植"伦理人"的技术工具。自然法上的"理性人"是当然的法律主体,无所谓是否具有权利能力。但伦理人是生物意义上的人,它有高矮胖瘦、善恶美丑和智愚强弱之别,因此需要一个价值工具,使生物人无差别地作为目的存在。权利能力的使命即在于此。[4]

(二)权利能力的自然隐退

经由权利能力的技术构造,伦理人被移植到德国民法中。法律上

---

[1] 参见梁慧星:《民法总论》(第四版),法律出版社2011年版,第66页。
[2] 参见杨代雄:《主体意义上的人格与客体意义上的人格——人格的双重内涵及我国民法典的保护模式选择》,载《环球法律评论》2008年第4期。
[3] 〔德〕卡尔·拉伦茨:《德国民法通论》(上册),王晓晔、邵建东、程建英等译,法律出版社2003年版,第45页。
[4] 对此,我妻荣教授论述道:"近代私法对所有的个人承认权利能力,并将此作为人格者,就是基于要保障个人不受他人支配的自主独立的地位的理想。"〔日〕我妻荣:《新订民法总则》,于敏译,中国法制出版社2008年版,第42页。

的人的基础,就此从法国民法上的"理性人"演变为"伦理人",从而完成了法律上的人的依据从自然法向实证法的转换。[1] 然则,权利能力概念却随之走向了一条不归路:作为伦理人目的要素的延伸,权利能力概念天然具有普遍性。换言之,人人作为目的,人人具有权利能力,当然也就意味着人人平等。但人人平等的结果反而使权利能力丧失了区分伦理人与法律人的意义,因为二者已无区别。

所以庞德说:"人作为道德和法律的单位得到承认,人的法律能力扩大,因而到了自然法时期,法律人格被认为是个人的一种属性……随着其得以建立的自然法基础的衰微,这一定义在分析法学那里就只保留为:'法律权利和义务的主体'。"[2] 更有学者直言:"当人不再是只有'人格'的人才称其为人的时候,'人格'的身份含义在历史上已经消失。人格被人取代,人格平等的实质就是人人平等。"[3]

但权利能力的隐退并不意味着权利能力的无意义。作为修饰法律主体的人格内涵,权利能力自有其存在价值,在说明法人等团体的人格时尤其如此:法人等团体之所以是法律主体,不是因为它存在人的构造,而是因为它具有权利能力。

(三) 伦理人移植的外在表现

"伦理人"的私法移植给近代法上的"人"带来深刻影响。其一,它完成了法律主体的伦理化,真正实现了法律面前人人平等。也许会有人认为,这在《法国民法典》中就实现了,这种观点值得商榷。前文曾指出,《法国民法典》上的人是理性人而非伦理人,并未实现法律主体的伦理化。而"所有法国人均享有民事权利"的规定也无法得出人人平等的结论。首先,该条的基本功能之一是判断自然人是否适用法国民法,换

---

[1] 参见马骏驹、张翔:《论民法个人人格构造中的伦理与技术》,载《法律科学(西北政法学院学报)》2005年第2期。
[2] 〔美〕罗斯科·庞德:《法理学》(第四卷),王保民、王玉译,张英、王玉校,法律出版社2007年版,第152页。
[3] 付翠英:《人格·权利能力·民事主体辨思——我国民法典的选择》,载《法学》2006年第8期。

言之,外国人是否适用法国民法。[1] 而外国人适用法国民法或外国人与法国人地位平等显然不是人人平等的同义词。其次,民事权利的享有有范围大小之别,因此,"所有人均享有民事权利"亦非人人平等,后者的实现必须借助伦理人的目的性才有可能。

其二,人身利益开始成为权利之对象,并被冠以"人格"的称谓,且越来越受重视,人格权逐步形成与发展。据考证,现代人格权理论始于胡果·多勒鲁斯,他将生命、身体完整、自由及名誉四种利益,视为与财产权相对立的"人对于自己的权利"的权利对象。[2] 此后,经由阿梅斯瓜、普赫塔、基尔克、温德沙伊德等众多学者的努力,现代人格权理论最终得以形成。[3] 不过,对"人能否对自己享有权利"的回答,始终存在否定意见,在逻辑上证明也确实存在困难。[4] 在此背景下,人格权在近代立法史上若隐若现,多由侵权法作禁止加害式(而非正面确权式)规定。《德国民法典》的起草者虽然认可人格权,但考虑到主体与客体关系,不得不采取一种只做不说的"哑巴策略":对人格的保护虽实质上等同于权利,而形式上却不赋予其权利之外衣。[5]

五、当代私法中"伦理人"的勃兴

经由近代民法的努力,伦理人在当代私法中获得了全面勃兴,首先

---

[1] 在法国的论著中,该条主要被用来描述自然人是否适用法国民法,甚至用来直接代替民法典上对此采用的有无法国国籍之区分的标准。参见尹田:《论人格权的本质——兼评我国民法草案关于人格权的规定》,载《法学研究》2003年第4期。

[2] 参见徐国栋:《人格权制度历史沿革考》,载《法制与社会发展》2008年第1期;杨代雄:《主体意义上的人格与客体意义上的人格——人格的双重内涵及我国民法典的保护模式选择》,载《环球法律评论》2008年第4期。

[3] 关于人格权概念的提出,有学者认为是格奥尔格·卡尔·纽内尔1866年在《私法法律关系的性质以及种类》中完成的。参见[德]汉斯·哈腾鲍尔:《民法上的人》,孙宪忠译,载《环球法律评论》2001年第4期。

[4] 萨维尼就曾提出著名的"自杀论"来否定人格权。他认为:一个人是不能拥有对自己的身体及其各个组成部分的权利的,否则人就会拥有自杀的权利。参见[德]弗里德里希·卡尔·冯·萨维尼:《萨维尼论法律关系》,田士永著,载郑永流主编:《法哲学与法社会学论丛》(第7卷),中国政法大学出版社2005年版,第6页。

[5] 参见张红:《19世纪德国人格权理论之辩》,载《环球法律评论》2010年第1期。

是民法上人的具体化,其次为人格权的独立,最后为人格尊严入法。

(一) 民法上人的具体化

一般认为,近代民法上的人,"乃是根植于启蒙时代、尽可能地自由且平等、既理性又利己的抽象的个人,是兼容市民及商人的感受力的经济人"[1]。然则第二次世界大战以后,经济、科技迅速发展,市民社会急剧变化,打破了传统民法中人的平等。首先是世界经济的长足进步导致了大公司、大财团等实体的产生,其在事实上形成了强势地位;而科技的发展和社会分工的细化则以信息的形式加剧了主体之间的不平等,由此形成了"消费者/生产者、劳动者/雇用者的二元对立模式"[2]。这样,近代民法上平等、理性的人,就演变为现代民法中"弱"而"愚"的人,民法的人发生了从抽象到具体的演变。

人具体化的结果就是国家更多地干预私法自治,特别法如雨后春笋般地涌现,为劳动者、消费者、房屋承租人、妇女、儿童、智力和身体有障碍的人等在社会经济中处于结构性弱势的人提供特殊保护。现代民法的这种变化似乎破坏了传统民法的中立性,使私法承担了较多的政治功能,因而产生了私法公法化的趋势。然则仔细思考又不尽然,因为"表面上和任意规范对立的强制规范……就其功能而言,则在大多数情形下,只是从另一个角度去支撑私法自治而已"[3]。亦即,通过强制性规范的保护,"弱"而"愚"的现代人获得了与强者相对的平等地位,形成一种具体的平等格局。

(二) 人格权立法的独立

第二次世界大战以后人权运动高涨,特别是鉴于法西斯践踏人权

---

[1] [日]星野英一:《私法中的人》,王闯译,中国法制出版社2004年版,第7页。
[2] 梁慧星先生称之为"企业主与劳动者的对立,生产者与消费者的对立",谢鸿飞研究员则概括为"消费者/生产者、劳动者/雇佣者的二元模式"。参见梁慧星:《从近代民法到现代民法——二十世纪民法回顾》,载《中外法学》1997年第2期;谢鸿飞:《现代民法中的"人"》,载《北大法律评论》2000年第2期。
[3] 苏永钦:《私法自治中的国家强制》,中国法制出版社2005年版,第28页。

的惨痛教训,新兴民法典摒弃传统民法的利益保护模式,径采权利保护模式保护人格权。1960年《埃塞俄比亚民法典》、1967年《葡萄牙民法典》、1991年《魁北克民法典》、2002年的《巴西民法典》以及我国的《民法通则》《民法总则》《民法典》,均实现了人格权的彻底独立。不过,这并不意味着人格权获得了彻底的解放。前述权利理论的逻辑难题仍然存在,只不过在人格保护的政治诉求和现实选择之下,这些问题来不及被考虑人格权就匆匆独立了。[1] 独立后的人格权的权利范围和利益范围均被极大地扩张,前者表现为人格权种类的不断增多,后者体现为人格利益的不断丰富。

(三)"人格尊严"的入法

近代民法中,"伦理人"站在法律概念之外影响人格之内涵;而在当代民法中,它通由宪法条款跻身法律概念之林,形成宪法上的"人格尊严"(人之尊严、人的尊严),并从超宪法的高度对民法发挥作用。而"人格尊严"的入宪,有其特殊的时代背景。一方面,现代社会的变迁,严重破坏了传统民法严守中立的品质。由于传统民法中人是抽象的理性人,因此不得不加强对劳动者/消费者等特定群体的保护,来进行体系修补,但这其实是民法内部的体系变迁。另一方面,基于第二次世界大战对人民基本权利的严重破坏,康德尊严思想得以复兴,各国纷纷在宪法中规定"人之尊严不得侵犯"一类条款。但即便如此,这并不意味着宪法对私法的全面介入,基本权利仍然不能介入私法(参见本书第九章)。而人格尊严的规范意义,则是在作为超宪法、超实证概念的同时,作为实证权利的基础。

---

[1] 有学者指出:人格权的产生,一定程度上是政治诉求在私法上的反映,与政治意义上的人权具有密切的关联,是现实主义的应对抉择,而不是实证主义的逻辑贯彻或者权利学说的推演结果。参见马骏驹:《从人格利益到人格要素——人格权法律关系客体之界定》,载《河北法学》2006年第10期;龙卫球:《人格权的立法论思考:困惑与对策》,载《法商研究》2012年第1期;姚辉、周云涛:《人格权:何以可能》,载《法学杂志》2007年第5期;朱晓峰:《人格立法之时代性与人格权的权利内质》,载《河北法学》2012年第3期。

六、结　语

　　踏破铁鞋无觅处,得来全不费工夫。假使不是从伦理人的角度剖析人格,我们或许还是对人格的法律语境(或曰私法构造)说不清道不明。也只有从伦理人角度出发,我们才能看到人格的庐山真面目。人格归根结底是伦理的存在,它无法脱离人的载体,也不能缺少价值的判断。以伦理人的历史演进为视野,我们可以清晰地看到法律人格的"四元"结构。

　　"四元"结构由法律主体、权利能力、人格利益和人格尊严构成。伦理人是法律的价值中心,通过权利能力的技术手段,它首先在私法中演化出权利主体和作为人格权对象的人格利益两层含义。随着社会经济的发展和市民社会的变迁,它又将其伦理价值蕴藏于人格尊严等超实证的宪法规范中,对已经形成的权利主体(法律人)、人格权产生效力,使人的伦理价值得以继续维持。

第二章　标表型人格权的构造*

一、引　言

就人格的概念而言,作为人格权对象的人格利益仍有两项疑惑:一是人格利益是否内在地包含了经济利益,如同标表型人格权[1]的商业化利用一样;二是人格利益能否与外在之物发生融合。本章分析第一个问题,第二个问题则留待第三章处理。

关于人格利益是否包含经济利益、人格权能否商业化利用的问题,一直是现代人格权理论中的未决难题。在民法典编纂过程中,学界对此存在两种不同意见。[2] 赞同一方认为,商业化利用体现了人格权的积极权能,也是人格权确权和独立成编的理由[3];而反对一方则认为,人格权是主体对人格要素享有的精神利益,不可能被商业化利用,否则,将违背善良风俗、损害人的尊严[4]。而上述争论的权利范围

---

* 本章由作者与房绍坤教授合著的《标表型人格权的构造与人格权商品化批判》(载《中国社会科学》2018年第7期)一文修改而来,内容有增删。感谢老师的慷慨授权。

[1] 标表型人格权是我国学者在研究精神性人格权的分类时提出的概念,与自由型、尊严型人格权并列。参见张俊浩:《民法学原理》(上册)(修订第三版),中国政法大学出版社2000年版,第146页;温世扬:《论"标表型人格权"》,载《政治与法律》2014年第4期。

[2] 赞同意见以王利明教授为代表,参见王利明:《论我国〈民法总则〉的颁行与民法典人格权编的设立》,载《政治与法律》2017年第8期;反对意见以孙宪忠教授为代表,参见孙宪忠:《如何理解民法典编纂的"两步走"》,载《中国人大》2017年第7期。

[3] 参见王利明:《论人格权独立成编的理由》,载《法学评论》2017年第6期。

[4] 参见中国社会科学院民法典工作项目组:《民法典编纂与人格权保护》,载中国法学网(http://iolaw.cssn.cn/zxzp/201802/t20180227_4657035.shtml),访问日期:2018年3月7日。

其实限于标表型人格权。所谓标表型人格权,即权利人基于其自身特有的标记、表彰符号、声音等享有的权利,姓名权、肖像权为其著例。

值得注意的是,现代人格权理论的创设,以人格—财产的二元区分为前提。其首创者胡果·多勒鲁斯谓:严格属于我们的,或存在于各人的人身中,或存在于外在的物中,为此,有两个著名的法的原则:一是毋害他人;一是各得其所。属于前者的,有人身,属于后者的是各人拥有的物。[1]但人格权理论的建构,缺乏独立的结构模式,未形成泾渭分明的体系格局;相反,它以所有权为模型[2],遗传了财产权的先天基因。其典型体现是,人格权的集大成者基尔克在推动人格权"从'人对自己的权利'到'对人权',再到'人格权'的转化"[3]时,也同时提出了人格权的财产性问题[4]。

随着社会经济的发展、网络科技的进步,"人格"上的经济利益日显,"人格权商品化"之说鹊起。关于人格权商品化,有广义说与狭义说之分。广义说认为,科技的发展使人体的部分可以成为客体,而由于人格的肉体与精神成分具有经济价值,所以可作为商品进行交易。[5]狭义说将人体组织与器官排除在外,使商品化的对象限于标表型人格权。我国学者通常在狭义上使用这一概念,如王利明教授认为,人格权的商品化是指人格权的某些权能可以依法转让或者授权他人使用,包括在其遭受侵害以后通过财产损害赔偿的方式获得救济。[6]"艺人、明星或名人将自己的肖像、姓名、声音等人格要素使用在商品或服务上是现

---

[1] See Hugonis Donelli. Opera omnia, Tomus Primus I. Roma: Typ is Josephi Salviugggi (1828), p. 229. 参见徐国栋:《人格权制度历史沿革考》,载《法制与社会发展》2008年第1期。
[2] 参见王泽鉴:《人格权法》,北京大学出版社2013年版,第44页。
[3] 徐国栋:《人格权制度历史沿革考》,载《法制与社会发展》2008年第1期。
[4] 参见张红:《人格权总论》,北京大学出版社2012年版,第17页。
[5] See Giorgio Resta, The New Frontiers of Personality Rights and the Problem of Commodification: European and Comparative Perspectives, 26 Tulane European & Civil Law Forum 42 (2011).
[6] 参见王利明:《论人格权商品化》,载《法律科学(西北政法大学学报)》2013年第4期。

代社会非常普遍的现象,被称为'人格权的商品化'。"[1]

不过,同样是针对标表型人格权,有学者使用了人格标识商品化的概念。[2] 与人格权商品化相比,人格标识商品化的意义明显不同:传统学说认为,人格权为防御性权利,具有专属性、非财产性,强调人格权的商品化,意味着人格权也具有积极性,导致其专属性、非财产性消融。激进者进而主张放弃人格权的传统假定,拆除人格与财产的"隔离之墙"。[3] 而如果将商品化的对象限定为人格标识,则不必然导致人格权的专属性、非财产性危机。此外,还有学者认为,人格权商品化的说法,隐含了"买卖人格权"的含义,有悖于法律原理,违反了公序良俗。[4]

有趣的是,美国隐私权的历史发展也曾面临上述人格权的权利构造问题。[5] 虽然沃伦(Warren)和布兰代斯(Brandeis)于1890年提出隐私权时,立足于与所有权或债权的区分,认为人格不受侵犯的自由不属于财产权。[6] 但是,他们当时无法预见录音、电视、动画的出现,也预见不到姓名、肖像等人格标识商业利用的范围和种类。[7] 同时,受美国社会文化的影响,盗用他人人格标识被认为具有人格贬损意义,会导致羞耻、不适和恼怒,从而不认为或其次才认为是财产损失。[8] 因此,美国法最初是在隐私权名义之下处理人格标识商业化问题。但随着人格标识经济利益的凸显,人们越来越认识到其与隐私权的矛盾。

---

〔1〕 黄芬:《人格要素的财产价值与人格权关系之辨》,载《法律科学(西北政法大学学报)》2016年第4期。
〔2〕 参见杨立新:《人格权法》,法律出版社2011年版,第329页。
〔3〕 See Giorgio Resta, The New Frontiers of Personality Rights and the Problem of Commodification: European and Comparative Perspectives, 26 Tulane European & Civil Law Forum 36, 37 (2011).
〔4〕 参见马俊驹:《人格和人格权理论讲稿》,法律出版社2009年版,第309页。
〔5〕 美国法上没有"人格权"之称,隐私权是与之最接近的概念。
〔6〕 See Samuel D. Warren & Louis D. Brandeis, The Right To Privacy, 4 Harvard Law Review 213 (1890).
〔7〕 See Harold R. Gordon, Right of Property in Name, Likeness, Personality and History, 55 Northwestern University Law Review 554 (1960).
〔8〕 Sheldon W. Halpern, The Right of Publicity: Commercial Exploitation of the Associative Value of Personality, 39 Vanderbilt Law Review 1205 (1986).

"人格权应体现为人格,商业化却与之相悖。"[1]于是,在1953年的Haelan案中,法院确认了保护人格标识上经济利益的"公开权"。[2]

虽然公开权自创设以来即饱受争议,但时至今日已基本成熟。[3]美国法由此割裂了隐私权与经济利益的联系,完成了人格权与财产权的布局。反观传统大陆法系国家,由于人格保护被视为侵权法的规制范围,学界致力于发展一套可简单适用于侵权法的人格权理论[4],理顺权利构造反而是其次的,商品化之说于是风行。但问题是,人格权旨在实现人的目的性,解放主体于财产之汪洋,而商品化的提法则使之南辕北辙。在我国,虽有学者对此保持警惕,实践中也存在担忧[5],但尚未理顺人格利益与经济利益的关系。下文试分析标表型人格权的构造,反思人格权商品化理论。

二、标表型人格权的特殊性

标表型人格权有何特殊性,这是探究标表型人格权权利构造的前提。在标表型人格权中,姓名权最具代表性。下文以姓名权为中心,开启标表型人格权特殊性的找寻之旅。

(一) 姓名权的性质之争与保护迷局

依王泽鉴教授的考察,《德国民法典》制定之初,姓名权因与商号权

---

[1] Craig D. Tindall, Argus Rules: The Commercialization of Personal Information, 2003 Journal Of Law, Technology & Policy 200 (2003).

[2] Haelan Laboratories, Inc. v. Topps Chewing Gum, Inc., 202 F. 2d 866, 868 (2d Cir.), cert. denied, 346 U.S. 816 (1953).

[3] See Sheldon W. Halpern, The Right of Publicity: Maturation of an Independent Right Protecting the Associative Value of Personality, 46 Hastings Law Journal 873 (1995).

[4] See Giorgio Resta, The New Frontiers of Personality Rights and the Problem of Commodification: European and Comparative Perspectives, 26 Tulane European & Civil Law Forum 36 (2011).

[5] 参见温世扬:《析"人格权商品化"与"人格商品化权"》,载《法学论坛》2013年第5期;李永军:《民法总论》(第二版),法律出版社2009年版,第245页;袁海鹰与成都晚报社肖像权纠纷上诉案,四川省成都市中级人民法院民事判决书(2008)成民终字第499号。

的紧密关联,被认为具有无形财产权的性质。[1] 但魏尔德(Wilder)认为,姓名权如同所有权一样,可以对抗第三人,并附有任意行使的权能,所以具有所有权的性质。[2] 而基尔克在1895年出版的《德国私法》中却将姓名权纳入知识产权。[3] 同是德国学者的莫迭尔认为,姓名权的发生多源于亲属关系,所以姓名权为亲属权的一部分。[4] 早期法国法认为姓名权为所有权,但现在倾向于认为姓名权既有人格权的性质,又强调其具有家族性的性质。[5]

姓名权的性质于理论上争执不休,其立法也同样令人困惑。关于姓名的立法保护,可以追溯到公元前200年的《摩奴法典》。[6] 1811年《奥地利民法典》则在"关于人的身份和人的关系的法"的第1编第1章的最后一条(第43条)进行了规定,但它既不在"人的身份"的标题下,也不在"人的关系"的标题下,而是在自成标题("姓名的保护")下。[7] 一般认为,姓名权作为一项权利第一次被规定是由1900年《德国民法典》第12条完成的:"姓名权人,于其使用姓名之权利,遭受他人之争执,或因他人之无权使用同一姓名,致其利益受损时,得请求他人除去其侵害。侵害有继续之虞者,得提起不作为之诉。"与此同时,生命、健康、身体、自由却被规定于《德国民法典》第823条第1款;而有关肖像的权利在《德国民法典》中并没有规定,其作为著作权人的艺术

---

[1] 参见王泽鉴:《人格权法》,北京大学出版社2013年版,第116页。
[2] 参见王利明:《人格权法》(第二版),中国人民大学出版社2016年版,第213页。
[3] 参见徐国栋:《人格权制度历史沿革考》,载《法制与社会发展》2008年第1期。
[4] 同上注[2],第214页。
[5] 参见王泽鉴:《人格权的具体化及其保护范围——姓名权》,载《台湾本土法学杂志》2006年第9期;[日]五十岚清:《人格权法》,[日]铃木贤、葛敏译,北京大学出版社2009年版,第117页。
[6] 该法典第八卷第271条规定:"如果他以侮辱方式提到他们的名和种姓,可用十指长的刺刀,烧得通红,穿入他的口内。"[法]迭朗善译:《摩奴法典》,马香雪转译,商务印书馆2009年版,第185页。
[7] 徐国栋教授认为:"当时它大概是一个法律史上的新生事物,不能被归入传统的概念框架中,因此只能在一个尴尬的地方自立,显得不伦不类。"徐国栋:《人身关系流变考(上)》,载《法学》2002年第6期。

品,受《著作权法》的保护。[1]

在我国,通说肯认姓名权的人格权属性,但身份权说、人格权·财产权说、人格权·身份权说也同时存在。[2] 在立法上,《民法通则》(已废止)《民法总则》(已废止)及《侵权责任法》(已废止)均将姓名权与生命权、健康权、名誉权、肖像权、隐私权等并列规定为人格权。[3] 在司法实践中,姓名权还被赋予了"基础权利"或"基本权利"的属性。例如,2001年6月,最高人民法院在《关于以侵犯姓名权的手段侵犯宪法保护的公民受教育的基本权利是否应承担民事责任的批复》(法释〔2001〕第25号)中指出:"……根据本案事实,陈晓琪等以侵犯姓名权的手段,侵犯了齐玉苓依据宪法规定所享有的受教育的基本权利,并造成了具体的损害后果,应承担相应的民事责任。"[4] 在2008年"王春生诉张开峰、江苏省南京工程高等职业学校、招商银行股份有限公司南京分行、招商银行股份有限公司信用卡中心侵权纠纷案"中,南京市江宁区人民法院认为:"姓名权与其他人格权相比,具有基础权利的特征。姓名权被侵犯,可能会随之导致其他权利,诸如名誉权等人格权受到损害。因此,在现代经济活动中,姓名权愈来愈受到人们的重视。"[5] 在2014年"北雁云依诉济南市公安局燕山派出所户籍登记请示案"中,山东省高级人民法院审判委员会、最高人民法院合议庭、最高人民法院审判委员会多次谈到姓名权的基本权利属性。[6]

那么,为何姓名权性质在"财产—人格—身份"之间大幅摇摆,至今

---

〔1〕 参见〔德〕迪特尔·梅迪库斯:《德国民法总论》,邵建东译,法律出版社2000年版,第801页。

〔2〕 参见郭明瑞、房绍坤、唐广良:《民商法原理》(一),中国人民大学出版社1999年版,第482页;袁雪石:《姓名权本质变革论》,载《法律科学(西北政法学院学报)》2005年第2期;李永军:《论姓名权的性质与法律保护》,载《比较法研究》2012年第1期。

〔3〕 参见《民法通则》第99条、《民法总则》第110条、《侵权责任法》第2条。

〔4〕 该批复已被最高人民法院《关于废止2007年底以前发布的有关司法解释(第七批)的决定》所废止,废止理由是"已停止适用",但为何"停止适用"则未言明。

〔5〕 王春生诉张开峰、江苏省南京工程高等职业学校、招商银行股份有限公司南京分行、招商银行股份有限公司信用卡中心侵权纠纷案,载《最高人民法院公报》2008年第10期。

〔6〕 参见蔡小雪:《因公民起名引起立法解释之判案解析》,载《中国法律评论》2015年第4期。

不得平息？人格权的理论确立本是近代以来的事情[1]，为何姓名立法却可追溯到两千多年前，并成为《奥地利民法典》中的"两不像"，《德国民法典》为何要将其与生命、健康、身体、自由分别规定？姓名权为何具有"基础权利"或"基本权利"的特征？上述疑问与其权利构造直接关联。正是因为权利构造的模糊不清，导致了姓名权的理论迷局和立法、司法困惑。但循此迷局与困惑，我们也可以发现标表型人格权的特殊性要素。

(二)标表型人格权的"双重"属性

关于姓名权特殊性的展开，学者多以姓名的外在性、可支配性、可商业化为中心。[2] 但"外在性、可支配性、可商业化利用"体现的是既定姓名的特殊性，它是否体现姓名权的特殊性则不无疑问。一般认为，现代姓名权包含姓名决定、变更与自主使用三项权能。其中，决定与变更是意思与行为的结合，是姓名据以形成的事实依据，属于人格自由的范畴；而自主使用则是对既定姓名的使用，存在内在与外在的多种解读。申言之，姓名权以"姓名"为媒介，结合了姓名形成与姓名使用的双重内涵。因此，既定姓名不能代表姓名权的特性。肖像权也同样如此。本书认为，从权能上看，标表型人格权包含"内在"与"外在"两个矛盾的基本属性。

1. 标表型人格权的内在属性：人格标识的决定、变更权能

所谓标表型人格权的内在属性，即其体现人格权专属性和非财产性的属性，是标表型人格权之所以为人格权的内质，表现为人格标识的决定、变更权能。以姓名权为例，姓名权的决定、变更权能是其所蕴涵的人格权属性的体现，因为姓名的决定和变更，具有形成各种姓名的可能性；而财产的取得与变更，则只能通过特定物的原始取得(如先占)或继受取得(如转让)加以实现。此外，姓名无法被转让和抛弃。经姓名权人许可，姓名可以为他人所使用，但权利主体并不因此变更，使用人

---

[1] 参见王利明：《试论人格权的新发展》，载《法商研究》2006年第5期。
[2] 参见温世扬：《论"标表型人格权"》，载《政治与法律》2014年第4期。

无法取得姓名所有权。当事人也可以约定"互换"姓名,但这并不意味着原姓名的转让或抛弃,因为双方的原姓名得作为曾用名仍受法律保护。正是在决定、变更权能的意义上,姓名权具有了对抗公权力的"基本权利"属性。

就肖像权而言,尽管有学者指出:"法律意义的肖像不是外化在物质载体上的映像,更不是肖像作品……肖像是与人身不可脱离的外部形象,包括人的容貌和体貌。肖像权的客体是自然人人身的外部形象。人的肖像,作为人的外部形象,在没有被人体以外的物质载体固定以前,它就自始存在,是人格不可或缺的要素。"[1]但我国大陆通说以肖像为肖像权的对象。这种肖像,通常是通过绘画、摄影等手段使权利人的外部形象在特定载体下再现的艺术形式,其虽源自主体的外部形象,但又与外部形象截然二物。由此,肖像也需要一个形成过程,即须由本人同意他人制作肖像或自行制作肖像,这就构成了肖像权的决定权能。也正是因为如此,我国台湾地区学者多认为,肖像权是人之尊严及价值体现于对自己肖像上人格特征的自主权利。[2]但与姓名权相比,肖像权因主体外部形象的特定性,变更权能受到极大限制:虽然主体有权对自己肖像进行美化、加工,但身份证、驾驶证、护照等证件上的肖像却应忠实于主体的外貌特征。

2. 标表型人格权的外在属性:人格标识的使用权能

标表型人格权的外在属性以既定人格标识为载体,体现其与人格权专属性、非财产性相悖的特质,具有财产权(所有权、知识产权)和身份权的属性。首先,人格标识不是与生俱来的,它是社会化的产物。没有交往,就没有姓名或无需姓名。流落荒岛的鲁滨逊,因无从发生交往,甚至连已有的姓名也丧失存在的意义。肖像同样如此,若非为了交往,肖像即无实质意义。当然,如仅是顾影自怜,则已落入隐私范畴。其次,人格标识作为一种文字、图像符号,是外在于主体的事物,具有他

---

[1] 参见隋彭生:《论肖像权的客体》,载《中国法学》2005年第1期。
[2] 参见王泽鉴:《人格权法》,北京大学出版社2013年版,第139页。

为性、可支配性和可商业利用性。名字起了是被别人叫的,自主使用反而不是主要目的,因此,姓名权的使用权能体现了姓名的可支配性和可商业利用性。同样,肖像权也具备这些属性,只是肖像的他为性远低于姓名,其主要在行政管理等必要场合存在,如身份证、驾驶证、护照上必须载明肖像。最后,人格标识上还可能蕴涵了其他非人格利益。例如,姓名中的姓氏体现着血缘传承、伦理秩序和文化传统,并因之纳入公序良俗而构成对姓名权自由的限制。[1] 正是基于人格标识的外在属性,才出现姓名权为财产权或身份权的主张。姓名权在《奥地利民法典》《德国民法典》上占据独特位置,其原因也许就源于此。[2]

(三) 人格标识与主体的稳定联系

所谓人格标识与主体的稳定联系,即人格标识对主体的表征功能。为何要建立人格标识与主体的稳定联系?人是符号的动物,符号原理对人而言具有普遍性、有效性和全面适用性。[3] "自然人参与民事生活,首先需要借助社会符号达到彼此识别,而不至于混淆莫分。此即呼唤特定化自身以区别于同类的制度,亦即标记和表彰当事人的方式。"[4] 此种标记方式最初为姓名,后来又延伸至肖像等。以姓名为例,每一个姓名背后都有一个实在的人[5],每一个实在的人背后亦必有一姓名与之对应。由此,姓名不仅成为权利主体的代号,同时也是权利公示的辅助工具,甚至成为一种不可或缺的公示手段。例如,在动产物权中,只要完成了交付,权利归属即你我立分,无须表示姓名;但在不动产物权的公示中,单讲"你的""我的"无法确定权利归属,而必须在登记簿上记载权利人的姓名。就无形财产和记名证券而言,只有署名、

---

[1] 参见刘文学:《"取姓既是公事也是私事"》,载《中国人大》2014年第22期;曹相见:《姓名权限制的规范解读》,载《鲁东大学学报(哲学社会科学版)》2013年第1期。
[2] 参见龙卫球:《民法总论》(第二版),中国法制出版社2002年版,第281—282页。
[3] 参见〔德〕恩斯特·卡西尔:《人论:人类文化哲学导引》,甘阳译,上海译文出版社2013年版,第45、60页。
[4] 张俊浩:《民法学原理》(上册)(修订第三版),中国政法大学出版社2000年版,第146页。
[5] 参见刘文杰:《民法上的姓名权》,载《法学研究》2010年第6期。

登记才意味着公示。因此,著作权上的署名权与其说是著作权的一部分,毋宁说是著作权公示的手段。正是基于与主体之间的稳定联系,人格标识在具有外在属性之时,还具有了同一性利益和个性化利益。

1. 人格标识上的同一性利益

所谓同一性利益,是指自然人的人格标识仅仅指代主体自己,权利人对自己人格标识的使用不应受他人否认和冒用的利益。当然,人格标识被他人正确使用也属于同一性利益的保护范围。应当注意的是,人格标识的同一性并不因人格标识的重合或叫法有异而丧失。以姓名为例,全国叫"李明"的人很多,但通常不发生人格混淆的情形,因为不同的"李明"生活在不同的区域;或者即便因各种原因发生交集,我们仍可以"李明(北京)""李明(山东)"或者"李明(男)""李明(女)"等方式进行区分,"李明"这个姓名对于各个主体仍具有表征意义。又如,"Steve Jobs"在我国台湾地区译作"贾伯斯",在大陆译为"乔布斯",但无论提到"贾伯斯"还是"乔布斯",均特指苹果公司创始人。同样,肖像上也承载有同一性利益,但与姓名相比,其同一性利益较难成为侵权对象。因为姓名只是一种符号,冒名行为经常发生,但外貌具有特定性,很难被他人冒充。

人格标识的同一性利益属于精神性人格利益,这是学者们的一致意见[1],也是司法实践的普遍立场[2]。但破坏同一性的侵权行为,往往存在其他不正当目的,二者构成手段与目的的关系。正是因为人格标识具有同一性,裁判文书才有"以侵害姓名权的方式侵犯某某权"的表述,才有学者主张将姓名权设为维护主体身份一致性的兜底性权

---

[1] 参见王泽鉴:《人格权法》,北京大学出版社2013年版,第116页。
[2] 法院通常认为,冒名行为构成姓名权侵权,行为人应承担停止侵害、赔礼道歉等责任。参见陈秋荣与杨远鹰姓名权纠纷二审民事判决书,广西壮族自治区柳州市中级人民法院(2014)柳市民一终字第1295号;孙宝珠与孙磊姓名权纠纷一审民事判决书,北京市顺义区人民法院(2015)顺民初字第10019号;曹某甲诉第一被告冯某乙、第二被告莫某丙、第三被告梁某丁、第四被告蒋某戊姓名权纠纷一审民事判决书,广东省广州市海珠区人民法院(2015)穗海法民一初字第147号;陈瑞与韩洋、淮安市淮阴医院姓名权纠纷一审民事判决书,江苏省淮安市淮阴区人民法院(2015)淮民初字第00060号。

利。[1] 又由于姓名的同一性构成社会生活的信赖基础,司法实践才称姓名权为"基础权利"或"基本权利"。

2. 人格标识上的个性化利益

基于人格标识的同一性功能,人们可建立由符号到主体的稳定联系。因此,当人格标识被使用于特定商品、服务或机构时,人们就会通过人格标识建立主体与商品、服务或机构之间的联系。一旦使用行为未经权利人同意,则在侵害权利人对人格标识使用权的同时,也会导致公众对权利人与商品、服务或机构的错误认识。在德国法上,防止姓名权人与"物"的错误认识被称为"个性化利益",属于精神性人格利益的范畴。[2] 与同一性利益旨在防止权利人与其他"人"混淆不同,个性化利益的目的在于防止权利人与"物"在归属上的混乱。虽然个性化利益在姓名和肖像中都存在,但因肖像更具直观性,肖像上的个性化利益侵权更为常见。

个性化利益不同于人格标识的使用权能,前者是主体不与他人商品、服务或机构关联起来的人格利益,后者则是人格标识为自己使用或许可他人使用的财产性利益。不过,盗用人格标识会同时侵犯个性化利益和使用权能。学界对人格标识的使用权能给予了充分关注,但对其上的个性化利益未引起普遍注意。对此,司法实践存在不同做法。一是否认盗用人格标识侵害个性化利益,如在"李某某与青岛某某俱乐部等姓名权纠纷案"中,法院指出:"根据本案查明的事实,被告楚某某只是在注册青岛某某俱乐部时使用了原告的健身教练资质证书,原告提供的证据不足以证明青岛某某俱乐部的开业及经营给原告造成了名誉损害或造成了原告社会评价的降低,因此,原告的该诉讼请求证据不足,法院不予支持。"[3] 二是肯认盗用人格标识侵害了人格利益,但未

---

[1] 参见刘文杰:《民法上的姓名权》,载《法学研究》2010年第6期。
[2] 参见陈龙江:《德国民法对姓名上利益的保护及其借鉴》,载《法商研究》2008年第3期。
[3] 参见山东省青岛市市北区人民法院(2014)北民初字第4577号民事判决书。

指明是个性化利益,这是多数法院的做法。[1]

三、标表型人格权的权能与权利对象

虽然多数人格权商品化论者未区分标表型人格权的内外属性,但也有学者意识到,商业利用是否形成一项新权利是其性质判断的前提。[2] 按照本书立场,既然标表型人格权存在内外矛盾的两种属性,人格标识的使用权能非其全部权能,那么它就可能构成一项新权利;但人格权商品化论者认为二者属于同一个权利对象[3](人格标识),因此,无法构成一项新权利。然则,标表型人格权经历了一个发展的过程,其权能在早期法与现代法上大不相同,对其权利对象的界定亦应与权能演变相适应。历史地看,基于不同权能与权利对象的关系,标表型人格权存在三种不同的权利构造。通过对权利构造的分析,可以回应理论与实践困惑,还人格权商品化理论以本来面目。为行文方便,下文仍以姓名权为中心进行分析。

---

[1] 参见赵雅芝与北京世纪欧美雅科技有限公司肖像权纠纷案,北京市昌平区人民法院民事判决书(2012)昌民初字第11656号;蔡少芬诉上海紫颖美容管理有限公司等肖像权、姓名权纠纷案,浙江省嘉兴市中级人民法院民事判决书(2012)浙嘉民终字第435号;文章诉永康市红双喜燃具有限公司等肖像权、姓名权纠纷案,浙江省永康市人民法院民事判决书(2014)金永民初字第854号;林志颖诉北京玉之光医疗美容门诊部肖像权、姓名权纠纷案,北京市朝阳区人民法院民事判决书(2014)朝民初字第41549号;王宝强诉上海市杨浦区品味食尚酒楼肖像权、姓名权、名誉权纠纷案,上海市杨浦区人民法院民事判决书(2015)杨民一(民)初字第683号。

[2] 参见姚辉:《关于人格权商业化利用的若干问题》,载《法学论坛》2011年第6期;黄芬:《人格要素的财产价值与人格权关系之辨》,载《法律科学(西北政法大学学报)》2016年第4期。

[3] 在民法学上,权利对象通常与权利客体、权利标的同义,权利客体又为学界普遍用法。但由于权利客体理论以财产权为模型,强调主体对客体的支配力,在解释人格权时"水土不服",亦为德国近来学说淡化(参见王泽鉴:《人格权法》,北京大学出版社2013年版,第44页)。本书主张,依据权利的规范性和事实性,应区分权利的客体与对象:前者表征权利的规范性,体现为权利的生成机制,是法律关系界定的义务人行为;后者表征权利的事实性,其作为主体作用的对象,也是利益的载体(参见曹相见:《权利客体的概念构造与理论统一》,载《法学论坛》2017年第5期)。故本书使用"权利对象"概念,以示与权利客体的区别。其与权能的关系是:二者均属于权利的事实领域,但权能是主体作用于权利对象、据以实现权利内容或目的(即利益)的类型化方式,亦即权利对象是权能的载体。

(一)早期立法

近代法以前,姓名的权利意义未被发掘,姓名上的财产性利益也无从谈起。但这无妨姓名与主体建立稳定联系,故《摩奴法典》规定以侮辱方式提到他人人名和种姓应受严刑。此外,由于姓名具有区分人己、血缘的功能,姓名上蕴涵了国家管理的需要和主体的身份利益,故姓名的决定、变更多以公法限制或身份限制的形式存在。在中国古代,尊者的姓名是不能随便叫的,否则就可能犯忌;子女的姓名也不能与直系长辈重字。在德国,姓名变更原则上是一个公法问题;就姓名取得与变更的私法规范而言,姓多因出生而取得、因婚姻或收养而变更,故在亲属法上加以规定。而在法国法上,称姓既是一种权利,也是一种义务,且姓原则上不允许变更。[1] 日本学者五十岚清认为,姓名上的人格自由是从亲属法中解放而来的。[2]

在大陆法系,姓名真正成为一种权利,并不是从成为人格权开始,因人格权理论的确立是近代以来的事。在此之前,法律对人格的保护是事实保护,或称人之本体的保护。[3] 随着社会经济的发展,姓名上的经济利益日显,于是《德国民法典》规定了无形财产权性质的姓名权。[4]《奥地利民法典》虽认识到姓名的人格意义,但也没有将其规定为人格权,而使之成为人格与身份的合体。有鉴于此,有人从传统法典的规定出发,建议仅保持姓名权的使用权能,而将姓名决定权纳入亲权;至于姓名变更权,则"不是权利的表现,而是国家为维护正常社会秩序的立法选择"。[5] 不过,美国法上的隐私权并未经历财产权阶段,已

---

[1] 参见李悌恺:《姓名权之研究》,辅仁大学2010年博士学位论文,第29、65页。
[2] 参见〔日〕五十岚清:《人格权法》,〔日〕铃木贤、葛敏译,北京大学出版社2009年版,第116页。
[3] 参见马俊驹、张翔:《人格权的理论基础及其立法体例》,载《法学研究》2004年第6期。
[4] 参见王泽鉴:《人格权的具体化及其保护范围——姓名权》,载《台湾本土法学杂志》2006年第9期。当然,也有人认为,《德国民法典》上的姓名权为(唯一)人格权(参见马俊驹、张翔:《人格权的理论基础及其立法体例》,载《法学研究》2004年第6期)。
[5] 戎绒:《论"姓名权"的重构》,宁波大学2007年硕士学位论文,第18、42页。

如前述。

可见,在姓名权的早期立法中,姓名权主要是使用姓名的权利,其权利对象被界定为姓名符号,忽视了姓名的形成自由(决定、变更权能的载体)。由是之故,破坏姓名同一性与个性化利益均被认为是对姓名使用权能的侵害。冒用与盗用他人姓名均构成姓名权侵权,二者不存在利益点上的不同。由于姓名权上的人格自由以公法或亲属法限制的面目出现,因此,学说上关于姓名权的争论也聚焦于姓名符号。例外情况下,对姓名上人格自由的涉及也往往令人困惑,如《奥地利民法典》。

(二) 当前通说

随着人们对姓名自由的广泛关注,姓名权早期立法的劣势日显,新的权利构造应运而生。当前,立法与学说不再对姓名的形成与变更自由充耳不闻;相反,将姓名上自由作为姓名权内容为其最大特色。于是,姓名权的"三权能"(决定、变更与使用)说成为通说。当然,姓名上的限制仍然存在,只不过因姓名的决定与变更自由为公民之基本权利,对其之限制亦应受基本权利限制的限制。[1] 值得注意的是,虽然姓名上自由被纳入姓名权内容,但通说并未使之成为权利对象,而是仍以姓名符号为权利对象,由此导致了姓名权性质的矛盾。

如果说《德国民法典》上的姓名权具有无形财产权的性质,其以姓名符号为权利对象理所当然的话,当姓名的决定、变更风头日盛、登堂入室而为姓名权主要权能时,再坚持姓名符号为权利对象就与姓名权的人格权属性不符。或许有观点认为,使用姓名的自由不是姓名自由的体现吗?本书认为,这正是姓名权理论的最大误区:任何权利均有其自治领域,权利人得自由地行为,即便物权也不例外,但我们不能因此将物权定性为人格权。[2] 由于通说未赋予姓名自由以权利对象的地

---

[1] 参见张红:《姓名变更规范研究》,载《法学研究》2013年第3期;曹相见:《姓名权限制的规范解读》,载《鲁东大学学报(哲学社会科学版)》2013年第1期。

[2] 有学者将此种自主权称为派生之权能。参见张红:《人格权各论》,高等教育出版社2016年版,第160页。

位,导致姓名权的人格权属性有名无实。虽然姓名权被列入人格权的体系,但双重性质论乃至"重构说"不绝于耳。由于姓名权兼有人格与财产的内容,故姓名的商业利用被人格权商品化论者等同于姓名权的商品化,进而扩张为人格权的商品化。

此外,在通说姓名权构造中,由于权利对象被限定于姓名符号,破坏姓名与主体稳定联系的行为仍被认为是对姓名使用权能的侵害。由此,"齐玉苓诉陈晓琪案"式的表述常见于法院判决和学界论述中;在侵害信用权、名誉权等私权以及受教育权、选举权等基本权利时,往往同时构成姓名权侵权。虽有学者认识到,冒名行为与盗名行为区别明显,但通说仍未找到其背后的利益保护分割点。[1] 司法实践中,盗用和假冒他人姓名也往往被混为一谈。[2]

遗憾的是,通说一味强调姓名权内外属性的共容,对上述问题未予足够重视。新近有学者从"固有—衍生"的角度来界定姓名权(人格权)内外属性[3],但"固有""衍生"的说法,不过是量上的描述,而非质的规范评价,并未消弭姓名权内外属性的矛盾。从比较法上看,欧陆法虽缺乏深刻反思,但即便人格权商品化论者也承认,人格标识经济利益的保护技术明显不同于人格权的精神与肉体:前者朝着财产方向发展,后者则适用不得继承、仅具消极和防御功能的"责任规则"。[4] 德

---

〔1〕 参见张红:《混淆姓名之侵权责任》,载《财经法学》2015年第4期。
〔2〕 例如,王文诉王发祥不当使用姓名案,山东省潍坊市中级人民法院(2002)潍民一终字第121号民事判决书;张开芬诉张开芬姓名权纠纷案,云南省丘北县人民法院(2007)丘民一初字第199号民事判决书;汤某与上海某商贸有限公司、廖某姓名权纠纷案,上海市普陀区人民法院(2010)普民一(民)初字第4956号民事判决书;周溯书诉周起彻等姓名权、名誉权纠纷案,江苏省南京市秦淮区人民法院(2014)秦民初字第1012号民事判决书。
〔3〕 参见张平华:《人格权的利益结构与人格权法定》,载《中国法学》2013年第2期;严城:《论人格权的衍生利益——以人格标识的商业利用为中心》,黑龙江大学2010年博士学位论文,第55页。
〔4〕 See Giorgio Resta, The New Frontiers of Personality Rights and the Problem of Commodification: European and Comparative Perspectives, 26 Tulane European & Civil Law Forum 48 (2011).

国法上也不乏区分人格意义上的姓名权和财产意义上的姓名权的主张。[1] 为调和人格标识商业化带来的体系矛盾,美国学者先是对隐私损害进行类型化,如格林的三分法(身体损害、名誉损害和盗用损害)[2]、普罗瑟的四分法(侵犯人身自由、公开个人隐私、公布不实信息、盗用姓名或肖像)。[3] 随后,理论与实务进一步区分隐私侵权与姓名、肖像盗用的损害,并确认后者的财产性质[4],最终诞生了独立的公开权。

(三)本书立场

通过对比可以发现,之所以大陆法系上的姓名权迷局依旧,在于其权利演变中的理论解释滞后,即在姓名权权能增加的同时,各项权能及其与主体的稳定联系未能找到各自的利益分割点,进而导致了权利对象和权利构造的错位。当姓名权具有无形财产权性质时,其权利对象为姓名符号无可厚非,因为后者具有外在属性,可以成为财产权载体;但当姓名权为人格权时其权利对象必不能是姓名符号,因为人格权应体现人格自由。本书主张为标表型人格权"瘦身",割裂人格标识的决定、变更权能与使用权能的关联关系,以人格标识的决定、变更为权能,人格标识的形成自由(人格标识决定、变更权能的载体)为权利对象,要点分析如下。

1. 标表型人格权的权利对象是人格标识的形成自由

人们在建构权利时通常以权利对象命名之,生命权、健康权莫不如此。但姓名权中的姓名既可为"姓名符号",也可为姓名的"形成自

---

[1] 参见[德]迪特尔·施瓦布:《民法导论》,郑冲译,法律出版社2006年版,第208、223页;严城:《论人格权的衍生利益——以人格标识的商业利用为中心》,黑龙江大学2010年博士论文,第250—251页。

[2] See Leon Green, The Right of Privacy, 27 Illinois Law Review 237 (1932).

[3] See Richard. Ausness, The Right of Publicity: A Haystack in a Hurricane, 55 Temple Law Quarterly 980 (1982).

[4] See Harold R. Gordon, Right of Property in Name, Likeness, Personality and History 55 Northwestern University Law Review 607 (1960).

由",二者能否各为独立之权利对象,通说持否定意见,人格权商品化理论也不例外。本书认为,此种见解值得商榷:其一,如前所述,人格标识的形成自由与使用权能互相矛盾,二者无法共容于一个权利对象中,故有观点认为,标表型人格权实为混合性权利[1]。其二,权利对象具有确定性,不评价其如何形成。例如,所有权的对象为物,物的形成会影响其权利归属(如依生产、添附而形成的物,其权利归属即存在不同),但却不属于所有权对象的内容。同理,人格标识的形成自由会影响到人格标识的内容构成,但形成自由与人格标识本身当属不同的权利对象。若使人格标识包含其形成自由,则人格标识是什么都将不确定,何谈对人格标识的权利?其三,"人格权的对象……是完整人格的组成部分,它们绝不能永久地外在于主体"[2]。所以,标表型人格权要成为人格权,只能以人格标识的形成自由为权利对象。再以姓名权为例,姓名除登记姓名以外,还包含曾用名、笔名、乳名等。刚出生的婴儿,即便未有登记的姓名,父母或他人亦可用一定的"泛称"来称呼。换言之,姓名完全可以不拘于形式,任何文字均可当其任。因此,姓名权作为一种人格权,根本不是主体对姓名符号的权利,而是主体决定以何种文字符号来指代自己的自由。[3] 谢怀栻先生认为:"在姓名权,权利人……一出生就享有专用姓名的权利。"[4] 可见,通说视野下的姓名权一只脚踏进了人格权领域,另一脚仍踩在财产权世界,并未完成权能与权利对象的现代法衔接。

综上,所谓人格权商品化,不过是人格标识的商品化,而非人格要素的商品化。二者的本质区别是:人格要素的商品化侵蚀了人格权的专属性和非财产性,而人格标识的商品化则不会导致这一结果,因为人格标识不是人格权的权利对象。值得注意的是,即便是反对人格权商品化的学者,亦以人格标识为权利对象,只是同时又肯认人格权为"受

---

[1] 参见李建华、阿依加马丽·苏皮:《人格权财产利益制度的基本原则》,载《湖南社会科学》2014年第4期。

[2] 参见李琛:《质疑知识产权之"人格财产一体性"》,载《中国社会科学》2004年第2期。

[3] 参见李永军:《论姓名权的性质与法律保护》,载《比较法研究》2012年第1期。

[4] 谢怀栻:《论民事权利体系》,载《法学研究》1996年第2期。

尊重权",并将其经济利益作为特殊财产权对待。[1] 此种意见强调人格权的"受尊重权"本质,否认对人格权专属性和非财产性的消融,值得赞赏;但若标表型人格权的权利对象仍为人格标识,则标表型人格权能否"受尊重"就存在疑问。本书认为,我国法应断然抛弃以人格标识为人格要素的传统立场,开启人格标识形成自由为标表型人格权权利对象的新时代。

2. 人格标识的使用不是标表型人格权的权能

在割裂人格标识的决定、变更与使用权能后,尚需对人格标识使用权能的性质作出说明,否则,二者仍然可能"分而不离"。关于人格标识使用权能的性质,涉及对人格权非财产性的认识。对此,通说使用了"直接/间接""远/近"等表述。[2] 但何谓"直接/间接"？所谓直接财产内容,"即以权利即行为资格交换,相对于以权利行使后果交换,后者是间接财产内容"[3]。申言之,直接财产内容是权利对象本身为财产,而间接财产内容则是权利行使后才具有经济利益。据此,基于其与形成自由的原因关系,人格标识使用权具有非财产性。

但本书认为,作为人格标识形成自由的结果,使用权能已超出人格权的范畴。其一,人格权的固有性意味着人格权既是与生俱来的,也是永恒存在的。人格自由不同于物,它取之不尽,用之不竭,不能说行使之后就不是人格了,所以自由本身不会化作物。所谓"间接"经济利益,是在人格作用于物之后产生的,其载体是人格标识,只不过人格标识的形成须借助于人格自由(即劳动),但劳动过程不应影响权利对象的性质。[4] 这一结论对物权同样适用:物的形成往往借助于劳动,但并不因此改变物的属性。其二,经由人格自由形成的人格标识既不具有固有性,也不具有专有性,而是一种外在于主体的物。所以,人格标

---

[1] 参见温世扬:《论"标表型人格权"》,载《政治与法律》2014年第4期。
[2] 参见姚秋英:《人格权研究》,中国政法大学出版社2012年版,第10页。
[3] 李锡鹤:《民法原理论稿》(第二版),法律出版社2012年版,第382页。
[4] 参见李琛:《质疑知识产权之"人格财产一体性"》,载《中国社会科学》2004年第2期。

识形成自由与使用权能既存在原因关系又各为独立类型。[1]

3.人格标识使用权能与同一性利益的私法效果迥异

本书认为,无论是美国法上的公开权,还是我国的人格权商品化理论,均未区分人格标识的使用权能及其同一性利益,即未能找到人格标识盗用与冒用的利益切割点。关于这一问题,须进一步界定人格标识的使用权能。

流行的观点认为,未经同意使用他人人格标识构成侵权。但基于其同一性功能,人格标识天然地具有他为性,"姓名起了就是让他人叫的"[2],一概排除他人的使用权有违常理。通常所谓"某人的姓名",非指某人才有权使用,而是指该姓名对某人才具有同一性。本质上,肖像权也具有他为性,只是其他为性程度要低,仅在特殊必要场合才存在。也许有人认为,通过赋予他人正当使用的权利,即可有效地缓解专用权与同一性的紧张关系。这也是通说的方案,法律效果似乎并无二致。但人格标识不同于知识成果,后者为权利人的个人成果,理应由权利人专有,只是为了平衡社会公益才加以限制;人格标识的同一性功能,则决定其不能一概由权利人专有。明明可以直接限定权利范围,为何还要复制著作权的保护模式"曲线救国"?

本书认为,人格标识的使用权能应作目的性限缩,仅在使用于商业用途时,未经许可才构成侵权。这也与人格标识使用权能的财产属性相符。至于其他情况下主体对人格标识的使用,纯属"未权利化"的私法自由,且同时他人也有此使用自由。当然,上述结论仅在人格标识上不存在隐私期待时有效。因为一旦存在隐私期待,人格标识就成为隐

---

[1] 沃伦和布兰代斯在论证隐私权时,明确区分隐私权与版权,其标准对人格标识的形成自由与使用权能同样适用:"个人被赋予决定其成果是否公之于众的权利……这种权利完全独立于被表达的思想、知觉的物质载体或表达方式。它独立于任何的物质存在,如说出来的话、唱出来的歌,表演形成的戏剧。"他们认为,隐私权是权利人决定是否以及以何种方式出版的自由,版权则是对已出版的作品享有的经济利益。"没有出版,版权就没有价值;只要一出版,隐私权就消失了。"See Samuel D. Warren & Louis D. Brandeis, The Right To Privacy, 4 Harvard Law Review 199, 200 (1890).

[2] 参见徐国栋:《民法总论》,高等教育出版社2007年版,第329—330页。

私权的保护对象,他为性就被隐私性所包容。关于人格标识形成自由、使用权能与隐私权的关系,肖像权最能说明问题:未经他人允许制作肖像,侵害的是肖像形成自由;未经许可将已形成的肖像用于商业用途,侵害的是使用权能;未经同意不以营利目的地公开肖像,则侵害了以肖像为内容的隐私权。

如何切割人格标识盗用与冒用的利益范围及私法效果？所谓人格标识的盗用,即未经同意使用他人人格标识获得经济利益的行为;冒用人格标识与之不同,其目的在于冒用他人名义(身份),从而造成同一性的混淆。换言之,盗用属于商业利用混淆侵权,冒用则是个体识别混淆侵权。[1] 前者破坏的是权属信赖,是对他人财产权的侵害,道理同于无权处分,只是同时也会侵犯人格标识的个性化利益;后者破坏的是身份信赖,侵害的是人格标识的同一性利益。不过,冒用人格标识的私法效果更加复杂,因其在侵害人格标识同一性利益的同时,还存在作为目的的侵权行为或法律行为。

冒名行为不同于借名行为,前者是名义人不知道行为人在使用其名义。本书所谓的冒名行为,以侵害名义人同一性利益为前提,因此亦不包含冒用不特定他人姓名和死者姓名。理论上,虽有学者主张冒名处分适用无权处分的规定[2],但更多人意识到二者的区别,即破坏身份信赖与破坏权属信赖并不同质。不过,关于破坏身份信赖的私法后果,我国学界也存在两种不同见解:一是认为身份信赖类似于代理权信赖,冒名处分可类推适用表见代理规则[3];二是认为冒名行为属于违

---

[1] 参见张红:《混淆姓名之侵权责任》,载《财经法学》2015年第4期。
[2] 参见王利明:《善意取得制度的若干问题研究——从一起冒名顶替行为说起》,载《判解研究》2009年第2辑;戴永盛:《论不动产冒名处分的法律适用》,载《法学》2014年第7期;石一峰:《再论冒名处分不动产的私法适用——类推适用的视角》,载《现代法学》2017年第3期。
[3] 参见冉克平:《论冒名处分不动产的私法效果》,载《中国法学》2015年第1期;金印:《冒名处分他人不动产的私法效力》,载《法商研究》2014年第5期。

法欺诈行为,不应对名义人产生私法效力。[1] 对此,德国学者多在相对人"只愿意与名义人交易"和"不在乎与任何人交易"的类型下,综合考量相对人意愿和名义人意愿等因素,前者对名义人的效力类推适用无权代理规则;后者则在相对人与行为人之间发生效力。[2]

  本书赞同第二种意见,冒名行为在任何时候均不应拘束名义人。信赖原理是私法的重要原理,是私法价值体系的一部分。[3] 身份信赖属于信赖利益的一种,它极为重要,是私法(乃至公法)制度的基石,这也是姓名兼受公法与私法规制的原因。[4] 冒名行为与无权代理存在共性,二者均为对身份信赖的破坏,但又存在明显区别:冒名行为以侵害姓名的同一性利益为前提,系对身份信赖的"直接""恶意"破坏;无权代理则是未获授权而以本人名义实施行为,其对信赖的破坏因具有"间接性"而恶性较低。

  据此,行为人是否具有为名义人实施法律行为的主观意愿,应构成冒名行为与无权代理的区分标准。在法律效果上,虽然二者均在效力上存在欠缺,但前者因行为违法而归于无效,后者则因代理权欠缺而效力待定。此外,冒名行为本属侵害名义人利益的行为,若同时对名义人发生效力,会导致法律效果的自相矛盾。至于法律行为在相对人与行为人之间的效力,因相对人是只愿意与名义人交易还是不在乎与任何人交易而有所不同:前者不发生效力,相对人可对行为人主张损害赔偿;后者发生效力,合同直接拘束行为人与相对人。在我国司法实践中,《最高人民法院关于适用〈中华人民共和国公司法〉若干问题的规定

---

  [1] 参见傅鼎生:《不动产善意取得应当排除冒名处分之适用》,载《法学》2011年第12期;刘保玉:《盗赃与诈骗所及财物的善意取得和赔偿责任问题探讨》,载《判解研究》2009年第2辑。

  [2] 对此,杨代雄教授认为,在相对人只愿意与名义人交易而名义人又未追认的场合,若相对人为善意,则法律行为在名义人与相对人之间发生效力;若非为善意,则法律行为不成立,自无法拘束名义人。参见杨代雄:《使用他人名义实施法律行为的效果——法律行为主体的"名"与"实"》,载《中国法学》2010年第4期。

  [3] 参见叶金强:《信赖原理的私法结构》,北京大学出版社2014年版,第8页。

  [4] 参见张新宝、吴婷芳:《姓名的公法规制及制度完善》,载《法制与社会发展》2015年第6期。

(三)》(法释〔2020〕18号)关于冒名出资的规定即采此种立场。[1]

四、标表型人格权的保护模式

以德国为代表的传统大陆法系国家,对标表型人格权的权利构造缺乏足够关注,认为人格权存在精神与财产的双重构造,对二者应予一体保护,是为人格保护的一元模式。[2] 这也是我国学界的主流意见。美国法分别创设隐私权、公开权,各自保护人格、财产利益,故为二元模式(也称公开权模式)。本书认为,一元模式有悖于标表型人格权的权利构造,实不足取;二元模式虽契合人格权的权利构造,但既未揭示人格标识上的同一性与个性化利益,也未考虑人格标识使用权的形成与性质。有鉴于此,同时考虑到我国的文化传统与法制背景,我国法应采有别于美国法的二元主义立法模式。这在《民法典》中也存在解释的空间。

(一)人格标识使用权源自人格的促销价值

人格标识上的经济利益源自何处,学界存在两种解释方式:

一是功利主义进路,劳动财产说为其代表。该说认为,人因对自己身体享有自然权利,亦拥有蕴涵于身体的劳动力,并延伸至劳动力所产生成果。[3] 人格标识上的经济利益正是主体的劳动所得,如同农民对庄稼的所得一样。劳动财产说在美国十分流行,如 Uhlaender v. Henr-

---

〔1〕 该解释第28条规定:"冒用他人名义出资并将该他人作为股东在公司登记机关登记的,冒名登记行为人应当承担相应责任;公司、其他股东或者公司债权人以未履行出资义务为由,请求被冒名登记为股东的承担补足出资责任或者对公司债务不能清偿部分的赔偿责任的,人民法院不予支持。"

〔2〕 尽管也存在二元论的主张和判决,但认为人格权上财产利益属于人格权组成部分的观点在传统大陆法系国家仍占主导地位(参见〔日〕五十岚清:《人格权法》,〔日〕铃木贤、葛敏译,北京大学出版社2009年版,第146页)。也有学者认为,法国法和日本法系采二元模式(参见严城:《论人格权的衍生利益——以人格标识的商业利用为中心》,黑龙江大学2010年博士学位论文,第252页)。

〔3〕 参见吴汉东:《法哲学家对知识产权法的哲学解读》,载《法商研究》2003年第5期。

icksen案的判决指出:"一个名人必须经过多年的投入和激烈的竞争才能使他的公众形象具有市场价值。这种体现在他的姓名、肖像及其他人格标识上的形象,是他的劳动成果,是一种财产权。"〔1〕我国司法实践亦多有运用,如在"章金莱与蓝港在线人格权纠纷上诉案"中,法院认为:"法律认可来自个人投资和努力演绎出的形象所具有的商业上的价值,当被他人擅自使用时,不仅仅侵犯了肖像权上承载的人格尊严,也侵犯了权利人自己使用或者许可他人使用的财产上之利益。这样不仅会降低回报,挫伤权利人积极投入和努力创造的动力,最终还会影响广大公众从中受益。"〔2〕

不过,劳动财产说存在诸多解释障碍:一方面,除为塑造形象而付出的权利人外,公众、媒体也有付出,为何二者不能形成共有关系? 美国学者迈克尔·马多(Michael Madow)因之认为,赋予名人公开权是对文化多元的严重威胁;从名人公共价值中识别出一项独立的财产权,就是基于个人主义或社会主义的单选题。〔3〕 对此,劳动财产说显然无法作出有效的理论说明。或许有人认为,媒体已从其商业利益中得到了回报,公众也获得了精神上的满足。但此种反射利益非法律上之利益,不受法律评价。另一方面,缺乏刻意打造、付出的非名人形象也可能存在商业价值。换言之,劳动财产说无法解释人格标识经济利益的或然性:有人想上新闻头条而不能,有人则不经意间一夜爆红。

二是道德原旨主义进路,人格自由说为其典型。该说以自由、意志及自主为中心的康德理论为基础,认为私人财产权的根源在于个人对其身体享有的自然权利,而此种排他性权利又源自于人的自由,故人格自由为人格标识上财产利益的正当化基础。〔4〕 从自然权利的角度进

---

〔1〕 316 F. Supp. 1277(D. Minn. 1970).
〔2〕 北京市第一中级人民法院(2013)一中民终字第05303号民事判决书。
〔3〕 See Michael Madow, Private Ownership of Public Image: Popular Culture and Publicity Rights, 81 California Law Review 127, 239 (1993).
〔4〕 参见瞿灵敏:《论商品化人格权》,载《东方法学》2014年第1期。

行论证,也是美国法上的常见理由[1],认为姓名、肖像上的经济利益是人格"外在化"的主张亦如出一辙[2]。该说认识到了自由之于财产的意义,有其合理性,但也存在问题:其一,人人皆有人格自由,但不同主体的人格标识之经济价值相差极大;其二,人格自由虽可以以劳动的形式深入物的形成过程,但并不影响物的性质,后者的形成仍离不开自然的物质成分。亦即,人格自由无法直接形成人格标识的经济利益。

本书认为,人格标识的经济利益源自个性化人格的促销价值。人生而平等,但生而不同。在分工细化、经济发达的现代社会,"同"就是一般化,等于没有特点;"不同"才有个性,才能带来机遇。此外,有些不同可主动获取,如取个与众不同的名字等。在网络时代,此种个性化人格也不限于名人,人人均有其份。

不过,个性化人格本身不是物,也无法转换为外在之物。个性化人格标识也不同于物,其本身也不是财富。个性化人格对商品的促销(或称吸引)价值才是人格标识经济利益的产生路径。但促销价值不是自然人独有的,机构、动物和无生命之物均可当其任。据此,人格标识使用权的价值非基于人格产生。促销价值不同于物的价值,前者只是一种营销手段,后者才具有交换价值。人格标识上促销价值的存在,以人格标识的同一性功能为基础。"人格的符号要素主要通过'嫁接'的叙事技巧,把一种与某个商品(能指)并不具有必然联系的意义(所指)'嫁接'到该商品,从而引起超出产品之外的意义联想。"[3]"通过将名人标识与产品连接的方式,名人形象的公众价值和商誉深入产品中。"[4]正因为如此,美国学者杰弗里·马尔坎(Jeffrey Malkan)指出:

---

[1] See J. Thomas McCarthy, Public Personas and Private Property: The Commercialization of Human Identity, 79 Trademark Rep 685 (1989).

[2] 参见马俊驹、张翔:《人格权的理论基础及其立法体例》,载《法学研究》2004年第6期。

[3] 谢晓尧:《商品化权:人格符号的利益扩张与衡平》,载《法商研究》2005年第3期。

[4] Sheldon W. Halpern, The Right of Publicity: Maturation of an Independent Right Protecting the Associative Value of Personality, 46 Hastings Law Journal 856 (1995).

"形象而非版权的概念,才是公开权的基础。"〔1〕还有学者考察"商品化权"的词源后认为,"商品化"一词源自日本人对英文"merchandising"的误译,后者的本义应为"促销"。〔2〕

个性化人格促销说避免了劳动财产说和人格自由说的缺陷。其一,依据个性化人格促销说,人格标识上经济利益源自个性化人格的促销价值,当然就不会导致媒体、公众与权利人对人格标识上经济利益的共有关系。事实上,因劳动成立共有的情形仅限于物权和知识产权,并以劳动对物和知识成果的产生发生作用为前提。而就主体人格而言,他人行为会影响其社会评价乃至肉体完整,但绝不因此对主体人格形成共有。其二,在个性化人格促销说看来,人人享有人格自由,人人有其个性化人格,但个性化是一个相对标准,不是所有人的促销价值都会同时产生,也不是所有人的促销价值都相同。此时不个性不代表今后不个性,现在个性不代表今后个性。因此,人格标识的经济利益始终处于一种动态的进程。

(二)人格标识使用权是具有人格利益的特殊财产权

人格标识使用权属财产权应无疑问,但它属于何种财产权? 早期学说视其为所有权,后来又依附于知识产权。〔3〕当前理论多视其为知识产权〔4〕,司法实践也倾向于这个立场〔5〕,还有意见主张作为特殊财

---

〔1〕 Jeffrey Malkan, Stolen Photographs: Personality, Publicity, and Privacy, 75 Texas Law Review 829 (1997).

〔2〕 参见刘银良:《角色促销:商品化权的另一种诠释》,载《法学》2006年第8期。

〔3〕 参见徐国栋:《人格权制度历史沿革考》,载《法制与社会发展》2008年第1期。

〔4〕 参见〔日〕五十岚清:《人格权法》,〔日〕铃木贤、葛敏译,北京大学出版社2009年版,第116页;马俊驹:《人格和人格权理论讲稿》,法律出版社2009年版,第123页;严城:《论人格权的衍生利益——以人格标识的商业利用为中心》,黑龙江大学2010年博士论文,第258页。

〔5〕 如张振锁诉北京搜房科技发展有限公司肖像权、姓名权纠纷案一审判决指出:"肖像权、姓名权虽均属具体人格权,但肖像、姓名的商品化使用一定程度上属于形象化权的范畴,对侵犯肖像权、姓名权的救济亦应综合考虑上述商业因素。"北京市海淀区人民法院(2014)海民初字第14529号民事判决书。

产权对待[1]。本书赞同特殊财产权说,即人格标识使用权是一种包含同一性和个性化人格利益并且不同于物权、知识产权的特殊财产权。

在界说人格标识使用权的性质之前,有必要展开劳动过程之于权利对象的意义。当前学界(尤其是知识产权界)有一种倾向认为,劳动可影响权利对象的性质,故知识产权兼有人格权与财产权属性。事实上,不仅知识产权,物权也会渗入劳动,如白布经泼墨而成名画。然则,劳动并不因此决定权利对象的性质。[2] 白布、墨经加工而形成一个新物,但在权利归属上仍属财产权的范围,只是原物已然消失,新物业已产生。换言之,劳动过程决定权利对象的产生、消灭以及量上的增减,并由此影响权利的归属,但不决定权利的性质。因此,人格标识使用权、知识产权、物权之间的区别,不在于劳动过程而在于权利对象,三者依次为:人格标识、知识成果、狭义的物。

作为物权对象的物完全外在于人,构成要素为自然界的客观物质,且以有体物为主,故可自由支配和处分。与之不同,知识产权的权利对象为知识成果,源自人的智慧和思想,实为塑造物质外观、组织物质结构、运用语言文字的特殊劳动。由于劳动并不改变权利对象的性质,故当智慧和思想以外观、发明、商标、作品呈现时,应归入财产权的范畴。我国《专利法》第10条第1款、《商标法》第42条均规定专利、商标可以转让。不过,著作权则较为特别。受"作品体现人格"思潮的影响,人们往往认为著作权内在地包含发表权、署名权、修改权等人格权,我国《著作权法》第10条第3款也将后者排除在可转让的权利之外。但"作品体现人格"是对"作品源自人格"的误读,思想只有以自由形式存在才属于人格,当其以作品形式出现时则是"具有独立存在价值

---

[1] 参见温世扬:《论"标表型人格权"》,载《政治与法律》2014年第4期;张丹丹、张帆:《商品化权性质的理论之争及反思》,载《当代法学》2007年第5期。
[2] 参见李琛:《质疑知识产权之"人格财产一体性"》,载《中国社会科学》2004年第2期。

的符号形式"。[1] 与此同时,发表权、署名权应归入其他权利,比较法上的版权体系即立足于此。

基于其与主体的稳定联系,人格标识上具有同一性和个性化利益,已如前述。因此,不当使用他人人格标识,他人的人格利益也会受到损害。[2] 并且,基于人格标识与主体的稳定联系,人格标识使用权虽可授权使用但却无法转让。知识成果则不然,其虽出自人的智慧,但却缺乏与主体的稳定联系。也许有人会以著作权为由进行反驳,认为后者具有强烈的人格特征。事实上,虽然有的作品具有较强的个人风格,但这不具有经验上的普遍性,更不具有法律上的判断力。我们不会仅凭写作风格就判断某作品为某人所作;相反,作品的功能在于满足人的审美需求。"人在欣赏作品时总是希望作品原貌得以保持,也总是希望获悉作者的真实身份,进而通过了解作者的创作意图及生平轶事来探寻作品的意义。"[3] 因此,基于审美的要求或者公示的需要,著作权转让之后仍有必要署上作者的姓名并保持作品的完整(法人也可以作为作者署名),但同为知识产权的发明、实用新型因无此需要而无须署名。美国法由于未清晰地界定同一性与个性化利益,所以公开权仍被归类为知识产权。[4]

那么,人格标识作为一种外在之物,承载人格利益会不会模糊人格权的专属性?关于物上承载人格利益的现象,又被称为"财产权的人格化",学界有人格物权、人格财产、人格物等提法。本书对此持否定意见,具体论述详见第三章。

---

[1] 参见李琛:《质疑知识产权之"人格财产一体性"》,载《中国社会科学》2004年第2期。

[2] 如在德国法上著名的"人参案"中,原告系某大学教授,被告系制造药物的公司。被告在广告中引述原告为人参专家,肯定人参具有增强性能力的作用,原告以人格权被侵害为由请求慰抚金,三审皆获胜诉。参见王泽鉴:《人格权法》,北京大学出版社2013年版,第278页。

[3] 熊文聪:《作者人格权:内在本质与功能构建的法理抉择》,载《法制与社会发展》2012年第6期。

[4] See J. Thomas McCarthy, Public Personas and Private Property: The Commercialization of Human Identity, 79 Trademark Rep 684, 687 (1989).

(三) 我国法应采中国化的二元保护模式

主张我国采用人格权保护一元论的理由:(1)公开权是由判例法创制的权利类型,与美国法缺乏人格权的抽象概念相关;一元论则保持了人格权理论的延续与稳定,是一个体系化、类型化的概念。(2)公开权不仅保护人格标识的价值,而且还保护表演者的表演行为,故引入公开权会导致与知识产权法的重复保护,提高立法和司法成本。(3)公开权没有彰显人格权的本质属性,没有将人格尊严的属性强调出来,而一元论则维持了人格权的专属性。[1] (4)还有意见认为,两种模式之间并无优劣之分,皆为各国法制自生结果。究竟应采何种模式,端视我国现有规范、学说和实务现状,一元论更有说服力。[2]

本书认为,一元论有其局限,美国法上的二元论亦须修正。(1)美国法固然缺乏抽象的人格概念,但一元论未见高明。使性质迥异的人格标识形成自由与人格标识使用权强行合并谓之体系化,徒具其表;认为公开权未体现人格尊严的理由,更是对公开权财产权属性的误解。实际上,即便采一元论的德国法,也不得不承认人格上经济利益的可继承性[3],这显然突破了人格权的专属性[4];而人格上经济利益的可继承性和可转让性,也是美国法承认公开权的重要原因[5]。可见,人格标识使用权无法归入人格权的范畴。既然如此,我国法就应放弃一元

---

[1] 参见王利明:《论人格权商品化》,载《法律科学(西北政法大学学报)》2013年第4期;洪伟、郑星:《试论人格权的商品化》,载《浙江社会科学》2008年第12期;赵宾、李林启、张艳:《人格权商品化法律问题研究》,知识产权出版社2009年版,第277页。

[2] 参见王泽鉴:《人格权保护的课题与展望——人格权的性质及构造:精神利益与财产利益的保护》,载《人大法律评论》2009年卷,第103页;张红:《人格权总论》,北京大学出版社2012年版,第195—196页。

[3] 参见王泽鉴:《人格权法》,北京大学出版社2013年版,第289—290页。

[4] 有学者进而提出调和主张:生者人格上财产利益保护应采用一元论,死者人格上财产利益保护则参照公开权模式。参见张红:《死者生前人格上财产利益之保护》,载《法学研究》2011年第2期。

[5] See Sheldon W. Halpern, The Right of Publicity: Maturation of an Independent Right Protecting the Associative Value of Personality, 46 Hastings Law Journal 858 (1995); J. Thomas McCarthy, Public Personas and Private Property: The Commercialization of Human Identity, 79 Trademark Rep 687 (1989).

论的保护模式。(2)公开权模式虽然结构清晰、逻辑正确,但其将知识产权与人格标识使用权一体保护,未体现人格标识使用权的特殊性。事实上,人格标识使用权作为一种特殊财产权,同样无法在物权、知识产权体系中找到归宿。本书认为,美国法的做法有其特殊性:依普通法传统,积极寻求名声的名人和表演者不能单独主张形象暴露的侵权。一般而言,于其仅受经济损失时,法院或者判决象征性赔偿,或者完全否认赔偿。[1] 当名人试图利用昭著之臭名时,法院则否认盗用人格标识会伤害其感情。[2] 此外,其他法也有保护人格标识商业利用的规定,如美国《不正当竞争法重述(第三次)》第46条规定:"未经同意,基于商业的目的使用他人姓名、肖像或者其他身份标识,构成对他人身份标识的盗用,应承担损害赔偿责任。"正因为如此,本书亦不赞同照搬公开权模式于财产权体系中规定人格标识使用权。[3] (3)德国法采纳一元论,我国法又继受德国法制,但这不足以作为肯定一元论的理由。实际上,大陆法系关于权利的理论建构系以财产权为典型,人格权无法独善其身。德国民法亦渐行反思[4],且其人格权理论的提出远在民法典颁行之后,首要目的是维护本国民法典的稳定性和权威性,属于在不改变民法典体例和内容基础上的"补丁"[5]。有鉴于此,我国民法不应重蹈覆辙,于比较法背后亦步亦趋,诚宜毕比较法未竟之事业,领世界人格权法之风气与潮流。基于人格标识使用权与主体的天然关系,可

---

[1] See Richard. Ausness, The Right of Publicity: A Haystack in a Hurricane, 55 Temple Law Quarterly 981 (1982).

[2] See Sheldon W. Halpern, The Right of Publicity: Commercial Exploitation of the Associative Value of Personality, 39 Vanderbilt Law Review 1206 (1986).

[3] 有学者主张,应当在财产权体系中规定人格标识使用权。参见于晓:《自然人人格标识商业利用民事权利独立设为新型财产权研究》,载《山东大学学报(哲学社会科学版)》2017年第3期;李大何:《未来民法典中人格权财产利益的保护模式》,载《华东政法大学学报》2017年第4期。

[4] 参见王泽鉴:《人格权法》,北京大学出版社2013年版,第44页。

[5] 参见李大何:《未来民法典中人格权财产利益的保护模式》,载《华东政法大学学报》2017年第4期。

令其寄生于人格权的规范体系加以保护[1],但其请求权基础仍在财产权规范之中。

五、结　语

在民法典的发展进程中,对人格权正面确权,是新兴民法典的一般做法,也是民法发展的重要趋势。[2] 但人格权的正面确权,不能仅停留在宣示意义上,而应落实到权利理论和立法实践中。理顺标表型人格权的权利构造,捍卫人格权的专属性与非财产性,是人格权正面确权的前提,也是传统民法典未竟之使命。[3] 而就立法而言,《民法总则》《侵权责任法》只是对人格权进行了初步确权,人格权最终在《民法典》中独立成编则进一步完成了这一使命。

经由本章分析可知,标表型人格权作为一种人格权,只能以人格标识的决定、变更为权能,以人格标识的形成自由为权利对象,独立于作为财产权的人格标识使用权。同时,人格标识使用权又不同于其他财产权,其价值源自个性化人格的促销功能,且包含人格标识的同一性人格利益与个性化人格利益在内。准此,人格标识的商业利用并不违背善良风俗、损害人的尊严,它既非人格权独立成编的肯定理由,也不构成反对理由。考虑到人格标识使用权的特殊性,标表型人格权的立法表达应采有别于美国法的二元保护模式,即将人格标识使用权归入人格权的规范体系中,但以财产权为其请求权基础。

---

[1] 参见温世扬:《析"人格权商品化"与"人格商品化权"》,载《法学论坛》2013年第5期。
[2] 参见王利明:《人格权的积极确权模式探讨——兼论人格权法与侵权法之关系》,载《法学家》2016年第2期。
[3] 德国内政部长于1959年8月呈送总理、由总理提交联邦议会主席的关于《德国民法典》第12条的修正案(后因政治原因胎死腹中)规定:"在某人否认权利人使用姓名的权利或者无权使用同一姓名的情况下,构成第12条意义上的违法侵害。"(参见《德国民法人格与名誉保护新规则法草案》,王洪亮译,载《中德私法研究》第12卷,第317、319页)该修正案与现有立法规定大同小异,仍未完成标表型人格权权能与对象的现代法衔接。

就《民法典》的立法过程而言,《人格权编(草案)》"一审稿""二审稿"规定:"人格权不得放弃、转让、继承,但是法律另有规定的除外",似乎为人格权商品化预留了空间,即将人格标识的商业利用等同于人格权的商品化。但《人格权编(草案)》"三审稿"一改之前做法,删除了但书规定,最终形成《民法典》第992条规定:"人格权不得放弃、转让或者继承。"并在第993条规定了姓名、名称、肖像的许可使用。这实际上是在理论上排除了人格权商品化的主张,预留了人格标识的许可使用空间。对此,原来极力反对人格权立法的孙宪忠教授也转而评论道:"这样就保障了人格权立法的人文主义思想基础,保障了民法中的人格权制度和宪法人格尊严原则的精神统一。所以这个彻底删除,消除了立法上一个比较大的隐患。"[1]"遗憾的是,《民法典》第1012条、1018条在界定姓名权、肖像权时,又回到了一元模式。这就造成了解释上的难题。"

---

[1] 孙宪忠、朱宁宁:《民法典分编体例既科学也符合我国国情》,载《法制日报》2020年3月24日,第5版。

第三章 物上"人格"的构造

一、引　言

关于人格与外在物的关系,不是一个孤立的法学问题,而是涉及跨学科的人格、财产关系,因此,应在更广阔的视角下加以处理。如前所述,人格概念引入法学之后产生了权利能力、权利主体、人格利益、人格尊严四种内涵。尤其是作为价值基础的人格尊严,越来越多的学者予以明确肯定。[1] 以此为基础,人格、财产关系得到明显简化:虽然人格权、财产权都是尊严的权利化,"财产是创造人类幸福的工具"[2],但这无法模糊人格、财产的实证法区别。关于财产上是否存在人格利益的问题,学界多在"人格物""人格财产"项下讨论,认为人格、财产发生了规范意义上的交融(以下统称人格财产交融说)。本书对此持不同意见,故使用"物上'人格'"概念以示区别。

毋庸置疑,法学上的人格、财产关系如同政治上的"日月双悬",无

---

[1] 梁慧星教授早期支持通说意见,但其在2011年以来的新版作品中认为还存在一种作为权利能力、行为能力、自由、名誉、姓名权等的总和的人格。参见梁慧星:《民法总论》(第四版),法律出版社2011年版,第91页。认为人格尊严为实证权利价值基础的代表性文献可参见胡玉鸿:《人的尊严的法律属性辨析》,载《中国社会科学》2016年第5期;李海平:《基本权利间接效力理论批判》,载《当代法学》2016年第4期;黄宇骁:《论宪法基本权利对第三人无效力》,载《清华法学》2018年第3期;陈道英:《从德国法上的一般人格权看宪法权利与民事权利的协调》,载《法学评论》2011年第5期。

[2] 易继明:《财产权的三维价值——论财产之于人生的幸福》,载《法学研究》2011年第4期。

休止地消耗着人们的精力。在罗马法上,经由盖尤斯的《法学阶梯》,形成了人—物二分的概念体系。以法国、德国为代表的近代民法典,则在确立人人平等原则的同时,进一步形成了人格—财产的二分原则。人格权的理论创设,原以人格—财产二分为前提,但由于以所有权为模型[1],遗传了财产权的先天基因[2],故缺乏独立的结构模式,未形成泾渭分明的体系格局。其后果就是20世纪以来,一方面,基于人的保护的现实需要,人格权理论经由立法、司法获得长足进步;另一方面,伴随着社会经济的发展、生命科技的进步,人格、财产的关系日益模糊,为解释这一现象,人格物权、人格物、人格财产、人格权商品化等学说继起。[3]

在此背景下,认为人格、财产"你中有我,我中有你",呈交叉、融合之势的判断,逐渐成为有力学说。[4] 有学者进而认为,人格(权)与财产(权)存在"人格(权)财产化""财产(权)人格化"的双重变奏。[5] 还有学者提出了民事权利的"二元性"理论,认为在传统民事权利体系的源头,人格权和财产权的保护并不存在本质区别。人格权除包含精

---

[1] 参见王泽鉴:《人格权法》,北京大学出版社2013年版,第44页。

[2] 人格权理论的集大成者基尔克认为,人格既具有精神性的价值也具有物质性的价值。参见薛军:《人格权的两种基本理论模式与中国的人格权立法》,载《法商研究》2004年第4期。

[3] 芮沐先生将发明、作品、姓名、商标等称为人格物权,认为其标的物是人格之延长、精神之具体化,这一概念得到了周江洪教授的支持;苏力教授把具有主观价值、转让受限的物称为人格物,这一概念后由冷传莉教授发扬光大;徐国栋教授把与人格紧密相连、灭失造成的痛苦无法通过替代物补救的财产称为人格财产,吴汉东教授、陈传法等亦持此立场;王利明教授则将人格标识的商业利用称为人格权商品化。参见芮沐:《民法法律行为理论之全部(民总债合编)》,中国政法大学出版社2003年版,第7—8页;周江洪:《以"人格物权"重构姓名权》,载《中国社会科学报》2012年3月21日,第7版;苏力:《"海瑞定理"的经济学解读》,载《中国社会科学》2006年第6期;冷传莉:《民法上人格物的确立及其保护》,载《法学》2007年第7期;徐国栋:《现代的新财产分类及其启示》,载《广西大学学报(哲学社会科学版)》2005年第6期;吴汉东:《财产权的类型化、体系化与法典化——以〈民法典(草案)〉为研究对象》,载《现代法学》2017年第3期;陈传法:《人格财产及其法律意义》,载《法商研究》2015年第2期;王利明:《论人格权商品化》,载《法律科学(西北政法大学学报)》2013年第4期。

[4] 参见吴汉东:《财产权的类型化、体系化与法典化——以〈民法典(草案)〉为研究对象》,载《现代法学》2017年第3期;冷传莉:《"人格物"的司法困境与理论突围》,载《中国法学》2018年第5期。

[5] 参见陈传法:《人格财产及其法律意义》,载《法商研究》2015年第2期;姜福晓:《人格权财产化和财产权人格化理论困境的剖析与破解》,载《法学家》2016年第2期。

神利益外,也兼具财产利益;而财产权除包含财产利益外,还兼具精神利益。[1] 甚至有学者主张,近现代民法中单向度的理性人观念存在无法克服的弊端,应建构一个在价值质引导下的兼顾人的生物质、精神质、社会质和历史质的整全的人的本质观[2],有限地承认人体为物,将"人体财产权"和人类作为物种享有的"类的人性尊严"纳入到人体法益构造中去[3]。

  无独有偶,人格、财产关系在比较法上也颇受关注。美国学者简·拉丁(Jane Radin)提出了"人格财产"概念:"从直觉上看,由于人与'物'之间存在密切联系,总会有一些物成为人格财产","与人格关系越紧密,权利的保护力度就越强。"[4]这一主张引起了财产法学界以及其他学科主流学者的热烈讨论。[5] 戴维斯(Davies)、纳芬(Naffine)进一步指出:"虽然现代法强调人格与财产的二分,人也被作为最基本的法律概念,但人格本身并非确定概念","人格概念是沿着财产概念发展起来的,一旦公开承认二者的相互依赖性,就会发现二者事实上存在重要的亲缘关系。"[6]在德国,由于人格保护被视为侵权法的规制范围,学界致力于发展一套可简单适用于侵权法的人格权理论[7],加之法院在人格标识商业利用、死者人格保护上牺牲了概念的周延性,人格权概念变得越来越不清晰了[8]。

---

[1] 参见姜福晓:《人格权财产化和财产权人格化理论困境的剖析与破解》,载《法学家》2016年第2期。

[2] 参见汪志刚:《生命科技时代民法中人的主体地位构造基础》,载《法学研究》2016年第6期。

[3] 参见汪志刚:《民法视野下的人体法益构造——以人体物性的科技利用为背景》,载《法学研究》2014年第2期。

[4] Margaret Jane Radin, Property and Personhood, 34 Stanford Law Review 961, 986(1982).

[5] See Jeffrey Douglas Jones, Property and Personhood Revisited, I Wake Forest Journal of Law & Policy 94-98(2011).

[6] Margaret Davies and N Naffine, Are Persons Proprety? Legal Debates about Property and Personality, Ashgate Press (2001), p. 51, 56-57.

[7] See Giorgio Resta, The New Frontiers of Personality Rights and the Problem of Commodification: European and Comparative Perspectives, 26 Tulane European & Civil Law Forum 36 (2011).

[8] 参见[德]汉斯·哈腾鲍尔:《民法上的人》,孙宪忠译,载《环球法律评论》2001年第4期。

与此同时,学界不乏谨慎立场。如有学者认为,人格物的概念较为复杂,法律适用也比较特殊,把它作为正式法律概念,甚或建立完整制度为时尚早。[1] 还有学者指出,既有研究"先入为主地将人格利益附加于特定物品之上……忽视了这种人格价值定夺的飘忽不定性,也忽略了这种人格权益产生的原因和公示性……使得概念分析较为笼统,没有切入问题的实质"。[2] 在比较法上,也有学者认为,拉丁的主张无法解释何以完全主观的人格财产应当获得法律认可。此外,在法益识别中,需要一种分辨好坏的客观标准,为应受法律认可的人格财产划定范围。[3] 换言之,人对物的情感有好有坏、有感性有理性,能否一律受到法律保护?

为在更宏大的视野下呈现人格、财产的图景,解释物上"人格"现象,笔者将首先从主体与客体角度分析人格、财产的哲学谱系,进而阐释其在法学上的规范形塑以及物上"人格"的规范效果。

二、人格、财产的哲学谱系

法学上常见的一个做法,是用经验观察替代理论分析,"人格物"的概念就有这个嫌疑。[4] 但人格财产交融说也有其哲学依据,只是可能误解了人格、财产的哲学谱系。当然,在哲学上,人格、财产关系是以主体、客体的叙事呈现的,哲学上的主体客体关系作为结构主义的图式,构成了法学上人格、财产关系的前提。

---

[1] 参见温世扬:《民法总则中"权利客体"的立法考量——以特别"物"为重点》,载《法学》2016 年第 4 期。

[2] 周煜:《"人格物"是一个伪命题吗?——基于行为法律经济学的分析》,载《法律科学(西北政法大学学报)》2015 年第 2 期。

[3] See Jeffrey Douglas Jones, Property and Personhood Revisited, 1 Wake Forest Journal of Law & Policy 102(2011).

[4] 在我国,系统提出人格物理论的学者是冷传莉教授。依其主张,"人格物"指一类与人格利益紧密相连、体现人的深厚情感与意志、其毁损与灭失所造成的痛苦无法通过普通替代物予以补救的特定物。参见冷传莉:《"人格物"权利冲突的构成机理与裁判之道》,载《法商研究》2021 年第 3 期。

（一）人格财产交融说的哲学视野

人格财产交融说存在不同的哲学进路，但哲学上的主体、客体关系本身就存在不同的语境。

1. 人格财产交融说的哲学依赖

归纳起来，人格财产交融说的哲学依赖主要有三种进路：一是以康德理论为依据的民事权利"二元性"理论；二是以黑格尔哲学为基础的人格财产说；三是反康德、反黑格尔的人体财产权理论。

（1）在民事权利"二元性"理论论者看来，既然康德主张人的理性源自人的内心意志，认为有理性的东西是只能作为目的的人，就表明"权利主体的核心内涵是'自由意志'"，而"自由意志对客体的支配一方面必然包含着生物人存在所需的物质内容，另一方面必然包含着定义主体存在的伦理情感。因此，作为自由意志对客体进行支配的技术载体，民事权利也必然包含两个方面的内容：物质内容和伦理内容。"[1]康德在论述自由时确实谈到了自由的支配力，似乎有主体可对自身进行支配的意思："只有一种天赋的权利，即与生俱来的自由"，自由"是每个人生来就有的品质，根据这种品质，通过权利的概念，他应该是他自己的主人"。[2]

（2）黑格尔哲学更适合作为人格财产交融说的哲学基础。拉丁就认为，从康德的抽象理性中难以推导出人格财产理论，但黑格尔的权利哲学使人从权利的抽象王国进入到具体化的人的世界。[3]黑格尔首先区分了人格和主体，把人格——不同于法学上的人格——界定为自由的单一性，主体则是具有现实性的人："人格在本质上不同于主体，因为主体只是人格的可能性，就可能性而言，每个一般的生命体都是一个

---

[1] 姜福晓：《人格权财产化和财产权人格化理论困境的剖析与破解》，载《法学家》2016年第2期。

[2] 〔德〕康德：《法的形而上学原理——权利的科学》，沈叔平译，林荣远校，商务印书馆1991年版，第49—50页。

[3] See Margaret Jane Radin, Property and Personhood, 34 Stanford Law Review 967, 972 (1982).

主体。而人是这样的主体,其主体性是为主体而存在的,因为在人格中我全然是为我而存在的:人格就是在纯粹的自为存在中自由的单一性。作为这种人格我知道我在我自身中是自由的并能从一切中抽离出来,因为在我面前除了纯粹人格没有任何东西存在,可是我作为这样的人是一个完全被规定了的东西:这样的年纪,这样的身材,在此空间中,以及其他一切还能被看作是有独特性的东西。"[1]

既然人格界定为自由的单一性,那么,其与人身是什么关系?黑格尔的回答是,人身为人格的"外部世界":"人格作为直接的概念……具有一种自然的实存,一方面在人自身,一方面作为这样的实存,他对这种实存的关系是作为对外部世界的关系。"[2]"我在这个有机身体中活着,按内容说来这个身体是我普遍的、不可分割的、外部的定在……但作为人格,我同时拥有我的生命和身体,像拥有其他东西一样,只不过是在它是我的意志的限度内。"[3]"身体,只要它是直接的定在,就不适合精神;为了成为精神合意的器官和显灵的工具,它必须首先被精神占有。"[4]为此,黑格尔反对人格权和物权的分类,认为只有人格才能给予对物的权利,而人格权本质上就是物权:"一般对自由来说是外在的东西,甚至我的身体,我的生命也属于这种物。"[5]

但作为人格财产交融说依据的,其实是黑格尔关于人格与身外之物的论断:"人格为了作为理念而存在,必须给予他的自由一个外部领域……人惟有在所有权中才是作为理性而存在。"[6]"人格有权把他的意志置入任何事物中,凭此该物是我的,达到其实体的目的,因为物在自己本身之中不具有这样一种目的以及包含我的意志的它的规定与灵

---

[1] [德]黑格尔:《黑格尔著作集第7卷·法哲学原理》,邓安庆译,人民出版社2016年版,第85页。
[2] 同上注,第94页。
[3] 同上注,第100页。
[4] 同上注,第101页。
[5] 同上注,第88—89页。
[6] 同上注,第92页。

魂——人对一切事物[有]绝对的据为己有的权利。"[1]不唯如此,在黑格尔看来,人格也可以随所有权的让与而转让:"如果我把在劳动中获得具体化的全部时间以及我的全部作品都转让了,那就等于我把这些东西中的实体性东西、我的普遍活动和现实性、我的人格,都让与他人所有了。"[2]

(3)值得注意的是,作为生命科技伦理困境的产物,人体财产权理论既是反康德的,也是反黑格尔的。依其主张,包含康德在内的近代启蒙哲学从纯精神的角度、以理性为核心建构了单向度的理性人图景,即把人作为世界中心和价值主体,人因而被抛入一个从未有过的与整体世界相对立的境地[3];黑格尔虽然以一种动态的绝对精神主体观来取代传统的静态的与客体对立的主体观,但终究没能走出意识范畴本身的限制,未能真正走出传统主体哲学的框架,其意义仅在于证明了现代主体观念遭遇的深刻危机,为后世其他哲学引入各种关系性和过程性要素开辟道路[4]。

按照人体财产权理论,近代民法体系建立于传统哲学的人、物二分理论之上,秉持了"人体为主体人格之一部"的立场,虽有助于彰显人的主体价值和尊严,但在处理尸体、离体组织和基因科技利用等问题上存在部分失灵,也加剧了人体利用与人格尊严的价值冲突[5]。其进而认为:"以理性为核心的主体性的最大不足就在于其以二元对立的方式所创造出来的主体(理性)与整个世界(客体)的对立,以及通过权利概念构造和普世化而实现的二元对立的实证化。"[6]因此,应有限地承认人

---

[1] [德]黑格尔:《黑格尔著作集第7卷·法哲学原理》,邓安庆译,人民出版社2016年版,第96页。
[2] 同上注,第135页。
[3] 参见汪志刚:《生命科技时代民法中人的主体地位构造基础》,载《法学研究》2016年第6期。
[4] 同上注。
[5] 参见汪志刚:《民法视野下的人体法益构造——以人体物性的科技利用为背景》,载《法学研究》2014年第2期。
[6] 同注[3]。

体为物,将"人体财产权"和人类作为物种享有的"类的人性尊严"纳入人体法益的构造体系中。[1]

2. 哲学上主体、客体关系的语境

哲学上的思维、存在或精神、物质问题,基本上没有超出主体、客体的范畴。但哲学问题的丰富性,使主体、客体关系存在多重语境。因此,理解人格财产交融说的哲学进路,应以区分主体、客体的语境为前提。一般认为,西方哲学经历了从本体论到认识论再到语言哲学的转变。对此,存在两种可能的理解:一是从知识更新的角度,认为每一个转向都意味着后世哲学的进步;二是从知识特色的角度,把这种时间上的转变解释为研究重点的转移。很显然,人格财产交融说采纳了第一种进路:当人从抽象理性的行动者过渡到与外在世界紧密相连的具体人时,意味着黑格尔哲学对康德哲学的胜利(人格财产说);同样,后现代哲学对传统精神性主体的反叛,标志着古典哲学精神性主体的终结(人体财产权说)。

然则,上述主张值得怀疑:一方面,本体论、认识论属于不同的问题域,不存在后者的发展否定前者的道理,而本体论的终极性、价值性也增加了否定的难度;另一方面,科学的进步从来不是简单的单向发展,毋宁是为解释新问题而产生新的分析框架,这是一种超越,但绝非全盘否定。因此,理论的转向很可能是研究重点的转移,或者是新的分析框架的产生。而哲学研究总是存在逻辑循环,即本体论以某种认识论假设为前提,认识论又以某种本体论假设为前提:"有什么样的认识论就有什么样的本体论,而有什么样的本体论就有什么样的认识论。"[2]因此,哲学发展与其说是否定式的单向进步,毋宁说是研究重点和关注问题的转向。[3] 至于转向的具体原因,则与其他实证科学的

---

[1] 参见汪志刚:《民法视野下的人体法益构造——以人体物性的科技利用为背景》,载《法学研究》2014 年第 2 期。
[2] 崔平:《关于哲学内部逻辑循环问题的思考》,载《社会科学战线》2005 年第 3 期。
[3] 参见邬焜:《哲学基本问题与哲学的根本转向》,载《河北学刊》2011 年第 4 期。

发展有关。[1]

正因为如此,考夫曼(Kaufmann)认为哲学有三个基本领域:本体论、认识论和存在哲学。"每一个分支都有自己特殊的立场和对世界独特的见解,它们各自开辟了一个时代。"[2] 在此框架下,语言哲学为认识论所包含,存在哲学获得了独立的位置。在考夫曼看来,本体论关注存在而非意识,它建立于信赖之上,以客观现实性为导向;认识论则从怀疑入手,关注思维着的主体,是主观的意识哲学;存在哲学旨在追问人之此在的意义,它呼吁人们去抗拒那种在边缘状态下苦苦挣扎的非本真的冲动,自己决定自己的命运并实现自我。[3] 考夫曼同时也强调:"没有一种思潮是纯而又纯的,但不同的时代强调的重点各异。"[4]

既然存在哲学研究人生态度等问题,则在实践上与宗教、审美等相关,而与人的行为的调整关系不大。因此,人格、财产的哲学谱系限于本体论哲学和认识论哲学语境下的主体、客体关系。遗憾的是,人格财产交融说对此未加留意,从而导致主体客体化、客体主体化的结论。所谓主体客体化,即在本体论哲学层面否认主体、客体二分,认为人格本身包含财产的要素,其结果就是导致人格的物化。至于客体主体化,则是认识论哲学的产物,认为财产上可以渗入人格要素,从而形成所谓的人格物、人格财产。但事实上,无论是从本体论的视角来看,还是基于认识论的观察,主体、客体之间都不会发生此种反向转化,虽然二者确实会发生联系。

---

[1] 如有学者指出,西方哲学的两次转向,并不是哲学"搞不通了"或"搞不去了",而是其他实证科学在相关领域"搞通了",能提供真实的知识,好"思辨"的哲学已没有在这些领域存在的价值和必要了,只好去寻求适合自身研究的对象,才最终转向语言的。参见阳小华:《西方哲学中语言学转向的哲学渊源演变》,载《外语学刊》2005年第3期。

[2] [德]阿图尔·考夫曼:《法哲学,法律理论和法律教义学》,载[德]阿图尔·考夫曼、[德]温弗里德·哈斯默尔主编:《当代法哲学和法律理论导论》,郑永流译,法律出版社2013年版,第14页。

[3] 同上注,第14—18页。

[4] 同注[2],第19页。

(二)主体客体化的本体论分析

人格财产交融说的哲学依赖存在主体客体化现象,但三种进路的原因又各不相同:民事权利"二元性"理论不当理解了康德的本体论哲学;人格财产说则在忽视黑格尔本体论哲学的情况下,错把黑格尔的认识论哲学当成本体论哲学;人体法益说也犯了把认识论哲学当成本体论哲学的错误,是在生命科技背景下对经典哲学的善意误会。

1. 从康德哲学中推导不出民事权利的"二元性"

虽然康德把人界定为具有理性的自由意志,但绝不意味着伦理、精神的内容可以成为支配的对象,发生所谓的主体客体化。在《道德形而上学原理》中,康德写道:"人并不是物件,不是一个仅仅作为工具使用的东西,在任何时候都必须在他的一切行动中,把他当作自在目的看待,从而他无权处置代表他人身的人,摧残他、毁灭他、戕害他。"[1]在《法的形而上学原理》中,他也说:"一个人可以是他自己的主人,但并不是他自己的所有者,他不能任意处理他自己,更不用说对他人有这种关系的可能了,因为他要对他自身中的人性负责。"[2]

按照康德的立场,既然人具有理性、是目的的存在,人格中就不可能包含任何作为手段的财产的要素,所谓的民事权利"二元性"也就无从谈起。正因为如此,即便人格财产说的力倡者拉丁也认为,如果人是纯粹的抽象理性的行动者,人和财产之间就没有必然联系。因此,从康德理论中的理性难以推导出人格财产理论。[3]而考夫曼也为康德辩护道:"一种纯主观的伦理学也导向这样一个结果:当人是自在之人时,人自己就成为自己的立法者。这绝非断言,这是一个完全不可能的

---

[1] [德]伊曼努尔·康德:《道德形而上学原理》,苗力田译,世纪出版集团、上海人民出版社2012年版,第37页。
[2] [德]康德:《法的形而上学原理——权利的科学》,沈淑平译,林荣远校,商务印书馆1991年版,第86页。
[3] See Margaret Jane Radin, Property and Personhood, 34 Stanford Law Review 967 (1982).

设想,但无论如何,那不是康德的主张。"[1]

2. 黑格尔哲学也无法作为人格财产说的基础

黑格尔虽然把人身当成外部的、不适合精神的定在,但又强调人身既不是他人的支配对象,也无法成为自己意志(人格)的支配对象,它不是与人格相对的外在之物:"外界活动包罗万象的总体性,即生命,不是同人格性相对的外在东西,因为人格性就是这一人格自身,它是直接的。出让或牺牲生命毋宁是这一反面,不是这个人格的定在。"[2]因为人格存在于人身中:"只因我是活在身体中的自由者,所以这个有生命力的定在不得当作驮畜被虐使。"[3]可见,黑格尔认为人身只有相对于人格才是外在的,人身本质上是自由的定在:"人按照他自身与生俱来的直接实存是一种自然的东西,按照其概念则是外在的东西。只有通过培养他自己的身体和精神,本质上只有通过他的自我意识把自身把握为自由的,他才占有了自身,有了他自身的所有权,以对抗他人。"[4]

由此观之,黑格尔把人格权称为物权的用意,不是要否认人格权的自由属性,而是强调相对于人格,人身乃至生命也都具有外在性。在此,黑格尔与康德起点不同却又曲径通幽:康德直接把人的精神、肉体统一为目的,赋予最高价值、给予最高保护;黑格尔则在区分人格和主体、把后者作为前者外部世界的基础上,尊重人身的自由性。显然,相较于黑格尔哲学,康德哲学的结构更贴近生活,更适合作为法律上人格保护的基础。这样,捍卫人格的主体性就成为本体论哲学的使命,人格财产说的立场无疑与本体论哲学背道而驰。事实上,拉丁所谓的直觉视角,本质上是基于认识论哲学的观察。

---

[1] [德]阿图尔·考夫曼:《法哲学,法律理论和法律教义学》,载[德]阿图尔·考夫曼、[德]温弗里德·哈斯默尔主编:《当代法哲学和法律理论导论》,郑永流译,法律出版社2013年版,第95—96页。

[2] [德]黑格尔:《黑格尔著作集第7卷·法哲学原理》,邓安庆译,人民出版社2016年版,第140页。

[3] 同上注,第101页。

[4] 同上注,第112页。

3. 主体与客体二分在生命科技时代也没有过时

人体财产权说认识到了康德、黑格尔在本体论哲学上的一致性,但其认为后现代哲学中物或自然的返场构成了哲学上人与自然关系的革新源泉、解除了所谓的人与自然的关系危机的意见[1],显然是误把后现代的认识论哲学当成本体论哲学来对待了。如前所述,任何认识论均有其本体论预设,后现代哲学对自我与他者之间的过程性、关系性要素的强调,并不妨碍其彰显人的主体性。以诠释学为例,它只是反对客观主义的认识论,即摒弃主体、客体图式的认识论[2],而非放弃了人的主体性。所以海德格尔说:"对作为被征服的世界的支配越是广泛和深入,客体之显现越是客观,则主体也就越主观地亦即越迫切地凸显出来,世界观和世界学说也就越无保留地变成一种关于人的学说。"[3]

本书认为,主体、客体二分在生命科技时代也没有过时,生命科技带来的问题完全可以在法学内部获得解释,不应认为人体包含物的成分。关于与身体分离的人体组成部分的解释,理论上存在财产和人格两种不同的进路。梅迪库斯持财产进路,他说:"随着输血和器官移植行为越来越重要……现在必须承认献出的血以及取出的、可用于移植的器官为物。这些东西可以成为所有权的客体,而且首先是提供这些东西的活人的所有物。对于这些东西的所有权移转,只能适用有关动产所有权移转的规则。"[4]王泽鉴教授也认为:"人的身体,虽不是物,但人体的一部分如已分离,不问其分离原因如何,均成为物(动产),由其人当然取得所有权,而适用物权法的一般规定(得为抛弃或让与)。"[5]

---

[1] 参见汪志刚:《生命科技时代民法中人的主体地位构造基础》,载《法学研究》2016年第6期。
[2] 参见〔德〕阿图尔·考夫曼:《法哲学,法律理论和法律教义学》,载〔德〕阿图尔·考夫曼、〔德〕温弗里德·哈斯默尔主编:《当代法哲学和法律理论导论》,郑永流译,法律出版社2013年版,第145页。
[3] 孙周兴、王庆节:《海德格尔文集:林中路》,孙周兴译,商务印书馆2015年版,第102页。
[4] 〔德〕迪特尔·梅迪库斯:《德国民法总论》,邵建东译,法律出版社2000年版,第876—877页。
[5] 王泽鉴:《民法总则》,北京大学出版社2009年版,第175页。

就人格进路而言,德国法上的"冷存精子销毁案"颇具启示。在该案中,原告因手术无法生育,为保存生育的可能性,特在术前请被告摘取精子,并加以低温保存。后精子不幸灭失,原告婚后欲取用时方知此事,于是诉至法院。联邦法院判决原告胜诉,认为"此等将身体部分先为分离,再为结合,依权利主体者的意思,乃在维护或实现身体的功能,仍属权利主体者的自主决定权。因此,从法律规范目的的观点看,应认此等部分在其与身体分离期间,仍与身体构成功能上的一体性。对此等分离部分的毁损灭失,系对身体的侵害"[1]。这种见解也得到我国学者的认可:"人体与物的区别,究其根本在于其所发挥之功能的不同。如果某一有体存在经常性地发挥的是社会观念公认的与人格存在及人格发展直接相关的身体的经典性功能,那么就应当归属于身体的范畴。"[2]

应当说,财产进路的形成有其历史原因。传统民法主要是财产法和家庭法,与财产权理论的高度成熟相比,人格权理论是薄弱和幼稚的。事实上,作为近代才产生的法学理论,人格权的建构系以财产权为模型,但人体财产说的财产进路又是矛盾的。一方面,它带有明显的路径依赖,即按照传统财产权来解释人格,这是惯性原理在法学研究上的体现;另一方面,对于人体法益,它又试图突破传统的人格、精神属性,为其寻找哲学上的物质基础。本书认为,惯性原理的合理性在于对知识体系的传承,一旦既有的概念体系无法有效地解释人格权,就有更新理论模型,建构人格—财产二元体系的必要。

事实也确实如此。且不说精神性人格权,即便就物质性人格权而言,财产进路在与身体分离的人体组成部分的无偿捐献(禁止买卖),以及捐献的知情同意原则、随时撤销权、不得支付报酬(不排除补助)等具体规则上,毫无解释力。[3] 在此,基于人格道德性、精神性、社会性的

---

[1] 王泽鉴:《人格权法》,北京大学出版社2013年版,第103页。
[2] 刘召成:《身体权的现代变革及其法典化设计》,载《当代法学》2020年第2期。
[3] 上述规则实为尊严在物质性人格权上的体现。参见曹相见:《物质性人格权的尊严构成与效果》,载《法治研究》2020年第4期。

人格进路才是妥当的:"在判断人体组成部分的性质时,自由意志占据了主导地位……只要权利人没有作出明确的捐献、抛弃的意思表示,亦应肯认其为人格的固有利益。科技在此发挥的作用,不是要使人格要素成为外在的物,而是为其提供特定的存在形态。"[1]值得注意的是,梅迪库斯虽然在解释与身体分离的人体组成部分时采财产进路,但他从未否认人的主体性:"一旦这些东西被移植到他人的身体中去,它们就重新丧失了物的性质。"[2]

(三)客体主体化的认识论分析

既然主体不可能客体化,那么客体能否主体化?对此,基于直觉的观察常常会得出肯定结论。例如,人格物论者认为,凭着普通人的常识和直觉,我们可以感受到,(具有人格意义的)物的遗失会对物的所有人造成很大的精神损害。[3] 人格财产论者也直言不讳:"大部分人都有一些特定的物,他们觉得其为自身的一部分。这些物与人格有密切关系,因为它们是我们将自我构建成在这个世界上继续存在的人的实体的必要凭借。"[4]

认识论是所有哲学都回避不了的问题,其复杂性也非本书所能尽述。但就客体主体化的命题而言,我们只需回答客体能否被认识的问题即可,无须窥认识论之全貌。就此而言,康德哲学提供了最好的解释方案。在康德之前,哲学存在理性主义与经验主义的对立,二者你方唱罢我登场,互不相让。理性主义者如笛卡尔、斯宾诺莎、莱布尼茨等认为,只有理性才能发现事物的本质,感觉和经验并不产生知识。与之相反,经验主义则主张,经验是知识的唯一来源,知识是从经验中抽象出来的,其代表人物有培根、洛克、休谟等。但康德提出了认识论上的革

---

〔1〕 房绍坤、曹相见:《〈民法典人格权编(草案)〉的贡献与使命》,载《山东大学学报(哲学社会科学版)》2019年第6期。
〔2〕 〔德〕迪特尔·梅迪库斯:《德国民法总论》,邵建东译,法律出版社2000年版,第877页。
〔3〕 参见冷传莉:《民法上人格物的确立及其保护》,载《法学》2007年第7期。
〔4〕 Margaret Jane Radin, Property and Personhood, 34 Stanford Law Review 959(1982).

命性见解,成功地调和了理性主义与经验主义的争论。

康德承认,一切知识都以经验开始。但康德并不是经验主义者,他同时指出:"尽管我们的一切知识都以经验开始,它们却并不因此就都产生自经验。因为很可能即便我们的经验知识,也是由我们通过印象所接受的东西和我们自己的认识能力(通过仅仅由感性印象所诱发)从自己本身提供的东西的一个复合物;至于我们的这个附加,在长期的训练使我们注意到它并将它分离出来之前,我们还不会把它与那种基本材料区别开来。"[1]在此,康德区分了作为认识结果的经验知识和作为认识对象的基本材料,即区分了关于对象的认识(直观)和对象本身(又称客体、物自身)。

接下来,康德批评了对象(客体)可知的传统进路[2],认为这一假定必须得到改变才会有进展:"迄今为止,人们假定,我们的一切知识都必须遵照对象;但是,关于对象先天地通过概念来澄清某种东西以扩展我们的知识的一切尝试,在这一预设下都归于失败了。因此,人们可以尝试一下,如果我们假定对象必须遵照我们的认识,我们在形而上学的任务中是否会有更好的进展。"[3]虽然对象本身(客体、物自身)不可知,但知识可通过遵循对象性状的直观来获得:"如果直观必须遵照对象的性状,那么,我就看不出人们怎样才能先天地对对象有所知晓;但如果对象(作为感官的客体)必须遵照我们的直观能力的性状,那么,我就可以清楚地想象这种可能性。"[4]

一言以蔽之,康德认为对象(客体)不可知,但认识主体借助感性可以获得关于对象的直观,通过直观来形成知识。康德的认识论正视了

---

[1] [德]康德:《纯粹理性批判(注释本)》,李秋零译注,中国人民大学出版社2011年版,第28页。
[2] 关于对象的不可知性及其给人类认识带来的难题,康德感慨道:"人类理性在其知识的某一门类中有如下特殊的命运:它为种种问题所困扰,却无法摆脱这些问题,因为它们是由理性自身的本性向它提出的,但它也无法回答它们,因为它们超越了人类理性的一切能力。"参见[德]康德:《纯粹理性批判(注释本)》,李秋零译注,中国人民大学出版社2011年版,第3页。
[3] 同注[1],第14页。
[4] 同注[1],第14页。

理性和认识的局限性,揭示了认识主体与对象的关联路径:既然依认识论哲学,对象本身不可知,只能通过直观的形式呈现,那么,在人格与财产的关系中,作为认识对象的财产也不是财产本身,而是包含了主体感性的"直观"。由于直观中的主观因素不过是认识的发生机制,当然无从发生所谓的客体主体化。因此,所谓物上"人格",不是财产发生了向人格的转化,而是财产作为认识对象只能以直观的形式呈现。当然,直观作为认识的产物,是否受法律保护不可一概而论,详细观点将在本章"物上'人格'的财产构成"部分再叙。

三、主体、客体的规范形塑

思维的进步有赖于形象化,概念之形塑为其重要方法。那么,哲学上的主体、客体是如何被形塑为法学上的人格、财产的?由于法律上的财产功能单一、只能作为权利对象存在,人格则具有多义性并与财产发生了认识论上的关联,下文仅阐释法律对哲学主体的多元形塑,解释法律上人格的形成路径。

(一)作为权利主体的人格

法学对哲学主体的第一重形塑,就是形成权利主体意义上的人格,又称法律主体、法律上的人。在哲学上,主体被认为是具有理性的自由意志:"意志被认为是一种按照对一定规律的表象自身规定行为的能力,只有在理性的东西中才能找到这种能力。""就人们的意志来说,所有的人都把自己看作是自由的。"[1]只是在黑格尔那里,主体系指人身,人格才与意志对应。[2]在法学上,权利主体旨在引起民事法律关系变动,确定权利、义务的归属,因而也是一种被规定的意志。所

---

[1] 〔德〕伊曼努尔·康德:《道德形而上学原理》,苗力田译,世纪出版集团、上海人民出版社2012年版,第35、61页。
[2] 参见〔德〕黑格尔:《黑格尔著作集第7卷·法哲学原理》,邓安庆译,人民出版社2016年版,第85页。

以,齐特尔曼说,人格是意志的法律能力,肉身则是与其人格无关的附庸。[1] 也正是在这个意义上,穆勒认为,法人概念是对法人意志的阐述,自然人则是带着身体累赘的"法人"。[2]

权利主体由此超越肉身,成为无血无肉、被掏去五脏六腑、祛除喜怒哀乐的抽象的理性人[3],当然也就与作为人格权对象的人格区别开来。在人格权立法过程中,曾有学者认为,人格权与人格相始终,不可须臾分离:人格不消灭,人格权就不消灭;人格消灭,人格权就消灭;生命、身体、健康等是人格的载体,因此人格权应规定在自然人一章。[4] 这种见解值得商榷。人格利益与权利主体固然存在联系,但后者作为抽象的自由意志,强调其对权利归属和法律关系得丧、变更的意义,与作为权利对象的人格强调不可侵性截然不同。正因为如此,虽然物权包含了对物支配的自由,我们却不认为物权与人格权有本质联系。因此,在基尔克区分主体人格、对象人格之后,现代人格权的基本框架就建构起来了。

应当说明的是,主体与主体资格(权利能力)的关系。在一般观念上,人们容易将二者理解为同一事物,即具有权利能力者就是权利主体,但一个是主体本身的东西不可能同时又是主体的某种属性。[5] 二者在功能上存在明显不同:权利主体为实证法上的概念,是权利的内在组成部分;权利能力则负有人人平等的伦理使命[6],使自然人出生而为权利主体,并赋予团体以主体资格。就此而言,权利能力与后文要讲的作为权利基础的人格尊严有其共同之处,即均具有权利载体

---

[1] 转引自〔美〕约翰·齐普曼·格雷:《法律主体》,龙卫球译,载《清华法学》2002年第1期。
[2] 同上注。
[3] 参见李永军:《民法上的人及其理性基础》,载《法学研究》2005年第5期。
[4] 参见梁慧星:《中国民法典中不能设置人格权编》,载《中州学刊》2016年第2期。
[5] 参见徐国栋:《再论人身关系——兼评民法典总则编条文建议稿第3条》,载《中国法学》2002年第4期。
[6] 对此,我妻荣教授论述道:"近代私法对所有的个人承认权利能力,并将此作为人格者,就是基于要保障个人不受他人支配的自主独立的地位的理想。"参见〔日〕我妻荣:《新订民法总则》,于敏译,中国法制出版社2008年版,第42页。

或权利衍生功能。但二者又存在较大不同:权利基础意义上的人格主要是本体论上的伦理存在,具有超实证特征;而权利能力作为连接权利基础与权利的概念,兼有伦理与实证的色彩,并肩负赋予团体以主体资格的实证法功能。因此,权利能力是人格尊严的具体化、技术化、实证化。

与权利主体意义上的人格相关的问题,则是人格权的防御性与积极性之争。一种流行的意见认为,人格权系防御权,无积极行使之权能,从而与既有权利体系不兼容。[1] 反对意见则认为,人格权亦具有积极权能,人格标识的商业利用、器官捐献、人体实验等均属此类。[2] 本书认为,权利是否具有积极性,应是基于权利主体的观察,而非基于权利对象的考量。就权利主体而言,凡能体现主体意志者均为具有积极性之权利。因此,主体不仅对财产享有支配的自由,对人身也享有维护、行动、发展的自由,二者均为积极之权利。就权利对象而言,财产作为身外之物,当然具有可被支配性,主体可行使占有、使用、收益、处分等权能;而人身作为目的的存在,并不具备被支配性,主体在人身上的自由须与人的道德性、精神性和社会性相契合。

(二) 作为权利基础的人格

与哲学思考"价值—事实"问题不同,法学以处理"规范—事实"问题为己任。法律规范虽然内含了某种价值判断,但在生活的复杂性面前往往力所不逮。因此,法学必须探求规范的价值基础,法学的问题域由此变为"价值—规范—事实"。因此,法学在权利主体之外还须进一步追问:法律为什么要以及如何更好地保护主体的权利?此即权利背后的价值来源问题。当然,黑格尔的人格概念其实已包含了作为权

---

[1] 典型文献详见梁慧星:《民法典编纂中的重大争论——兼评全国人大常委会法工委两个民法典人格权编草案》,载《甘肃政法学院学报》2018年第3期;尹田:《人格权独立成编的再批评》,载《比较法研究》2015年第6期。

[2] 参见王利明:《人格权的属性:从消极防御到积极利用》,载《中外法学》2018年第4期;孟勤国、牛彬彬:《论物质性人格权的性质与立法原则》,载《法学家》2020年第5期。

利基础的意义。[1] 而法学对这个问题的回答,在近代法时期借助自然法,到现代法(尤其是民法)时期则诉诸伦理人。由于伦理人不是一个法律概念,所以它必须穿上其他概念的外衣遁入法律。最终,第二次世界大战为它提供了这样一个机会。

第二次世界大战中实证主义法学的不光彩历史,导致了战后康德主义的复兴。"第二次世界大战刚刚结束,就出现了一大批倡导民主、人性以及人的尊严'价值'的学术著作。这样,关于人的权利以及个人权利优先于社会利益的著述,一时不胜枚举。但是,这些著述却并没有简单地重新回到理性法学派以及自由主义思想家关于人的理论。相反,一些从道德的角度分析问题的法学家们常常依据宪法来解释民法。"[2]《德国基本法》等主要法典则把人格尊严规定为最高价值,即作为实证权利的价值基础。[3] 在我国学界,随着研究的不断深入,认为人格尊严具有实证权利基础的主张渐呈"星火燎原"之势。[4]

认识到人格尊严的权利基础意义,可以正确理解广义财产理论。作为一个源自法国法的概念,广义财产又称总体财产、概括财产,指一个人现在和将来拥有的、构成一个不可分割的整体的财产,在广义财产的抽象整体内,持有人的全部权利与义务相互联系在一起,资产与负债相互联系在一起,资产是对负债的担保。[5] 对此,有学者认为,广义

---

[1] 黑格尔认为,只有人格才能给予对物的权利,人格权本质上就是物权,表明他将人格作为物权、人格权的价值基础。参见[德]黑格尔:《黑格尔著作集第7卷·法哲学原理》,邓安庆译,人民出版社2016年版,第88页。

[2] [德]汉斯·哈腾鲍尔:《民法上的人》,孙宪忠译,载《环球法律评论》2001年第4期。

[3] See Henk Botha, Human Dignity in Comparative Perspective, 20 Stellenbosch Law Review 218 (2009).

[4] 相关文献请参见胡玉鸿:《人的尊严的法律属性辨析》,载《中国社会科学》2016年第5期;李海平:《基本权利间接效力理论批判》,载《当代法学》2016年第4期;黄宇骁:《论宪法基本权利对第三人无效力》,载《清华法学》2018年第3期;陈道英:《从德国法上的一般人格权看宪法权利与民事权利的协调》,载《法学评论》2011年第5期;窦衍瑞:《宪法基本权利和民事权利的连接与互动——以人格权为例》,载《政法论丛》2018年第3期;曹相见:《基本权利私法介入的否定立场》,载《河北法学》2020年第3期。

[5] 参见[法]弗朗索瓦·泰雷、菲利普·森勒尔:《法国财产法》(上),罗结珍译,中国法制出版社2008年版,第29页译者注。

财产理论不仅巧妙地解释了财产与人格的联系,而且将此种解释扩张于政治、经济和家庭领域,使"人格"不仅具有财产、伦理属性,还具有社会政治的属性,人格的本质由此得以充分展开:"当人格以其广阔的胸襟包容了'人成其为人'所需之经济的、政治的、伦理的全部基本要素之后,各要素之间的交融或者转化,因其不会悖于人格的本质,也就自然不会是一件不可理喻或者不可接受的事情。"[1]

但很显然,广义财产理论把作为权利基础的人格尊严和作为权利内容的财产混为一谈,并使人格、财产浑然一体,其意义不可高估。对此,法国学者也批评道:"由于它想证明的东西太多,结果什么也解释不清。确实,把获取权利、承担义务的能力归入总体财产之中,未免有些过分。这种能力是权利主体资格的同义词。"[2]马俊驹教授则以容器和溶液的关系,来解释作为基础的人格和作为内容的财产的区别:人格是财产的容器,财产则是人格容器中的溶液,其享有依赖于人格的存在,但绝不可能构成人格"容器"的组成部分。[3] 可见,只要认识到权利基础意义上的人格系财产权等实证权利的价值基础,广义财产理论的局限性就不言自明。

(三)作为权利对象的人格

在权利对象的意义上,哲学主体既可以作为人格权的对象存在,也可能寄身于财产之上,但二者所发挥的功能及各自特性截然不同。

1. 人格权上人格及其纯粹性

在哲学上,毋庸置疑,作为意志的主体不同于作为载体的人身,但人身及其精神能否被形塑为实证权利则存在分歧。以康德、黑格尔为例,虽然二者均认为人身具有自由属性、不可被侵害,但在能否作为主

---

[1] 参见尹田:《无财产即无人格——法国民法上广义财产理论的现代启示》,《法学家》2004年第2期。

[2] [法]雅克·盖斯旦、[法]吉勒·古博著,[法]缪黑埃·法布赫-马南协著,《法国民法总论》,陈鹏、张丽娟、石佳友等译,谢汉琪审校,法律出版社2004年版,第155页。

[3] 马俊驹:《人格与财产的关系——兼论法国民法的"总体财产"理论》,载《法制与社会发展》2006年第1期。

观权利上态度相反。在康德看来,人身乃是有理性的东西、目的的存在、绝对的价值,因此只能作为天赋权利存在。[1] 包括萨维尼在内的近代民法学家也据此反对人格权为独立权利。但黑格尔严格区分"人格"与主体(人身)的功能,认为人身作为自然的实存、直接的定在,并不适合精神;为了成为精神合意的器官和显灵的工具,它必须被精神占有。[2] 他承认人格权的概念,只是视其为"人格"的外部世界,因而本质上属于"物权"。

现代法在人格权理论上多援引康德哲学,却未留意黑格尔关于人格权实证化的推断。本书认为,既然权利主体系抽象意志,则其与作为人格权对象的人身在生物学上的共存性,不应妨碍其在规范建构上的异质性。就此而言,黑格尔关于人格权的判断更符合权利的结构。事实上,即便人格权主观权利论者并未对康德、萨维尼的命题提出有力的批驳,但人格保护仍实现了从自然权利到主观权利的转变。这表明,人格权能否为主观权利的命题,不过是个观念问题。或者有人说,人们对人格权的普遍认可主要是政治诉求的私法反映,而非权利学说理论推演的结果。[3] 但只要我们放弃权利客体的支配理论,把权利客体视为形成权利的义务人的行为,则人格权作为权利并不与其目的性矛盾。[4]

人格权上人格类型繁多,其从生物型、自由型到尊严型、标表型的过渡,体现了人格从客观向主观逃逸的过程。[5] 但人格权上人格的根

---

[1] "只有一种天赋的权利,即与生俱来的自由。""自由是独立于别人的强制意志,而且根据普遍的法则,它能够和所有人的自由并存,它是每个人由于他的人性而具有的独一无二的、原生的、与生俱来的权利。"〔德〕康德:《法的形而上学原理》,沈叔平译,林荣远校,商务印书馆1991年版,第53页。

[2] 参见〔德〕黑格尔:《黑格尔著作集第7卷·法哲学原理》,邓安庆译,人民出版社2016年版,第101页。

[3] 参见马骏驹:《从人格利益到人格要素——人格权法律关系客体之界定》,载《河北法学》2006年第10期。

[4] 参见曹相见:《权利客体的概念构造与理论统一》,载《法学论坛》2017年第5期;曹相见:《民法上客体与对象的区分及意义》,载《法治研究》2019年第3期。

[5] 参见房绍坤、曹相见:《〈民法典人格权编(草案)〉的贡献与使命》,载《山东大学学报(哲学社会科学版)》2019年第6期。

本特征在于其"主客观一体性":肉体与精神相依,行为与意志协同[1];自由不分人身与精神,生物型人格也包含尊严属性,此即人格权上人格的"纯粹性"。其后果就是,人格权仅受人格的道德性、精神性和社会性的影响,而不适用财产权的一般原则与规则。遗憾的是,现代人格权理论虽以人、物二分为前提,但却以所有权为模型,遗传了财产的先天基因,从而缺乏独立的结构模式和体系格局。因此,在解释器官捐献、临床试验等现象时,认为其是人体"积极利用"的主张十分流行。[2] 事实上,人格权内容完全可以从人格的道德性、精神性和社会性中获得合理解释。

基于人格的道德性,生物型人格权也具有尊严属性。就生命权而言,自杀因违背人格的道德性而具有违法性,虽然事实上无法追责,但法律绝不提倡,自然也不属于生命权的内容;死亡是生命的必然走向,内在地包含于生命内容中,所以在生命延续无望、安全价值荡然无存时,无痛苦的消极安乐死就体现了生命的尊严。[3] 在身体权上,加之于身体但未侵害身体完整的暴行、不当的身体检查等因害及身体尊严而具有违法性;不严重损害人的健康的器官捐献,与人体基因、人体胚胎有关的医学和科研活动,因彰显了人的道德性而具有正当性。健康权也同样如此,人体试验因契合人的道德性而具有正当性。[4] 此种道德性要求与财产法上的处分自由截然不同,利益衡量原则也无适用之余地。

基于人格的精神性,不仅自由型人格权、尊严型人格权、标表型人格权体现了人的自由,生物型人格权的行使也必须坚持自主原则。我国《民法典》第1006条第1款规定:"完全民事行为能力人有权依法自主决定无偿捐献其人体细胞、人体组织、人体器官、遗体。任何组织或者个人不得强迫、欺骗、利诱其捐献。"第1008条第1款规定:"为研制

---

[1] 参见曹相见:《人格权支配权说质疑》,载《当代法学》2021年第5期。
[2] 参见王利明:《人格权的属性:从消极防御到积极利用》,载《中外法学》2018年第4期;孟勤国、牛彬彬:《论物质性人格权的性质与立法原则》,载《法学家》2020年第5期。
[3] 《民法典》第1002条明确将"生命尊严"纳入法律保护的范围。
[4] 参见曹相见:《物质性人格权的尊严构成与效果》,载《法治研究》2020年第4期。

新药、医疗器械或者发展新的预防和治疗方法,需要进行临床试验的,应当依法经相关主管部门批准并经伦理委员会审查同意,向受试者或者受试者的监护人告知试验目的、用途和可能产生的风险等详细情况,并经其书面同意。"基于自主原则,已经作出的同意也可以随时撤销[1],与合同法上的契约严守原则迥然有别。

广义上,任何权利都会受到社会性的制约,但人格权上的社会性有其特殊性。一方面,社会性扩张了人格的空间和内容,隐私权、姓名权为其典型:隐私权将人格倾注到人身之外的特定物理与精神世界,从而大大扩展了人格的空间;姓名权作为人区分群己的符号选择自由,本身就是社会性的产物。另一方面,社会性也可能极大压缩人格权的空间,尤其是在涉及公共利益时。例如,隐私权可能因权利人的行为(如政府公职人员的履职行为)、行为人的行为(新闻媒体的监督行为)而受到压缩,姓名、肖像更是存在合理使用的情形。可以说,人格权基于社会性的"大开大合"是任何财产权所不能比拟的。

应当说明的是,人格标识的商业利用无法与人格标识的形成、变更自由共存为一个权利对象,故其并非标表型人格权的内容[2],无伤人格权上人格的纯粹性。而从理论发展上看,虽然使用权为标表型人格权权能仍为当前通说,但认为应将其涤除出去以纯化人格的主张也越来越多。[3] 在《民法典》编纂过程中,《人格权编(草案)》(三审稿)一改先前做法,删除了"人格权不得放弃、转让、继承,但是法律另有规定的除外"中的但书,专条规定"民事主体可以将自己的姓名、名称、肖像等许可他人使用"。对此,孙宪忠教授认为,"这样就保障了人格权立

---

[1] 参见曹相见、杜生一、侯圣贺编著:《中华人民共和国民法典·人格权编》释义》,人民出版社2020年版,第58—59、68页。
[2] 参见房绍坤、曹相见:《标表型人格权的构造与人格权商品化批判》,载《中国社会科学》2018年第7期。
[3] 参见温世扬:《析"人格权商品化"与"人格商品化权"》,载《法学论坛》2013年第5期;孔祥俊:《姓名权与姓名的商品化权益及其保护——兼评"乔丹商标案"和相关司法解释》,载《法学》2018年第3期;李大何:《未来民法典中人格权财产利益的保护模式》,载《华东政法大学学报》2017年第4期;于晓:《自然人人格标识商业利用民事权利独立设为新型财产权研究》,载《山东大学学报(哲学社会科学版)》2017年第3期。

法的人文主义思想基础,保障了民法中的人格权制度和宪法人格尊严原则的精神统一"[1]。经过纯化,人格权的固有性、专属性、非财产性得以坚守。

2. 财产权上"人格"及其直观性

在作为人格权对象的人身之外,哲学主体还在认识论上与作为财产权对象的财产发生了联系,而后者才是物上"人格"的真正所指。在这里,才真正发生了所谓的人格、财产规范意义上的交融。但如前所述,在认识论上,所谓人格与财产的交融、客体主体化现象,其实只是认识规律的作用产物:在人的认识范围内,无绝对客观的外在之物,人类所能认识的物,都渗入了主体的主观色彩,是一种区别于物本身的"直观"。

在人格与财产的关系中,人们习惯于将财产视为与人格无关的外在之物,因此,财产具有直观性似乎就是人格、财产的交融。但事实上,财产从来就不具有纯粹性。一方面,作为外在的认识对象,财产必然是直观的结果,从而带有主观色彩;另一方面,满足人的需求是民法上的物的内在属性[2],因此,财产的价值离不开主观评价。所以,我妻荣教授指出:"与作为权利性主体的人不是生理学上的观念同样,作为权利的客体的物也不是物理学上的观念。因此,法律当然可以基于其理想,决定这一观念的内容。"[3]而财产的直观性也决定了损害的"二重性":损害兼具事实、法律的双重性格,前者表现为损害与客体的关联性、损害的客观性等;后者体现为损害对客体的远离性、损害的评价性等。[4]

在物上"人格"的规范形塑中,直观性内在地作为财产的一部分,此与法律上的人格要素并不相同。较为特殊的是知识产权,受"作品体现人格"理念的影响,学界普遍认为知识产权具有人身、财产

---

[1] 孙宪忠、朱宁宁:《民法典分编体例既科学也符合我国国情》,载《法制日报》2020年3月24日,第5版。

[2] 参见王泽鉴:《民法总则》,北京大学出版社2009年版,第198页。

[3] [日]我妻荣:《新订民法总则》,于敏译,中国法制出版社2008年版,第189页。

[4] 参见张平华:《事实与法律:损害的二象性及其展开》,载《现代法学》2016年第2期。

一体性。例如,谢怀栻先生认为,智力成果与电气等作为物理产物的无体财产、抵押权等作为权利的无形财产不同,它是人的大脑活动的直接产物,它既是思想,也是思想的表现。[1]《著作权法》第 10 条规定:"著作权包括下列人身权和财产权……"当然,"作品体现人格"理论也可以在黑格尔哲学中找到依据:"艺术作品乃是把思想在某种外界材料中塑形的形式,这种形式作为物是如此充分地表现了创造性个体的独特性,以至于它的仿制本质上是仿制者自身的精神和技术灵巧性的产物。"[2]

但"作品体现人格"的理论本质,是认为劳动过程可以决定权利对象的性质,即劳动过程一旦有智力的投入,财产便兼有了人格的要素。但事实上,任何劳动均有智力的成分,劳动过程决定权利对象的产生、消灭以及量上的增减,并由此影响权利的归属,但绝不影响权利的性质。[3]"对法的规范功能而言,权利对象自身具有法律意义,产生对象的劳动过程没有意义。"[4]因此,"作品体现人格"不过是对"作品源自人格"的误读,所谓知识产权人格财产一体说难以成立。[5]

四、物上"人格"的财产构成

当财产具有直观性、主体的认识成为财产价值的内在组成时,就形成了物上"人格"。那么,物上"人格"何以产生财产效果?下文按照从一般到特殊的关系,把物上"人格"的财产构成归纳为"作为交换价值"

---

[1] 参见谢怀栻:《论民事权利体系》,载《法学研究》1996 年第 2 期。
[2] [德]黑格尔:《黑格尔著作集第 7 卷·法哲学原理》,邓安庆译,人民出版社 2016 年版,第 136 页。
[3] 参见房绍坤、曹相见:《标表型人格权的构造与人格权商品化批判》,载《中国社会科学》2018 年第 7 期。
[4] 李琛:《质疑知识产权之"人格财产一体性"》,载《中国社会科学》2004 年第 2 期。
[5] 关于作者"人格权"的解释,参见曹相见:《死者"人格"的规范本质与体系保护》,载《法学家》2021 年第 2 期。

"发挥促销价值"以及"承载物质文化"三种形式。

(一)作为交换价值的物上"人格"

交换价值是经济学上的概念,法学上的财产、损害均以之为基础。在经济学上,价值理论是回避不了的核心内容。按照马克思政治经济学原理,商品是用于交换的劳动产品,价值是商品凝结的无差别人类劳动。商品首先作为使用价值存在,使用价值是商品的自然属性,但同时也体现为交换价值,反映了各种使用价值可以相互交换的量的关系。[1] 不过,经济学上的使用价值只有与交换价值关联才有意义。所以,一般所说的商品价值,其实就是商品的交换价值。[2]

交换价值存在两个不同的认识角度,是主观与客观的统一。一方面,从对象的角度来看,商品由于能提供某种利益与用途,可以满足主体的某种需要,因而被看作是有价值的;从主体的视角观察,人对商品产生某种偏好、兴趣和欲望,于是商品就有了价值的标准和尺度。[3] 亦即,在对象之于主体的角度,商品价值体现为用途,是一种客观价值,对应于供给的概念;从主体之于对象的视角,商品价值体现为主体的评价,是一种主观价值,经济学上称为效用,需求概念与其同类。古典经济学从客观价值的角度,强调生产要素是构成价值的唯一要素,但19世纪下半叶发生的边际革命颠覆了这一认识:激进者认为,价值是单个使用者的主观评价,与生产成本无关,从而用买主、卖主的主观评价代替了供给、需求的概念;稳健者则从效用函数构导出需求曲线,从而构建起供给、需求一体的价值理论。[4] 历史地看,主客观一体的稳健

---

[1] 参见《马克思恩格斯全集》(第31卷),人民出版社1998年版,第420页。
[2] 参见李俊霖:《价值理论若干问题辨析》,载《审计与经济研究》2010年第1期。
[3] 参见张华夏:《主观价值和客观价值的概念及其在经济学中的应用》,载《中国社会科学》2001年第6期。
[4] 关于边际革命中的路径差异,参见王瑶:《对马歇尔和庞巴维克价值决定理论的比较研究》,载《经济学动态》2012年第8期。

主义价值理论获得了更多的支持。[1]

交换价值的评价属性决定了法律财产的主观品格,这在机动车、房屋上体现得尤为明显。就机动车而言,虽然运输、出行为其基本功能,但人们往往对汽车寄托超出其功能的主观期待。一是作为私人空间的延伸,汽车从外观到内饰、性能等,无不承载了生活审美的功能,有时甚至也是身份的象征。因此,人们对汽车有一种"专属"的偏好,即便是未使用的新车,过户后也因成为"二手车"而贬值。二是在风险社会的背景之下,人们对风险存在厌恶心理。因此,事故车因存在隐藏瑕疵或致损风险而引起市场的消极评价,从而导致其交易价格较正常价格更低。[2] 上述期待虽然叠加了主观评价,但由于其最终形成交换价值,所以学理上一般否认汽车交易性贬值损失的人格属性,认为其本质上属于因主观心理造成的对客观交易价值的现实损害[3],学者也多认可贬值损失的可赔偿性[4]。

房屋的情形也同样如此。民众在购买房屋时往往慎之又慎,因为房屋不仅是一个物质实体,更是一个实现心灵皈依的场所。[5] 因此,当房屋中发生非正常死亡事件时,虽然房屋结构本身并未遭受损害,但基于一般人对死亡的恐惧和忌讳心理,客观上会不同程度地加重居住人的心理负担。[6] 虽然司法裁判对此态度不一,但此种主观心理同样因形成交换价值而属于财产范畴,有学者进而指出:"它是一种客

---

[1] 参见张华夏:《主观价值和客观价值的概念及其在经济学中的应用》,载《中国社会科学》2001年第6期;李增国、罗嘉、陈彪:《主客观价值统一的可能途径及经济学解释》,载《华东经济管理》2011年第12期。
[2] 参见徐建刚:《论汽车贬值损失的损害赔偿》,载《清华法学》2017年第4期。
[3] 参见张红:《交易性贬值损失之赔偿》,载《中国法学》2021年第1期;刘经靖:《车辆贬值损失之损害赔偿》,载《当代法学》2019年第6期。
[4] 参见[德]迪特尔·梅迪库斯:《德国债法总论》,杜景林、卢谌译,法律出版社2004年版,第469页;田韶华:《侵权责任法上的物之损害赔偿问题》,载《法学》2013年第2期;张平华:《车辆贬值损失赔偿的法律基础》,载《法学论坛》2019年第5期。
[5] 参见尚连杰:《凶宅买卖的效果构造》,载《南京大学学报(哲学·人文科学·社会科学)》2017年第5期。
[6] 参见李永:《论"凶宅"贬值损害赔偿纠纷处理的法律适用》,载《法律适用》2019年第10期。

观存在的现象而非源于主观感受。"[1]

(二)发挥促销价值的物上"人格"

一般交易模型是买卖双方的二元结构,但第三方加入的三元结构也是常见的情形。就功能而言,第三方加入可能发挥两种作用:一是增加交易机会,如中介、行纪等;二是发挥促销价值,广告为其典型。在经济学上,促销属于营销的范畴。营销模式有传统营销与关系营销之分:前者着眼于企业、产品和市场的三角关系;后者则强调企业、员工和顾客的三角关系,旨在吸引、维持和增强客户关系,实现相关利益者的长期利益。[2] 促销本质上属于关系营销,作为一种信息传播活动,它旨在影响消费者的购买行为。[3] 与作为买方评价形成交换价值的物上"人格"不同,发挥促销价值的物上"人格"通常不影响买方评价,而是作为扩大买方范围、增加需求的营销手段,但成功的营销会反过来增加产品的品牌价值,从而更容易获得消费者的信赖。

经由物上"人格"的促销即利用自然人形象的促销,也就是自然人人格标识的商业利用。对此,流行的意见认为这是人格权商品化的体现[4],或者说体现了人格、财产的二元属性:"人格标志商业利用的法律需求,并不单纯是经济利益的保护,而且也涉及个人尊严的保护。或许可以说,这个问题处在财产权和人格权的交汇地带,无法作纯粹财产权或者纯粹人格权的处理,因而必须考虑两者的相互关联和相互影响。"[5]但事实上,自然人人格标识的商业利用旨在利用自然人的形象进行促销、吸引

---

[1] 陈耀东、张瑾:《"凶宅"的法律限定及其交易纠纷的法律适用》,载《河北法学》2007年第10期。

[2] 参见李飞、贾思雪、刘茜等:《关系促销理论:一家中国百货店的案例研究》,载《管理世界》2011年第8期。

[3] 参见张朔、王锡秋:《成功促销的特征及其行为学分析》,载《河北师范大学学报(哲学社会科学版)》2010年第3期。

[4] 参见黄芬:《人格要素的财产价值与人格权关系之辨》,载《法律科学(西北政法大学学报)》2016年第4期。

[5] 王卫国:《现代财产法的理论建构》,载《中国社会科学》2012年第1期。

消费者,而非人格权本身的商品化:"当它们被用于促销产品或服务时就构成角色促销,在此过程中并不需要角色的'商品化'。"[1]

应当指出,促销价值并非为自然人所独有。在个性化的人格形象之外,个性化的物亦有其促销价值,物名权、物像权理论即为物上形象利用的产物。[2] 此外,地理标志、知名商标均有其促销价值;法人、非法人组织的"名誉权"也往往作为商誉发挥促销价值。可见,促销价值作为一种财产价值,虽然尚未引起法学界的普遍认可,但其正当性不仅普遍存在,而且早已有之。

(三)承载物质文化的物上"人格"

交换价值和促销价值均依赖于开放市场。如果说基于开放市场形成的价值相对容易为财产法接纳的话,那么在开放市场之外、在对物的拥有过程中形成的"主观价值"则令财产法感到陌生。而这正是人格财产说、人格物概念的重点所指:"人格物是指与人格利益紧密相连,体现人的深厚情感与意志,其毁损、灭失所造成的痛苦无法通过替代物补救的特定物。"[3] "这些都属于一种具有人格意义的因此在文化上无法或很难转让的物。可转让的只是这些物对于一般购买者的市场价值,无法转让的是同某个人、家庭、家族、民族甚或国家无法分离的那种主观感受的价值。"[4] 有学者称为"外在物的内化"。[5]

此种物上"人格"也获得了立法保护,但存在两种不同做法:一是虽规定物上"人格"受法律保护,但不言明其为何种价值。例如,《奥地利民法典》规定,具有故意或重大过失的行为人,以违反刑法或恶意、恶毒的行

---

[1] 刘银良:《角色促销:商品化权的另一种诠释》,载《法学》2006年第8期。
[2] 参见朱体正:《和而不同:论物名权及其对物权结构之完善》,载《法律科学(西北政法大学学报)》2012年第3期;朱体正:《物像权,另一种符号物权》,载《浙江社会科学》2014年第7期。
[3] 冷传莉:《论人格物的界定与动态发展》,载《法学论坛》2010年第2期。
[4] 苏力:《"海瑞定理"的经济学解读》,载《中国社会科学》2006年第6期。
[5] 参见易继明、周琼:《论具有人格利益的财产》,载《法学研究》2008年第1期。

为损害他人财产时,还应赔偿财产上特别偏爱意义上的价值。[1] 二是明示其为精神价值。例如,《瑞士债务法》规定,主人或其近亲属对特定家养动物的情感价值受法律保护。[2] 我国《民法典》第1183条第2款也规定:"因故意或重大过失侵害自然人具有人身意义的特定物造成严重精神损害的,被侵权人有权请求精神损害赔偿。"[3]由于后者将物上"人格"界定为情感价值、精神利益,故其与人格财产交融说遥相呼应。

但将此种物上"人格"视为人格利益,只是基于"直觉视角"的误会。人格财产说的理论预设是:"人要实现自我的全面发展——成为人——就需要对外在资源有所支配,财产权就是确保此种支配的必要保证。"[4]这本来是没错的,但人对外在物的支配,不等于是人格与财产交融的"意志具体化"。人格财产说虽然在我国产生了深远影响[5],但其既与哲学上的主体、客体关系相悖,也忽视了法律的规范形塑。所以有学者批评道,拉丁关于人格财产的理论阐述,只是揭示了存在于个体与外在物之间的"现象";在财产如何转化为人格的内部进程上,"意志具体化"说没有作出任何说明;"意志具体化"不能用于描述人类自由拥有物时发生的形而上事件的本质。[6]

---

[1] 《奥地利民法典》第1331条规定:"因他人故意或重大过失而受有财产上之损害者,得请求赔偿所失之利益,如损害系由刑法所禁止之行为,或者由恶意和恶毒之行为所致者,受害人尚得请求赔偿其对被损害财产特别偏爱意义上的价值。"

[2] 《瑞士债务法》第43条第1款于2002年新增1项规定:"家养动物,不视其为财产或者不以营利为目的,如果其受伤或被害,法官可以适当考量动物对其主人或者主人近亲属的情感价值。"

[3] 此前,《最高人民法院关于确定民事侵权精神损害赔偿责任若干问题的解释》(法释〔2001〕7号)第4条也规定:"具有人格象征意义的特定纪念物品,因侵权行为而永久性灭失或者毁损,物品所有人以侵权为由,向人民法院起诉请求赔偿精神损害的,人民法院应当依法予以受理。"

[4] Margaret Jane Radin, Property and Personhood, 34 Stanford Law Review 957(1982).

[5] 关于我国学者对拉丁的理论继受,参见苏力:《"海瑞定理"的经济学解读》,载《中国社会科学》2006年第6期;徐国栋:《现代的新财产分类及其启示》,载《广西大学学报(哲学社会科学版)》2005年第6期;冷传莉:《人格物确立的法理透视》,载《政法论坛》2010年第6期;易继明、周琼:《论具有人格利益的财产》,载《法学研究》2008年第1期;陈传法:《人格财产及其法律意义》,载《法商研究》2015年第2期。

[6] See Jeffrey Douglas Jones, Property and Personhood Revisited, 1 Wake Forest Journal of Law & Policy 104, 106(2011).

此外,人格财产理论还创造了"人格二分"难题,即人格从可替代财产权到人格财产权的渐变。依其主张,接近可替代财产权的权利中的人格可以被忽略,而接近人格财产权的权利中的人格则不能被忽视。"这并不是说,可替代财产权与人格没有联系,而仅仅是说,这种划分的正当性是依赖关系的特征和关系的远近而做出的。因此,人格视角就形成了这样的权利等级制度:与人格越密切,权利保护就越严格。"[1]但此种人格划分法存在双重困境:其一,从权利产生的角度来看,"可替代财产"与"人格财产"均以"人格"为基础,难谓远近;其二,物上"人格"既然属于人格,为何可以因关系"远"而忽略不计？显然,拉丁的人格财产说侵蚀了人格的目的性。

关于此种物上"人格"的解释,在拉丁的人格财产理论之后,美国学者选择从物质文化学的角度展开,其代表人物是丹尼尔·米勒(Daniel Miller)。与人格财产的直觉视角相同,米勒也肯认人格与物的外在关联,所不同的是米勒拒绝承认物能发挥单独的、主观的、自治的价值。[2]他认为,主体、客体外在关联的重要性,不在于人格的外部具体化,而在于自我建构中物所扮演的角色。"我们与物体的多样关系好比声呐,后者是对我们当前状况、自我进化、未来发展指南的回应。"[3]其结论就是,法律上从不存在构成人格的个人财产的特殊保护,所谓的人格财产其实是某种群体财产。[4] 对此,物质文化学提供了两个主要理由:

第一,基于禀赋效应和损失规避的占有渴望。禀赋效应又称"现状偏好",是指当人们拥有某个物的时候,往往会赋予其更多的价值;损失规避则意味着,与获得相比,失去的价值更容易被放大。[5] 这也可以

---

[1] Margaret Jane Radin, Property and Personhood, 34 Stanford Law Review 986(1982).
[2] 同注[1],109.
[3] Daniel Miller, Material Culture and Mass Consumption, Basil Blackwell Ltd (1987), pp.22-24.
[4] See Jeffrey Douglas Jones, Property and Personhood Revisited, 1 Wake Forest Journal of Law & Policy 99(2011).
[5] See Lyle Brenner et al., On the Psychology of Loss Aversion: Possession, Valence and Reversals of the Endowment Effect, 34 Journal of Consumer Research 369 (2007).

说是"惯性原理"在人类行为和心理上的体现：当一个人未拥有某物时，无论多么渴望得到，都能意识到自己的未拥有状态；一旦拥有就会特别喜爱同时夸大其价值，这种热情随着时间的推移而归于平静；而拥有的物一旦丧失，则又觉得未曾好好珍惜，从而夸大其损失。基于禀赋效应，即便是对咖啡杯、巧克力这样的可替代财产，人们也存在习惯拥有、厌恶失去的心理。[1] 反过来说，无论损失规避的感觉多么强烈，也仅仅是规避物质损失——而非人格损失带来的不快。[2]

第二，基于外在物对人的不可或缺性。人类生活的丰富性离不开物质，人不可避免地要与外在物发生关联。但从认识论的角度上说，人物之间的关联是单向度的，即人格会作用于外在物，而不是外在物融入人格。同样，在物质文化学上，人与战斗勋章或结婚戒指的特别关联，也只是人作用于勋章、戒指，而不是后者作用于前者。人格财产理论误会了人与物形成文化意义的互动过程。[3] 所以，法律对物上"人格"的保护，并不是保护所谓的人格认同，而是通过财产规制的方式，保护财产上依附的社会文化意义。财产法从不以人格保护之名去保护个人的人格认同，而是保护对特殊群体而言容易失去或存在失去危险的文化意义。[4]

不过，此种物上"人格"不属于人格，与其应否受法律保护是两回事。人的感情丰富多变、善恶兼备，法律从不保护觊觎他人财产或容貌的感情。同样，因他人气质、魅力而神魂颠倒乃至意志消沉时，也无法要求他人承担法律责任。就自己所有的财产而言，基于社会心理的高度主观性，除非其已转化为交换价值（如文物中的物质文化），原则上不应受法律保护，但仍有两种情形构成例外：一是具有道德性的社会心理，若同时具备社会典型公开性，仍可能受法律保护。例如，房屋征收虽然原则上只赔偿市场价值，但并非完全不考虑主观感受，比较法上日

---

[1] See Jeffrey Douglas Jones, Property and Personhood Revisited, 1 Wake Forest Journal of Law & Policy 116(2011).
[2] 同注[2]，370-372。
[3] 同注[1]，109。
[4] 同注[1]，128。

渐增多的加成补偿即为例证[1]，有学者因而主张将普通人能接受的"主观价值"纳入公平市场价值的范围[2]。二是，物上"人格"还可能基于行为人的故意或重大过失具备可赔性。在侵权法上，主观过错的特殊性，在于一般过失情况下不受保护的损害，可能因行为人的故意或重大过失而具备可赔性。例如，在缔约过失责任当中，具有一般过失的行为人仅就信赖利益的直接损失承担赔偿责任，但具有故意或重大过失的行为人还应赔偿间接损失。又如，在讨论纯粹经济损失的时候，如果缺乏现行法的依据，当行为人仅为过失时，德国法院的做法是直接驳回诉讼请求，但行为人主观上为故意的除外。对此，英美法亦无本质区别。[3] 我国《民法典》第1183条第2款亦应作相同解释，所谓的"精神损害"并非人格利益的精神损害，其可赔性基础也不应从人格上探寻。

五、结 语

认识是一个曲折的过程，其难度往往为人所低估。概念体系在传承中获得发展，同时也存在继受错误的风险。诚如萨维尼所言："在我们从我们的前人那里接受下来的许多概念、规则和措辞中，肯定会在已探求到的真理中掺和进严重的错误，这种错误以一种旧的占有状况的传统力量对我们产生影响，并能轻易地赢得对我们的统治。"[4] 人格、财产关系有其哲学谱系，在法学上亦导致了诸多争论，但许多问题仍亟待整理、重塑和发掘，尤其有从哲学、法学和经济学等角度进行体系讨

---

[1] 参见房绍坤、曹相见：《论国有土地上房屋征收的"公平、合理"补偿》，载《学习与探索》2018年第10期。

[2] 参见刘连泰：《征收补偿中的主观价值》，载《法学家》2020年第2期；Brian Angelo Lee, Just Undercompensation: The Idiosyncratic Premium in Eminent Domain, 113 Columbia Law Review 593, 599(2013).

[3] 参见葛云松：《纯粹经济损失的赔偿与一般侵权行为条款》，载《中外法学》2009年第5期。

[4] [德]弗里德里希·卡尔·冯·萨维尼：《历史法学派的基本思想(1814—1840年)》，[德]艾里克·沃尔夫编，郑永流译，法律出版社2009年版，第25页。

论的必要。在我国,人格权的理论基础尚未夯实,《民法典》又使其独立成编,此种整理性的体系研究时不我待。

  本章可能的贡献在于以哲学上的本体论、认识论为前提,结合法律的规范形塑,来讨论人格、财产关系,尤其是分析物上"人格"的构造。本书认为,哲学上的主体与客体关系无法为人格财产交融说提供理论依据。在本体论上,主体与客体二分的传统立场从未过时。就认识论而言,作为认识客体的财产不是物本身,而是包含了经验等主体认识的"直观"。但法律对哲学主体的规范形塑,使其具有了权利主体、权利能力、权利基础、权利对象四重内涵。在权利对象上,人格权上人格具有纯粹性,财产权上人格则具有直观性,由此形成的物上"人格"具有交换价值、促销价值和物质文化三种形态,它们均发挥财产价值的形成功能。

第二编
人格权主体论

General Theory of Personality Rights

第四章 法人人格权何以不能[*]

一、引 言

自然人可为人格权主体自无疑问,但法人、死者是否同样为人格权主体?本章研究法人人格权问题,死者人格权问题则留待下一章处理。关于法人人格权,我国民法设有明文。原《民法通则》第99条第2款、第101条、第102条分别规定了法人的名称权、名誉权、荣誉权。[1]这一立法传统为《民法总则》所继受,后者第110条第2款规定:"法人、非法人组织享有名称权、名誉权、荣誉权等权利。"《民法典》人格权编在描述权利主体时使用了"民事主体"的表达,实质上将法人、非法人组织作为名称权、名誉权、荣誉权的主体,同时在总则编将法人、非法人组织的权利限于上述三种类型。[2]

从立法例上看,关于法人人格权问题,各国民法典一般不予正面回答,而是在法人权利能力部分作出规定,此又分为三种模式:一是以瑞

---

[*] 本章由笔者与房绍坤教授合著的《法人人格权的立法论分析》(载《山东社会科学》2016年第12期)一文修改而来,感谢老师的慷慨授权。

[1] 原《民法通则》第99条第2款规定:"法人、个体工商户、个人合伙享有名称权。企业法人、个体工商户、个人合伙有权使用、依法转让自己的名称。"第101条规定:"公民、法人享有名誉权,公民的人格尊严受法律保护,禁止用侮辱、诽谤等方式损害公民、法人的名誉。"第102条规定:"公民、法人享有荣誉权,禁止非法剥夺公民、法人的荣誉称号。"此外,《最高人民法院关于贯彻执行〈中华人民共和国民法通则〉若干问题的意见(试行)》[法(办)发〔1988〕6号]第140条、第141条也明确了对法人名称权、名誉权的保护。

[2] 《民法典》第110条第2款规定:"法人、非法人组织享有名称权、名誉权和荣誉权。"

士、埃及、阿尔及利亚为代表的"性质排除"模式,即规定法人享有除自然人专属的权利以外的一切权利[1];二是以日本、韩国、葡萄牙、阿根廷为代表的"章程决定"模式,即规定法人享有与其章程所定目的范围相适应的民事权利[2];三是以越南、西班牙为代表的"行为目的"模式,即规定法人享有与其行为目的相适应的民事权利[3]。上述模式虽然角度各异,但均未明确法人人格权问题。例外的是,苏俄民法曾规定法人只能享有财产权[4];《俄罗斯民法典》采纳了"章程决定"模式,但其定义中包含人身非财产权[5],只是遍寻"民事权利客体",却找不到关于法人非物质利益的规定。此外,就反面解释观之,《乌克兰民法典》虽然采取了"性质排除"模式,却将人格权编命名为"自然人的人身非财产权",实质上否认了法人人格权。并且,将人格权规定于自然人部分也是世界上绝大多数民法典的通例,我国台湾、澳门地区亦不例外[6]。不过,也有少数立法例规定除自然人专属者外,人格权保护类推适用于法人[7]。因此,至少在比较法层面,谓法人享有人格权令人疑窦丛生。

---

[1] 《瑞士民法典》第53条规定:"法人享有除性别、年龄或亲属以外的以自然人的本质为要件的一切权利及义务。"《埃及民法典》第53条规定:"在法律规定的限度内,法人享有除依其性质只能由自然人享有的权利之外的一切权利。"《阿尔及利亚民法典》第50条规定:"法人依法享有除专属自然人享有的权利之外的一切权利。"

[2] 《日本民法典》第34条规定:"法人在按照法令规定、章程等其他约定中规定的目的范围内,享有权利,承担义务。"《韩国民法典》第35条规定:"法人在其根据法律的规定以章程所确定的目的范围内,为权利义务的主体。"《阿根廷民法典》第35条规定:"为了其成立的宗旨,法人可以通过其规章或章程所设定的代表人机构而取得本法典规定的权利,并实施不被禁止的一切行为。"《葡萄牙民法典》第160条规定:"一、法人之能力范围包括对实现其宗旨属必要或适宜之一切权利义务。二、上述范围不包括法律禁止或不能与自然人之人格分割之权利及义务。"

[3] 《越南民法典》第86条规定:"法人的民事权利能力是法人享有与自己的活动目的相适应的民事权利,并承担民事义务的资格。"

[4] 参见史尚宽:《民法总论》,张谷校,中国政法大学出版社2000年版,第152页。

[5] 《俄罗斯民法典》第48条规定:"凡对独立财产享有所有权、经营权或业务管理权并以此财产对自己的债务承担责任,能够以自己的名义取得和实现财产权利和人身非财产权并承担义务,能够在法院起诉和应诉的组织,都是法人。"

[6] 参见梁慧星:《民法总则立法的若干理论问题》,载《暨南学报(哲学社会科学版)》2016年第1期。

[7] 主要有1978年《匈牙利民法典》、原《德意志民主共和国民法典》、2002年《巴西民法典》。参见[匈]格奥尔格·拉茨:《匈牙利民法典的修改》,谢怀栻译,载《环球法律评论》1980年第5期;徐国栋:《民法总论》,高等教育出版社2007年版,第343页。

在我国民法学界,通说认为法人享有人格权。如有学者认为:"作为一种权利主体,法人当然享有人格权,就像自然人作为一种权利主体享有人格权一样。"[1]还有学者强调:"无论从实在法规范,还是从理论层面来看,法人人格权否定论,都已经失去影响力。"[2]值得注意的是,肯定论虽蔚为主流,但论证却显粗糙[3],无法让反对者信服[4]。就比较法而言,法人人格权说由来已久,但并无定论。德国学者拉伦茨认为:"法人的权利能力充其量不过是部分权利能力,即具有财产法上的能力",但又承认法人享有某些人格权,如姓名权以及名誉权,只是法人并非伦理主体,不享有一般人格权。[5] 直至今日,德国法上真正承认法人人格权的判例寥寥无几。[6] 法国法对法人人格权存在肯定、否定与折中三种学说,各执一词。[7] 在美国,法人人格权长期未引起学界关注,判例法呈现无秩序的矛盾状态,联邦最高法院也从未予以直接回应。[8] 最新判例虽予明确否认,但也只是一种语言修辞而非法理判断。[9] 21世纪以来,美国关于法人(宪法)人格权的讨论渐多,肯定论

---

[1] 张民安、李杨:《法人的人格权研究(上)——法人为何享有人格权》,载《学术论坛》2019年第2期。
[2] 参见薛军:《法人人格权理论的展开》,载《上海财经大学学报》2011年第6期。
[3] 参见张红:《人格权各论》,高等教育出版社2016年版,第375页。
[4] 反对意见参见张俊浩主编:《民法学原理》(上册)(修订第三版),中国政法大学出版社2000年版,第190页脚注;尹田:《论法人人格权》,载《法学研究》2004年第4期;刘凯湘:《民法典人格权编几个重要理论问题评析》,载《中外法学》2020年第4期;郑永宽:《法人人格权否定论》,载《现代法学》2005年第3期;钟瑞栋:《"法人人格权"之否认——兼评我国〈民法〉草案关于"法人人格权"的相关规定》,载《厦门大学法律评论》2004年第2期;姚秋英:《人格权研究》,中国政法大学出版社2012年版,第10—12页;黄文煦:《浅论自然人人格权及法人人格权的本质》,载《中国政法大学学报》2012年第5期。
[5] [德]卡尔·拉伦茨:《德国民法通论》(上册),王晓晔、邵建东、程建英等译,法律出版社2003年版,第182页。
[6] 参见王冠玺:《法人精神损害赔偿请求权问题再探索——基于比较法上的观察》,载《法制与社会发展》2010年第5期。
[7] 参见张民安:《法国人格权法》(上),清华大学出版社2016年版,第54页。
[8] See Elizabeth Pollman, A Corporate Right to Privacy, 99 Minnesota Law Review 27 (2014).
[9] See Daniel J. H. Greenwood, FCC v. AT&T: The Idolatry of Corporations and Impersonal Privacy. Hofstra Univ. Legal Studies Research Paper No. 11-16(2011). Available at http://ssrn.com/abstract=1884965.

者虽谓特殊情形下法人可享有人格权,但何谓特殊情形则未有明确答案。[1]

由是观之,虽然我国《民法典》明确规定了法人人格权,但在解释论上,所谓法人人格权究系何物仍有解释的空间,法人是否享有人格权亦为开放性话题,为其盖棺定论尚为时过早。即便在《民法典》出台之后,重新界定法人人格权的性质及其法律保护,深入推进人格权基础研究,仍为《民法典》解释论的必要路径。本章试以法人人格的规范意义、团体人格的政策考量以及法人保护的体系思维为线索展开法人人格权的解释论。

二、法人人格的规范意义

法人人格是法人人格权的逻辑起点,其规范意义构成法人人格权的基础。而对法人人格规范意义的探讨,应围绕法人的本质学说、法人人格的具体内涵,以及法人私法权利的属性展开。

(一)法人本质与法人权利

法人本质是法人人格的理论基础,对法人性质的定位直接影响法人的具体制度。以基尔克为代表的法人实在说[2]认为,法人团体(包括国家)因具有生命力和"自由意志"而成为实在的人。[3] 按照法人实在说,法人先于法律而存在,而非后者创设之产物。因此,法人享有人格权就是其作为"实在的人"的题中应有之义。虽然《德国民法典》通过之后,法人本质之争日渐式微,德、美两国主流学说对此存而不论,司

---

[1] See Richard Schragger and Micah Schwartzman, Some Realism about Corporate Rights, 43 Virginia Public Law and Legal Theory Research Paper (2013).

[2] 实在说又分为有机体说和组织体说,但两者无本质区别。无非前者强调法人有类似于自然人的独立意志,后者从社会功能角度阐明法人的主体性。参见谢鸿飞:《论民法典法人性质的定位:法律历史社会学与法教义学分析》,载《中外法学》2015年第6期。

[3] See David Runciman, Pluralism and the Personality of the State. Cambridge University Press 2005, p.46.

法实践也改采实用主义态度[1];但近年来,为回应法人宪法权利等问题,法人本质理论在美国中兴,渐有复兴实在说之势[2]。

关于法人本质的研究,我国学界多限于拟制说、否认说和实在说之探讨。由于立法与学说采实在说,故主流意见肯认法人享有人格权。然则,主流学说实在是夸大了实在说的作用。虽然早在19世纪晚期,实在说即已取代拟制说而为世界范围的通说,但最晚在20世纪20年代,法人本质理论的"无用论"即在比较法上蔓延。美国联邦最高法院不惟认为法人本质学说无益,并已实质上放弃了法人本质的理论界分。[3] 当然,法人本质学说尽管已鲜为人关心,但作为提供法理前提的解释论,于解决法律问题时仍有重要作用。[4] 本书认为,实在说虽在某种程度上是对拟制说的否定,但二者的对立并非属于同一方向;在某种程度上,二者还会共存。[5] 因此,有必要重述法人实在说的历史地位。

据考证,拟制说出于13世纪的教皇英诺森四世之手。英诺森宣扬教会是上帝的工具,冀望借此将社会整合到上帝的统治之下。依其主张,教会允许个人成立组织,但必须位列教会之下;后者因教会的恩泽而存在,无任何终极权利,故为拟制之结果。[6] 这一理论为萨维尼弘扬光大进而为通说。但历史地看,拟制说的奥妙不在于理论完美,而是

---

[1] 参见谢鸿飞:《论民法典法人性质的定位 法律历史社会学与法教义学分析》,载《中外法学》2015年第6期。所谓实用主义指因拟制说与实在说均可用以支持法人权利的扩张或限制,二者均非基于法律后果的正当性论证,法院判决因之具有不确定性。See Richard Schragger and Micah Schwartzman, Some Realism about Corporate Rights, 43 Virginia Public Law and Legal Theory Research Paper (2013).

[2] See Margaret M. Blair, Corporate Personhood and the Corporate Persona, 2013 University of Illinois Law Review 785(2013). Jonathan A. Marcantel, The Corporation as a Real Constitutional Person, 11 UC Davis Business Law Journal 221(2010–2011).

[3] See Reza Dibadj, (Mis)Conceptions of the Corporation, 29 Georgia State University Law Review 731(2013).

[4] 参见梁慧星:《民法总论》(第五版),法律出版社2017年版,第121页。

[5] 参见邓峰:《作为社团的法人:重构公司理论的一个框架》,载《中外法学》2004年第6期。

[6] 参见[美]格里高里·A. 马克:《美国法中的公司人格理论》,路金成、郑广淼译,载方流芳主编:《法大评论》(第3卷),中国政法大学出版社2004年版,第281页。

契合了国家维护权威、管制团体的需要。当时,团体组织的发展尚处于初级阶段,国家以特许令状限制其权利和范围,也与人们的一般认识相符。但公司的不断扩张要求获得更多权利,于是倡导法人有自由意志和独立人格的实在说应运而生。[1] 此外,随着工业化和商业化的发展,凭拟制说无从追究团体的刑事与国际法责任,这也成为实在说兴起的重要原因。[2]

由此可见,拟制说与实在说的更替是社会发展的必然结果。在其更替过程中,资本主义生产方式与组织形态,尤其起到了关键作用。[3] 但因两种学说均系对法人的实体化认识,故导致了社会理论和法律理论的混同。[4] 其后果就是:任一理论均有其不确定性,不同理论既可服务于同一目的,也曾服务于对立目的[5];同一法官在处理不同案件时,也可能采用不同理论[6]。例如,美国法院对法人人格理论的运用,就具有选择性和不一致性。此种相对却又游离的法人人格理论,与主流法历史学家的信条相悖,两种学说因而被断言"均非实质上的基本理论"。[7] 此正为法人本质学说"无益论"和实用主义兴起的主因。

在否认说已退出历史舞台的今天,客观地讲,实在说更符合社会经济的发展潮流。但在"法律—事实"间各执一端,是其与拟制说的共同缺陷。拟制说强调,法人产生并受制于法律,其由此为一个空洞概念,无自由之意志,无独立之人格。实在说则从社会学角度,主张法人的产生是自在的,与法律无关,法人具有独立的意志、判断标准和自我

---

〔1〕 See Daniel Lipton, Corporate Capacity for Crime and Politics: Defining Corporate Personhood at the Turn of the Twentieth Century, 96 Virginia Law Review 1914 (2010).

〔2〕 Reza Dibadj, (Mis)Conceptions of the Corporation, 29 Georgia State University Law Review 731(2013).

〔3〕 参见邓海峰:《法人制度与民法人格权编的体系构建》,载《现代法学》2003 年第3期。

〔4〕 参见邓峰:《作为社团的法人:重构公司理论的一个框架》,载《中外法学》2004 年第6期。

〔5〕 See John Dewey, The Historic Background of Corporate Legal Personality, 35 The Yale Law Journal 655, 669(1926).

〔6〕 同注〔4〕。

〔7〕 同注〔1〕,1917。

控制力[1];法人作为一种完全的伦理实体,享有伦理人得享有的权利和义务[2]。然则,法律的任务是面向事实建构概念,于事实与法律之间作单选无疑有失妥当。所以哈特批评实在说"定义法人的法律概念却借助法律之外的素材"[3],韦伯也强调"人格人的概念总是一个法律的概念"[4]。法人主体的最终形成,毋宁是在功能上基于生活需要,在形式、效力及权利范围上则经由法律拟制。在比较法上,除少数国家之外[5],多数国家未采取单一的拟制说或实在说,而是择一为主兼顾其他,既满足国家对法人成立的监控要求,也为法人的社会活动提供行为规范[6]。

诚如学者所言,法人本质涉及的真正问题,即团体(组织)是否为一种社会实存,此种社会实存为何能够或者必须成为法律主体,其与自然人有何异同。[7] 由此可见,法人实在说名声在外但其实难副。其在历史上的成功,甚至连德国学者都感到吃惊。[8] 于此情形下,以法人实在说为基础,认为法人是超脱于法律的伦理主体,进而主张法人享有人格权,有违法人的真实本质。

---

[1] See Philip Pettit, Responsibility Incorporated, 117 Ethics 171(2007).

[2] See Peter A. French, The Corporation as a Moral Person, 16 American Philosophical Quarterly 207(1979).

[3] H. L. A. Hart, Definition and Theory in Jurisprudence, 70 Law Quarterly Review 70 (1954).

[4] [德]罗尔夫·克尼佩尔:《法律与历史——论〈德国民法典〉的形成与变迁》,朱岩译,法律出版社2003年版,第69页。

[5] 如《智利民法典》第545条规定:"能行使民事权利和承担民事义务,并能在法院内外被代表的拟制人,谓法人。"《纽约州民法典草案》第331条规定:"法人是拥有自然人的某些权利和责任的法律拟制体。依法设立后,法人可在法律允许的时间内存续。"

[6] 参见谢鸿飞:《论民法典法人性质的定位 法律历史社会学与法教义学分析》,载《中外法学》2015年第6期。

[7] 参见冯珏:《法人概念论》,法律出版社2021年版,第14页。

[8] "在今天,仍比较令人吃惊的是,显然矛盾的关于法人作为有器官的、有生命的机体的观点竟然在过去如此成功。"[德]罗尔夫·克尼佩尔:《法律与历史——论〈德国民法典〉的形成与变迁》,朱岩译,法律出版社2003年版,第70页。

(二)法人人格的具体内涵

法人虽非法律的创造,但其人格仍拜法律所赐。关于后者,肯定论者以法人人格权为依据,否定论者认为纯粹为财产而生。可见,正确理解法人人格是法人人格文本解释的前提。

(1)法人人格是主体意义上的人格。法律上的人格具有多义性。我国台湾地区学者认为,团体既然具有法律人格,当然就产生人格权。因此,凡不以自然人之身体存在为前提的人格权,法人均得有之;亦即,就法人而言,除其性质所限范围之外,可以享有以权利主体的尊严及价值为保护内容的人格权。[1] 此种学说影响到了大陆的学者和司法实践,甚至认为法人享有一般人格权。[2] 还有意见认为,所谓人格即人的一般法律地位、一般意义的主体资格、直接体现人类尊严的法律工具,属于自然人专有的宪法权利。但上述主张显然混淆了人格的多重含义。

一般认为,中国民法中的"人格"有三重意义:一是主体意义上的人格,即法律主体;二是成为主体的资格,即权利能力;三是受法律保护的利益,即人格权对象。本书认为,人格除上述三种含义之外,还包括作为实证权利价值基础的人格尊严。自罗马法以降,法律主体与生物人分离,前者因之成为"一个被掏空了五脏六腑、无血无肉、没有自己意志而仅有符合'被规定了的共同意志'的意志之人"。[3] 及至《德国民法典》,又创设权利能力的概念来解决团体的主体资格。但《德国民法典》以后,私法中的"人"已非自然法上的"理性人",而是移植于伦理学上的"伦理人"。事实上,关于伦理人的法律规则古已有之,但罗马法基于"身

---

[1] 参见胡长清:《中国民法总论》(上册),商务印书馆1993年版,第117页;史尚宽:《民法总论》,张谷校,中国政法大学出版社2000年版,第153页。

[2] "法人作为独立的主体,也应具有名称、名誉、信用等人格利益。"参见王利明:《人格权法研究》,中国人民大学出版社2005年版,第40页。"美伦公司没有办理工商年检,但工商部门至今未注销其登记,该公司的法人人格权依然存在,仍可以该法人名义参加本案的诉讼活动。美伦公司的公司经营期限届满并不能因此而导致公司人格权的消灭。"参见洋浦美伦实业有限公司与福建省林业工程公司海南公司等财产损害赔偿纠纷再审案,海南省海南中级人民法院(2005)海南民再终字第16号民事判决书。

[3] 参见李永军:《民法上的人及其理性基础》,载《法学研究》2005年第5期。

份"的"阉割术",有意将人身利益排除在人格内涵之外。所幸后者在自然法阴霾散尽后重出江湖,并为人格权保护、基本权私法效力立下战功。

在人格的"四元"构造中,权利能力是个技术性概念,是生物人或团体成为权利主体的资格;法律主体与伦理人分离,是享有权利能力的自然人或团体;人格权则直接建构于伦理人,是受保护的人身利益;人格尊严作为私法基础,通常以宪法上的人之尊严、人权等条款出现,故其示人以间接作用、若隐若现的印象。显然,从法人主体资格演绎法人人格权的做法,是对人格私法构造的误读:法人的主体资格仅仅表明其得为法律主体,但法人作为主体已与伦理人完全分离,人格权则以伦理人为基础,故法人具有主体资格不等于享有人格权。"人格(权利主体)是意志的法律能力,人的肉体是其人格的完全不相关的附庸。"[1]认为人格权属于宪法权利的意见,则错误地把规定于宪法中的伦理人格等同于人格权。

(2)法人人格旨在规定法人的行为资格。如果从主体资格中推导不出法人人格权的结论,那么赋予法人主体资格的目的是什么?对此,否定论者给出了财产权思路,被斥之为目的财产说的"死灰复燃"。[2]确实,将法人的目的归结于财产,属于法人否认说的一种,但此种观点既与法人具有意思能力、独立人格矛盾,也与法人类型的多样性相悖。本书认为,依法人章程的目的来判断法人人格的目的存在路径障碍。此种外部视角遮盖了法人人格的基本构成,打碎了法人人格的公因式,也违背了私法自治的理念。[3]有鉴于此,本书将基于结构主义的要求,观察法人人格的内部构成。[4]

---

[1] 〔美〕约翰·齐普曼·格雷:《法律主体》,龙卫球译,载《清华法学》2002年第1期。
[2] 参见徐国栋:《民法总论》,高等教育出版社2007年版,第342页。
[3] 即便是营利性法人也可以从事公益事业,而公益法人也需要具备法人的能力。
[4] 关于"民法总则"中法人的分类标准,存在"营利法人/非营利法人"和"社团法人/财产法人"的争论。有学者将二者分别称之为职能主义模式和结构主义模式,后者更受学者青睐。参见蔡立东:《法人分类模式的立法选择》,载《法律科学(西北政法大学学报)》2012年第1期;李永军:《以"社团法人与财团法人"的基本分类构建法人制度》,载《华东政法大学学报》2016年第5期。

从法人的内部结构上看,法人人格的基本构成有二:一是获得民法上的独立财产,即拥有区别于成员、可独立处分、同时也构成对外担保的财产能力[1];二是具有完善的治理结构,即拥有形成独立意思并予以执行的机关。一旦具有了独立的财产、意思和行为,法人即可形成独立的人格。但法人独立人格的首要目的,是获得法律认可的行为能力,这才是法人人格的目的公因式。《西班牙民法典》第38条规定:"法人可依法和其章程取得和拥有各类物、缔结合同的权利、实施民事和刑事行为。"[2]至于营利与非营利属性,完全由法人章程决定,已属法人自治的范畴,法律仅行核准、监督之责。我们不能因法人具有营利属性,就说法人人格的目的是财产;也不能因其为公益法人,就说法人人格的目的是获得人格权。

但法人人格是经法律拟制而成的。这意味着虽然法人具有独立意思,不过是通过决议行为或其他方式拟制的自然人的意思;虽然法人拥有执行机关,但亦须借董事等自然人之手。换言之,并不存在可自行作出意思表示和实施行为的"生物法人",法人的意思与执行能力,不过是"嫁接"自然人的结果。所以,法人的行为资格也不具有伦理属性。"作为一种法技术构造的产物,法人人格旨在于法律功利主义的追求,其表现的价值元素与人的尊严、自由、安全以及伦理道德无关;所以,与其说法人是一件事物,毋宁说它更近似于一种方法。"[3]正因为如此,法人虽为法律上主体,却可以被他人所有、控制,可以进行出让或并购。[4]

(3)法人人格的规范解释。何谓"专属于自然人"的权利,或者说法人行为目的与章程决定的权利范围是什么?肯定论者对此作扩大解释,认为人格权应名列其中。基于前文分析,本书认为,对法人人格的文本解释应作目的性限缩。其一,法人人格是主体资格,与立足于伦理

---

[1] See Henry Hansmann & Reinier Kraakman, The Essential Role of Organizational Law, 110 Yale Law Journal 387(2000).
[2] 《西班牙民法典》,潘灯、马琴译,中国政法大学出版社2013年版,第26页。
[3] 参见郑永宽:《法人人格权否定论》,载《现代法学》2005年第3期。
[4] See S. Douglas Beets, Critical Events in the Ethics of U.S. Corporation History, 102 Journal of Business Ethics 193(2011).

人基础的人格权相分离;法人的主体资格是拟制的行为自由,不具有伦理属性。因此,人格权应被解释为"专属于自然人"的权利,与法人的行为目的和章程不符。其二,比较法上大多数民法典将人格权规定于自然人部分,即便扩张法人权利的我国台湾地区也不例外。因此,从体系解释上看,法人也不应享有人格权。其三,比较法上不乏明确法人人格不同于自然人的立法例,如《美国路易斯安那民法典》第24条规定:"自然人即生物人。法人是法律赋予人格的实体,例如公司或合伙。法人的人格区别于其成员的人格";《菲律宾民法典》第44条规定:"法律授予法人人格的为私人利益或目的的公司、合伙和协会,该人格与各股东、合伙人或成员的人格相分离与不同。"

颇值玩味的是,虽然肯定论者将《瑞士民法典》第53条作为法人人格权确立的论据,但瑞士学者却作出了不同的解释:"立法者通过选择此种表述,有意地将如下问题留给了实践,即'对此的进一步界分予以确定,尤其就名誉和人对疼痛和侮辱的感受……'因此,实践有义务去填补此项'法内漏洞'。"[1]

(三)法人"人格权"的属性辨析

既然法人人格不具有伦理属性,那么所谓的法人"人格权"到底是什么？有学者虽然承认法人人格不具有伦理属性,但又强调法人名誉权(又称商誉权)本质上为人格权,财产性仅是其外在表象。[2] 事实上,关于法人名誉权的性质,历来存在人格权、财产权与复合权的争论。但即便是人格权说,也认可法人人格权的财产属性。其论证思路,或认为法人人格权虽具有财产内容,但并不排斥其专属性[3];或认为财产

---

[1] 〔瑞〕贝蒂娜·许莉曼-高朴、〔瑞〕耶尔格·施密特:《瑞士民法:基本原则与人法》(第二版),纪海龙译,中国政法大学出版社2015年版,第383页。
[2] 参见许中缘、颜克云:《论法人名誉权、法人人格权与我国民法典》,载《法学杂志》2016年第4期。
[3] 参见薛军:《法人人格权的基本理论问题探析》,载《法律科学(西北政法学院学报)》2004年第1期;周龙杰:《法人人格权立法问题之思》,载《社会科学战线》2012年第5期。

内容的取得因法人的人格利益所致[1]。本书认为,从利益角度论证法人人格权,无异于舍本逐末;认为其属于混合型权利,则是在回避问题。[2] 下文以法人名称权、名誉权为例进行说明。

人格权具有专属性与非财产性。其中,专属性为人格权的本质属性。[3] 与法人享有的物权和债权不同,法人名称权、名誉权并不指向具体的物或给付。相反,其依附于法人主体,除非发生合并、分立与终止,不得与法人分离。就此观之,二者似乎具有"专属性"。然则,专属性一词的本来意义,是指权利内在于"人"的属性,此中的人专指伦理人。但事实是,法人并非伦理主体。可见,如果将专属性的伦理语境抽空,就会得出似是而非的结论。就人格权的非财产性而言,常见"人格权商品化"的说法。但所谓人格权的"商品化",不过是人格标识的促销价值,而人格标识已超出人格的范畴,属于具有人格利益的特殊财产。[4]

如何理解法人名称权、名誉权的"专属性"？人是具有符号的动物,符号原理对人而言具有普遍性、有效性和全面适用性。[5] 姓名不仅涉及私法上的人格权,由于人须以姓名来区分人己,所以姓名也具有公法属性,如日本人长期没有姓,明治天皇时政府强制国民取姓。事实上,即便是动物、植物等亦有其名称,只不过在被特定化之前,往往仅有其类名而已。法人亦不例外,作为权利主体,其名称的首要意义是便于区分法人,以利于开展活动和国家管控,所以法人不能重名。这就是法人作为非伦理主体,也具有"专属性"表象的原因。

---

[1] 参见马骏驹:《法人制度的基本理论和立法问题之探讨(下)》,载《法学评论》2004年第6期;赵展:《法人人格权及其民法保护》,载《福建法学》2003年第3期。

[2] 参见谢怀栻:《论民事权利体系》,载《法学研究》1996年第2期。

[3] 参见李琛:《质疑知识产权之"人格财产一体性"》,载《中国社会科学》2004年第2期。

[4] 参见房绍坤、曹相见:《标表型人格权的构造与人格权商品化批判》,载《中国社会科学》2018年第7期。

[5] 参见〔德〕恩斯特·卡西尔:《人论:人类文化哲学导引》,甘阳译,上海译文出版社2013年版,第45、60页。

法人作为非伦理主体，本不具有伦理利益，但法人背后的自然人通常具有将主观情感嫁接于法人的冲动和需要。肯定论者正是遵循此思路，认为法人人格权旨在保护"自然人以团体的形式而存在的人格利益"。[1] 但问题是法人作为具有独立人格的主体，不应转嫁自然人的主观情感，否则将自相矛盾。美国学者对此多有提醒。[2] 不过，法人享有避免混淆其名称同一性的财产利益，而该利益的财产属性并不因法人属性的不同而不同。因为它通过促销产生经济利益，本质上属于一种销售手段，与其他财产本身具有价值不同。因此，公益法人同样具有此种促销价值。

商誉权的财产属性也不难理解，因其本质上是具备促销价值的社会评价。令人困惑的是主张商誉权"人格权为本、财产权为表"的学者，同时又称商誉权"保护的是以纯粹经济利益为核心的法人商誉……对法人名誉权之侵害，实质是对其正常发展的经济利益而不是人格利益的侵害"。[3] 可见，说商誉权是人格权无法自圆其说。事实上，商誉作为与商标法交错的概念，长期以来被作为财产对待。[4] 关于商誉的财产属性，英美法上并无疑义。他们争论的是商誉能否作为资产在并购时予以补偿。对此，美国法规定对商誉补偿应在40年之内付清，英国会计程序委员会和会计原则委员会亦承认其为资产。[5]

---

[1] 薛军：《法人人格权理论的展开》，载《上海财经大学学报》2011年第6期。
[2] See Ioana Cismas and Stacy Cammarano, Whose Right and Who's Right? The US Supreme Court V The European Court of Human Rights on Corporate Exercise of Religion, 34 Boston University International Law Journal 16 (2016). Also see Jason Iuliano, Do Corporations have Religious Beliefs?. 90 Indiana Law Journal 98(2015).
[3] 许中缘、颜克云：《论法人名誉权、法人人格权与我国民法典》，载《法学杂志》2016年第4期。
[4] See Robert G. Bone, Hunting Goodwill: A History of the Concept of Goodwill in Trademark Law, 86 Boston University Law Review 620(2006).
[5] See L. Todd Johnson & Kimberley R. Petrone, Is Goodwill an Asset? 12 Accounting Horizons 293(1998).

三、团体人格的政策考量

赋予法人人格权是立法对团体人格的政策考量。即便赋予法人人格权与法理不符,若政策上有此必要也未尝不可。

(一)团体的社会功能与法律应对

忽视团体的社会功能,是否定说被批评的另一大理由。[1] 确实,对于法人本质以及团体权利的观察,应从"政治国家—市民社会"的角度出发,而不是仅仅比较法人与自然人之高下。事实上,法人实在说本身即具有政治目的和社会功能。基尔克作为法学家的同时也是政治学家,且对政治理论更感兴趣。其早期对政治国家、市民社会的二分理论不以为然,认为公民不应享有对抗政府的绝对权利,国家也不能享有控制公民的绝对权力。国家只是一个有机实体,但基于日耳曼精神,于国家和个人之外应允许其他团体存在。与公司等非公法团体比较,国家并无本质不同。[2] 1870年以后,随着德意志的统一和共产主义的兴起,基尔克的政治立场转向保守阵营,从强调小的团体到强调国家,建构思路也从"自下而上"变为"自上而下"。[3]

按照肯定论的思路,团体服务于个人,组成团体是结社自由的要求;团体是个人与国家之间的屏障,保护团体就是保护个人自由。团体与自然人的结合浑然天成,无脱离个人之团体,亦无独立于团体的个人。[4] 保护了法人也就保护了自然人。[5] 此种思路固然克服了否定

---

[1] 薛军教授认为,团体承载了多维度的政治、社会、文化功能。参见薛军:《法人人格权理论的展开》,载《上海财经大学学报》2011年第6期。
[2] See Ron Harris, The Transplantation of the Legal Discourse on Corporate Personality Theories: From German Codification to British Political Pluralism and American Big Business. 63 Washington and Lee Law Review 1436-1437(2007).
[3] 同注[2]。
[4] 参见仲崇玉:《法人人格学说研究》,西南政法大学2006年博士学位论文,第150页。
[5] 参见蒋学跃:《法人人格权的理论预设——为法人人格权肯定论作辩护》,载《求索》2006年第9期。

论的局限,但又陷入了另一个误区:法人人格独立于自然人,不能将对法人的保护等同于保护自然人。若通过保护法人来保护自然人,则一方面加重保护了法人成员,另一方面弱化了对非法人成员的保护。此外,既然法人最终保护自然人,则法人不过是一种手段,与人格权的目的属性相悖。

本书认为,法人的社会功能兼有公益与私益两种属性。就前者而言,包含法人在内的团体组织介于主权国家和公民个人之间,是捍卫私法自治的缓冲和屏障。同时,团体也可以承担个人不能实现的公益任务,如发挥环境保护、救助弱势群体的功能,参与军备制造、发挥国防功能。就私益而言,结社是扩大实力、增强创造性的有效途径,以法人为代表的团体组织是公民追逐财富、实现个人理想的有效工具。为实现法人的公益与私益目的,应在公法与私法层面对法人进行分别保护。不过,此种保护应以团体之间、团体与自然人之间和谐共处为前提。但事实是,与自然人相比,团体更难维系对他人的尊重。由此,要实现团体与自然人的和谐,有两个问题值得考虑:一为是否应赋予团体与自然人同等的法律地位;二为是否要对团体进行特殊规制,剥夺其自然人可能享有的权利。[1] 下文从公法、私法两个层面进行分析。

(二)团体的公法身份与宪法权利

虽然各国宪法均明确公民的结社自由,但并不意味着社团与公民具有同样的公法身份。例如,国家虽为最强大之团体,但由于存在危害其服务对象的风险,自古希腊、古罗马以来,国家区别于具体统治者、权力应受限制,就已是广为人知的共识。[2] 近代宪法更从公民的主观权利中衍生出国家的给付义务。又如,政教分离即意味着对教会政治行为的限制。通常,团体因其公益属性而受公法保护,但法院同样也会基

---

〔1〕 See Christian List & Philip Pettit, Group Agency: the Possibility, Design, and Status of Corporate Agents, Oxford University Press, 2011, p. 155.

〔2〕 Ibid,pp. 180–181.

于公共政策的理由，对团体参与公共事务的能力进行限制。以美国为例，法院往往基于公共利益要求法人公告用于政治目的的支出，并通过执行法人章程、拒绝公司权利、反对股东自治的方式限制法人渗入政治权力。在面对犯罪时，法院又扩张法人的权利范围，使其对无辜股东的损失承担责任。[1] 美国法院还支持立法者剥夺法人通过政治言论参与公民选举的权利的立法。[2]

公法身份的特殊性使团体的宪法权利受到影响：人格权被排除在外。以德国为例，法人可能享有包含言论自由、艺术与科学自由、集会、结社、通信自由、迁徙自由、财产权、请愿权、司法救济权在内的广泛宪法权利，但作为人格权基础的人之尊严被排除在外，生命与身体权、男女平等权、自愿服兵役权、婚姻自主权等当然就只能为自然人专属。联邦最高法院还在一项关于诉讼救助权的判决中指出，旨在平衡自然人之间存在的社会不公平现象的宪法权利不适用于法人。[3] 我国《宪法》在规定基本权利与义务时也仅涉及公民。

美国法则与之不同。随着近来涉及法人宪法权利的案件渐多，法人的宪法权利问题也引起热议。实践中，法院的判决并无固定立场。例如，联邦最高法院于 FCC v. AT&T 案[4]（2011 年）中否认法人享有宪法上的隐私权，又于 Hobby Lobby 案[5]（2014 年）中承认法人的宗教信仰权。学界的讨论也未有定论，是否承认实在说为其"分水岭"。肯定者多以法人为伦理机关、能独立行使有别于成员的权利为理由。反对的人则认为，团体仅仅是自然人之集合或者法律认可的拟制之人。[6] 此即实在说在美国中兴的原因，甚至联邦最高法院也在 Citizens

---

[1] See Daniel Lipton, Corporate Capacity for Crime and Politics: Defining Corporate Personhood at the Turn of the Twentieth Century, 96 Virginia Law Review 1917(2010).

[2] 同注[1]，1964.

[3] 参见〔德〕迪特尔·梅迪库斯：《德国民法总论》，邵建东译，法律出版社 2001 年版，第 821 页。

[4] FCC v. AT&T,131 S. Ct. 1177(2011).

[5] Burwell v. Hobby Lobby Stores, Inc, 134 S. Ct. 2751(2014).

[6] See Richard Schragger and Micah Schwartzman, Some Realism about Corporate Rights, 43 Virginia Public Law and Legal Theory Research Paper 345(2013).

United v. FEC 案[1]（2010 年）中明确法人为宪法上的"实在之人"。

不过，美国学界仍出现了诸多有洞察力的见解，如针对 Hobby Lobby 案，学者批评道："最高法院置美国判例法中区分法人与其成员的大量判例于不顾，采取了将业主信念加之于法人的不当策略……必须承认，只有法人的成员能基于宗教信仰的目的走在一起。非营利的宗教社团应当代表其成员（而不是它自己）主张宗教信仰权。"[2] 还有学者认为，法人作为宪法上的"实在之人"与宪法起草者和批准者的意旨相悖。[3] 伊丽莎白·伯尔曼（Elizabeth Pollman）在全面分析了公法人（及其股东、董事高管、雇员及其他利益相关者）、非营利法人、私法人后认为，法人缺乏宪法上的隐私利益，赋予其隐私权不会实现目的，只会导致误导和混淆。[4]

（三）团体的私法地位与人格权

关于团体人格的私法地位，经历了一个由近代到现代的变迁。近代民法崇尚形式理性，遵循价值中立，近代民法中的人因之具有抽象性，故放之四海而皆准。此时，团体与自然人的区别并不明显。不过，随着全球化、技术化和信息化的发展，财团、跨国公司等迅速崛起，打破了市民社会中"人"的均衡，形成了"生产者/消费者、雇用者/劳动者"的二元模式。民法上的人也由此具体化为"弱"而"愚"的人。这直接导致了以消费者法与劳动法为代表的、以弱者保护为核心的特别民法的兴起。[5] 易言之，为保护自然人不受侵犯，应限制团体的私法

---

[1] Citizens United v. FEC, 130 S. Ct. 876(2010).

[2] See Ioana Cismas and Stacy Cammarano, Whose Right and Who's Right? The US Supreme Court V The European Court of Human Rights on Corporate Exercise of Religion, 34 Boston University International Law Journal 2 (2016).

[3] Jonathan A. Marcantel, The Corporation as a Real Constitutional Person, 11 UC Davis Business Law Journal 221(2010–2011).

[4] See Elizabeth Pollman, A Corporate Right to Privacy, 99 Minnesota Law Review 88 (2014).

[5] 参见谢鸿飞：《民法典与特别民法关系的建构》，载《中国社会科学》2013 年第 2 期。

地位,使自然人居于有利位置。[1]

此外,公司社会责任(Corporate social responsibility)理论的兴起,是理解团体私法地位的另一个角度。1924年,英国学者谢尔顿提出了"社会责任"的概念,第一次倡导公司"面向公共服务"。至20世纪70年代,该理念已引起全球性关注;进入到21世纪,全球化特征更加明显,联合国、世界银行、国际标准化组织等都对公司社会责任给予了极大的关注。[2] 我国《公司法》第5条也规定:"公司从事经营活动,必须遵守法律、行政法规,遵守社会公德、商业道德,诚实守信,接受政府和社会公众的监督,承担社会责任。"关于公司社会责任的内涵,中外学者莫衷一是,但无论是广义说(强调公司对社会的责任),还是狭义说(强调公司对利益相关者的责任),均使公司的地位区别于其责任对象——自然人。[3]

为何团体被现代私法严防?团体普遍比自然人拥有更多权利,包含干预自然人选择的权利。此种权利源自其资金财产、可被利用的客户网络、所创造的层级关系以及团体的非情感属性等。而享有此种强力者,上至国家、政党、教会,下至公司企业;后者的问题尤为明显,因为我们从来就有缺乏监督企业权利的传统,因此团体普遍比个人要强大。[4] 对此,基尔克也承认,早先的团体权利服务团体的目的,现在团体的存在即为了享有特权。[5] 于此情况下,我们再一视同仁地赋予法人人格权,不仅与法人相对强大的事实不符,也与立法加强对自然人的

---

[1] See Christian List & Philip Pettit, Group Agency: the Possibility, Design, and Status of Corporate Agents, Oxford University Press 2011, p.179.

[2] 参见王保树:《公司社会责任对公司法理论的影响》,载《法学研究》2010年第3期。

[3] 有学者认为,公法人也具有社会责任。See Andrew Crane, Dirk Matten and Laura J. Spence, Corporate Social Responsibility: Readings and Cases in Global Context, Routledge 2008, p.13.

[4] See Christian List & Philip Pettit, Group Agency: the Possibility, Design, and Status of Corporate Agents, Oxford University Press 2011, p.183.

[5] See Otto von Gierke, Community in Historical Perspective, Selected and edited by Antony Black Translated by Mary Fischer, Cambridge University Press 1990, p.105.

保护相悖。[1]

四、法人保护的体系思维

法律如何处理法人人格权,在理论与政策之外,还应总结司法经验。既然现行立法赋予法人人格权,何不就其实践效果进行检讨。为了法律的理论自洽,并有利于司法裁判,本书认为,应以法人保护的体系化为其评价标准。

(一) 法人保护的体系矛盾

实践中常见的法人"人格权"有名称权和名誉权[2],其中名誉权是主要的侵权对象。实际上,《民法典》还规定了法人的荣誉权,但当事人通常不单独提起荣誉权侵权之诉,而是与名誉权一起作为请求保护的对象。[3] 就实践而言,现行法人保护存在如下体系矛盾:

1. 救济模式的竞合矛盾

赋予法人人格权的目的,是为法人提供非财产权救济,但法人人格权与知识产权、商誉权竞合的现象经常出现,主要表现情形有:其一,在法人合并、分立、终止过程中,法人名称权被作为无形财产权对待,如在"米格等与戴永山等股权转让合同纠纷上诉案"中,"米格、刘慧东作为出让方未履行公告、清算程序,将新兴公司的名称作为无形资产……约定交由受让方三人经营管理……此举既损害了新兴公司的法人人格权……也损害了公司债权人的利益,故涉及此部分的约定无效"[4]。

---

[1] 法人成为民事主体之后,有了与自然人分庭抗礼的资格,其"反客为主"的力量不容小觑,为防止可能形成的"法人专横",应将自然人作为人格权的唯一主体。参见姚秋英:《人格权研究》,中国政法大学出版社2012年版,第11页。
[2] 此种现象非我国独有,德国亦不例外。参见沈建峰:《一般人格权研究》,法律出版社2012年版,第126页。
[3] 参见王艳宁:《法人名誉权法律保护的几个问题》,载《河北法学》1993年第2期。
[4] 参见山东省东营市中级人民法院(2004)东民再终字第16号民事判决书。

其二,在法人存续期间,名称权侵权往往通过侵害商标的方式进行[1],如在"哈尔滨磁化器厂诉江苏省高淳陶瓷灯饰联合公司侵犯专利权、注册商标专用权、法人名称权案"中,"灯饰公司……使用了磁化厂的'哈磁'注册商标和厂名,其行为不仅违反了《商标法》第38条第1项关于未经商标注册所有人的许可……而且违反《中华人民共和国民法通则》第120条第2款关于法人的名称权不容侵害的规定"[2]。其三,在双方均为商主体的情况下,一方通过不正当竞争的方式损害对方的名誉权,如在"衢州红五环科工贸有限公司与浙江开山股份有限公司法人名誉权、损害商业信誉纠纷上诉案"中,"虽然上诉人制作的'打假'广告画中空气压缩机的标识会使一般人怀疑被上诉人与制假行为有联系,客观上会产生降低被上诉人商业信誉和商品声誉的社会评价、名誉受到损害的后果,但图示空气压缩机的真实,表明上诉人行为并无过错,纵对被上诉人有上述损害后果,也不构成对被上诉人名誉权的侵害和不正当竞争"[3]。

由于人格权与知识产权性质迥异,故有的法院进行择一判断,否认二者的竞合。例如,在"昆山市鼎新科技有限公司与耀马车业(中国)有限公司商标权侵权纠纷上诉案"中,"由于鼎新公司侵犯的是耀马公司的注册商标权,属财产性权利,不涉及对耀马公司商誉等法人人格权的侵犯,故耀马公司要求鼎新公司在报纸上公开赔礼道歉的诉讼请求,法院不予支持"[4]。在"苏州力康皮肤性疾病研究所(以下简称力康所)等诉安徽省亳州市钰臣药业有限责任公司(以下简称钰臣公司)等不正当竞争纠纷案"中,"'钰臣'牌力康霜擅自使用了与'奇力康'牌力康霜相同的商品名称和相近似的包装、装潢,造成与力康所、力康公司知名商品相混淆,使相关公众产生误认,构成对知名商品特有名称、包装、装潢的侵权……但由于钰臣公司、中新药店的上述侵权行为并没有

---

[1] 张红:《人格权各论》,高等教育出版社2016年版,第393页。
[2] 《最高人民法院公报》1994年第1期。
[3] 浙江省衢州市中级人民法院(2001)衢中民一终字第128号民事判决书。
[4] 江苏省高级人民法院(2007)苏民三终字第0013号民事判决书。

对力康所、力康公司法人人格权进行侵犯,故对力康所、力康公司要求赔礼道歉的诉讼请求不再支持"[1]。在"滨州荣江医院与滨州泌尿医院、滨州协和中西医结合医院商业贿赂不正当竞争纠纷案"中,"滨州荣江医院因滨州泌尿医院、滨州协和医院不当使用其名称权,请求滨州泌尿医院、滨州协和医院赔偿其经济损失,并在媒体公开道歉的诉求,系侵犯名称权误导潜在消费者引发的侵权之诉,属于侵犯名称权的不正当竞争纠纷,而非网络名誉侵权纠纷"[2]。

2. 责任方式的功能矛盾

原《民法通则》第120条规定,法人名称权、名誉权等受侵害时,可以要求恢复名誉、消除影响和赔礼道歉。有趣的是,依据《最高人民法院关于确定民事侵权精神损害赔偿责任若干问题的解释》(法释〔2001〕7号)(2020年已修正)第5条规定,法人不得请求精神损害赔偿。关于二者的关系,法院的权威解读认为,精神损害赔偿着重对基本人权和人格尊严的保护,使法人享有精神损害赔偿有违其初衷。[3] 否认法人的精神损害,只是不以精神损害赔偿的方式对其非财产损害进行保护。法人人格权受侵害时,仍可适用消除影响、赔礼道歉、恢复名誉等责任方式。[4] 然则,该说明未能消弭消除影响、恢复名誉和赔礼道歉作为法人人格权责任方式的功能障碍。

其一,由于法人名称权、名誉权具有财产属性,法院拒绝适用赔礼道歉的责任方式。例如,在"苏州力康皮肤性疾病研究所等诉江苏维康医药有限公司等仿冒、伪造知名商品特有名称、包装、装潢纠纷案"中,法院认为:"赔礼道歉、消除影响一般为精神权利受到损害的一种救济方式,故对力康研究所、力康公司要求赔礼道歉、消除影响的诉讼请

---

[1] 江苏省苏州市中级人民法院(2006)苏中民三初字第0176号民事判决书。
[2] 山东省滨州市中级人民法院(2013)滨中民一初字第5号民事判决书。
[3] 参见陈现杰:《〈关于确定民事侵权精神损害赔偿责任若干问题的解释〉的理解与适用》,载《人民司法》2001年第4期。
[4] 参见唐德华主编:《最高人民法院〈关于确定民事侵权精神损害赔偿责任若干问题的解释〉的理解与适用》,人民法院出版社2001年版,第53页。

求不予支持。"[1]在"深圳市盈宁科技有限公司等诉王海兵侵犯计算机软件著作权纠纷案"中,法院认为,"赔礼道歉是侵权人对被侵权人造成精神损害承担责任的一种方式,著作权法规定的精神权利明确为人身权,应该为自然人所享有……故原告要求判决王海兵赔礼道歉的请求不予支持"[2]。与司法实务的立场不同,我国学界通常认为,赔礼道歉的功能是弥补精神损害。[3] 既然法人不存在精神损害、无疼痛和屈辱感,则其亦不应适用赔礼道歉的责任方式。

其二,消除影响、恢复名誉实质上成了消除对商誉不当影响、恢复商誉的本来状态。[4] 例如,在"石家庄双环汽车股份有限公司与本田技研工业株式会社确认不侵害专利权、损害赔偿纠纷案"中,法院认为,"企业法人名誉权核心是商业信誉,外在表现为企业的名称、品牌、产品和服务所获得的社会评价"[5];在"乐清市大东方制衣有限公司与报喜鸟集团有限公司等不正当竞争纠纷上诉案"中,法院认为,"法人的人格权利遭受侵害,法律规定不支持法人的精神损害赔偿请求,只是不以精神损害赔偿的方式保护,在法人人格权受到侵害时,仍可根据我国《民法通则》的规定,要求赔偿损失……为维护自己的权益,通过登报声明消除侵权影响,属于合理的救济手段,所支出的广告费用,也属合理支出"[6]。

3. 与特别民法的衔接矛盾

与法人人格权关联的特别民法,主要是以消费者法和劳动法为代表的政策型特别民法。此类民法的政策性意蕴为:加重雇用者、生产者(销售者)的义务,增强劳动者、消费者的权利。以《消费者权益保护

---

[1] 参见江苏省盐城市中级人民法院(2010)盐知民初字第0086号民事判决书。
[2] 江苏省南通市中级人民法院(2005)通中民三初字第0032号民事判决书。
[3] 参见蔡立东、杨晔:《赔礼道歉责任与法人名誉权的救济》,载《广东社会科学》2016年第1期。
[4] 参见李国庆:《论商业诋毁诉讼的赔礼道歉和消除影响责任》,载《知识产权》2014年第6期。
[5] 最高人民法院(2014)民三终字第7号民事判决书。
[6] 浙江省高级人民法院(2002)浙经二终字第112号民事判决书。

法》为例,该法第 6 条规定:"保护消费者的合法权益是全社会的共同责任。国家鼓励、支持一切组织和个人对损害消费者合法权益的行为进行社会监督。大众传播媒介应当做好维护消费者合法权益的宣传,对损害消费者合法权益的行为进行舆论监督。"据此,生产者(销售者)在出售商品和提供服务的过程中,对个人和组织的批评、监督负有容忍义务,除非后者的言行超出了批评、监督的范围。尤其是消费者兼有弱者、受害者身份,不满情绪往往容易激化[1],有使法人负有容忍义务的必要。不过,由于立法赋予法人人格权,导致法人负有的此种容忍义务形同虚设。在司法实践中,消费者和其他主体的批评、监督行为往往被诉以侵害法人名誉权。而法院在处理此类案件时,存在两种不同的裁判尺度。

一是肯认法人的容忍义务,只要不存在诽谤、侮辱的行为,言行存在瑕疵亦不构成侵权,如在"北京广瑞食品有限公司诉北京电视台名誉权案"中,法院认为,"根据已查明的事实,被告制作播出的节目主要由事件当事人周智懿叙述事件经过、穿插画外音、采用隐性采访方法录制的与原告工作人员的交涉经过以及结束语四部分构成。其中周智懿的叙述基本是其本人真实的意思表示,而被告所添加的画外音以及结束语仅仅是被告对此事件所发表的一种评论性意见,且并不存在侮辱性的内容。而关于被告记者采取隐性采访方法获取视听资料并进行播出的行为,我国现行法律中并不存在相关的禁止性规定。综上,被告的行为并未构成对原告名誉权的侵害,原告要求被告停止侵权、赔礼道歉并消除影响、赔偿经济损失 1 元的诉讼请求,本院不予支持"[2]。

二是不考虑法人的容忍义务,只要客观上与事实有较大出入就判决构成侵权,如在"吉林富华公司诉张慧琴法人名誉权纠纷案"中,法院认为,"被告的投诉信和网上撰文宣称的原告具有黑社会性质的言词与事实严重不符,或是对原告不利且没有证据证实的事实性描述,或是对

---

[1] 参见冯小光:《侵害法人名誉权的司法认定》,载《人民司法》2009 年第 6 期。
[2] 北京市东城区人民法院(2004)东民初字第 3054 号民事判决书。

原告产品持贬义的评论性语言,均非对事实的客观性描述,构成诽谤,使原告的社会评价降低,影响了企业的社会形象,进而给其经济效益带来了负面影响,已经构成了对原告名誉权的侵害"[1]。又如,在"某纸业公司诉某旅馆业协会名誉侵权案"中,某旅馆业协会通知其会员称:据某国际组织公布的调查报告显示,某纸业公司在某省大肆砍伐天然林,严重破坏当地生态环境和生态平衡,本协会呼吁全省饭店立即行动起来,坚决抵制某纸业公司纸产品及其附属产品。本案的研讨专家认为,国际组织的调查报告不具有权威性,某旅馆业协会构成侵权。[2]

4. 与基本权利的体系矛盾

对国家机关的批评、建议、监督权,是公民的基本权利。《宪法》第41条第1款规定:"中华人民共和国公民对于任何国家机关和国家工作人员,有提出批评和建议的权利;对于任何国家机关和国家工作人员的违法失职行为,有向有关国家机关提出申诉、控告或者检举的权利,但是不得捏造或者歪曲事实进行诬告陷害。"第27条第2款规定:"一切国家机关和国家工作人员必须依靠人民的支持,经常保持同人民的密切联系,倾听人民的意见和建议,接受人民的监督,努力为人民服务。"基于公权力应受限制的宪法原理,以及批评、建议、监督权的基本权属性,国家机关应负有比其他法人更重的容忍义务。

但在实践中,由于国家机关享有人格权,国家机关的容忍义务因之被规避,公民的基本权利则因之受削减,如在"魏国平与沈阳城市管理行政执法局铁西分局名誉权纠纷案"中,魏国平因对沈阳城市管理行政执法局铁西分局工作人员执法不满,先后于网络发表《沈阳城管执法无人文关怀,拆除六一儿童节演出舞台》《沈阳城管暴力执法,拆除六一儿童节演出舞台》二文。法院判决认为:"文章中含有侮辱、贬低的文字,使公众对沈阳市城市管理行政执法局铁西分局的工作人员产生愤

---

[1] 转引自参见张红:《人格权各论》,高等教育出版社2016年版,第455页。
[2] 参见裘石:《企业法人名誉权保护专题研讨会综述》,载《法学》2005年第3期。

恨、指责的倾向,引来众多网友大量跟帖,导致沈阳市城市管理行政执法局铁西分局的社会信誉降低以及公众对其的不信任。魏国平的行为其主观过错明显,给沈阳市城市管理行政执法局铁西分局造成了严重的负面影响。故原审法院认定其构成名誉侵权并承担民事责任并无不当。"〔1〕

(二) 法人保护的体系思路

现行法对法人人格权的保护,涉及民法、竞争法、知识产权法等,是一种综合性的保护模式。即便肯定论者也承认,这一保护模式存在立法技术粗糙的问题。〔2〕 从上述体系矛盾中可知,法人保护的体系化应围绕两大关系展开:一是法人人格权与财产权之间的关系;二是法人人格权与法人容忍义务的关系。处理后者还应注意公法、私法之间的互动。由于两类关系具有内在关联,故法人保护的体系化不能孤立进行。

1. 法人保护体系应以财产权为模型

其一,从内容上看,除应由法人容忍义务调整的案型外,法人人格权保护的是财产权。正因为如此,司法机关的权威解读在区分自然人人格权与法人人格权时,也得出"后者实质上是一种无形财产权"的结论。〔3〕

其二,从性质上看,法人人格权无论存在何种特性,均应属于人格权范畴。但其救济模式的竞合矛盾,却表明其丧失了人格权的纯粹属性。何也? 民法中的竞合是请求权竞合,并不因此改变损害的属性。以加害给付为例,受害人兼有人身与财产损害,但无论提起违约之诉还是侵权之诉,财产损害还是财产损害,人身损害还是人身损害。但就法人人格权而言,若以《民法典》为依据,则为人身损害;若依《商标法》《反不正当竞争法》起诉,则成了财产损害。

---

〔1〕 辽宁省高级人民法院(2014)辽审一民申字第193号民事裁定书。
〔2〕 参见张红:《人格权各论》,高等教育出版社2016年版,第396—397页。
〔3〕 参见陈现杰:《〈关于确定民事侵权精神损害赔偿责任若干问题的解释〉的理解与适用》,载《人民司法》2001年第4期。

其三,从责任方式上看,法人权利是否存在精神损害与其权利类型(性质)的一脉相承[1],因此,要么否认法人享有人格权,拒绝精神损害赔偿和赔礼道歉等责任方式;要么肯定法人享有人格权,同时赋予其精神损害赔偿的权利,并适用人格权的所有责任方式。但从实践效果上看,除应考量法人容忍义务的案型,所谓的赔礼道歉、消除影响、恢复名誉实质上均服务于法人的财产权利,即消除对商誉的不当影响,恢复商誉的本来状态。

2. 法人容忍义务的权利意义及类型

关于法人的容忍义务及其权利意义,肯定说与否定说均未给予充分关注,但它又是法人人格权证成或证伪的关键。事实上,法人容忍义务的权利意义存在两个层次:一是对权利成立的意义,即法人容忍义务是否排除某项权利的成立;二是对权利范围的意义,即法人容忍义务是否加重了行为人主观过错、损害事实、侵权行为等要件的要求,从而限缩了法人的权利范围。就后者而言,学界与实务均有较普遍的认识,但法人容忍义务是否阻碍法人人格权成立的问题尚未引起重视。本书认为,法人的容忍义务同时具有权利成立意义,即排除法人人格权的成立。

在否认法人人格权的情形下,对法人权利的保护体系应类型化。基于法人之间、法人与自然人之间事实上的平等或不平等关系,结合宪法权利的要求和公法上的规制,本书将法人权利的保护体系分为三种类型:营利法人与商主体的权利保护、私法人与消费者/劳动者的权利保护、私法人/自然人与公法人的权利保护。

(1)营利法人与商主体。商主体遵循"市场理性",具有追逐资本、获取信息的天然冲动;其作为独立的主体,基本不受社会伦理的约束。因此,商主体有强弱之分,但并不存在结构失衡。由于商主体一直适用抽象的"理性人"形象,营业法人与商主体之间不存在特殊的容忍义务。

---

[1] 参见王冠玺:《法人精神损害赔偿请求权问题再探索——基于比较法上的观察》,载《法制与社会发展》2010年第5期。

在商法上,商主体包含商个人、商合伙和商法人(即营利法人),因此,不仅营利法人之间不存在此种义务,营利法人与其他商主体之间亦不存在此种义务。就其权利而言,所谓名称权、名誉权等本质上体现为财产利益,依知识产权法、反不正当竞争法即可获得有效救济,赋予其人格权反显画蛇添足。

(2)私法人与消费者/劳动者。生产者(销售者)、雇用者与消费者、劳动者的结构失衡,导致了他们之间事实上的不平等。为克服此种力量上的结构失衡、维系形式平等,有必要在赋予消费者、劳动者权利的同时,加重生产者(销售者)、雇用者的容忍义务。配置此种容忍义务,势必排除法人的人格权,同时建立法人权利的综合保护体系。认为非人格权不足以保护法人的非财产利益的意见,不仅是对法人容忍义务的忽视,也是对法人权利综合救济体系的无意识。考虑到私法人对消费者和劳动者的容忍义务,只要建构起综合的权利保护体系,否认其人格权并不影响其权利救济。

其一,如果生产者(销售者)、雇用者是营利法人,由于其容忍义务相对较轻,在消费者、劳动者的言行有损商誉之虞时,可提起商誉权侵权之诉。与人格权性质的名誉权之诉相比,产权性质的商誉权之诉对过错、损害的要求更为严格,更有利于保护消费者、劳动者的合法权利。一旦赋予法人人格权,则只要消费者、劳动者的言行不利于法人,法人即可提起名誉权侵权之诉,以回避自己的容忍义务。或许有人会问,既然法人可以随时提起诉讼,则以人格权之名还是财产权之名,无关法人权利宗旨。但实际上,基于人格权与财产权在过错、损害上的差别,否认法人的人格权可以使法人起诉消费者、劳动者时三思而后行,从而在权利的成立层面彰显法人的容忍义务、发挥法律的指引功能。[1]

其二,如果负担容忍义务的是非营利法人,考虑到非营利法人的公

---

[1] 诚如学者所言:"缺乏批评是上市公司丑闻层出不穷的原因之一,鼓励而不是阻吓批评,这是法官在解释法律时应当考虑的公共政策。名誉权诉讼不应当成为上市公司报复批评者的手段,鼓励和容忍批评是上市公司应当对整个社会承担的义务。"方流芳:《关于上市公司名誉权诉讼的法律思考》,载《财经》2003 年第 5 期。

益性,应课予其更重的容忍义务。与之相对应,劳动者、新闻媒体及其他社会监督者具有更大的言论自由。由于非营利法人既无商誉等财产权,又不享有法人人格权,故除非构成刑法上的诽谤罪,否则不得起诉劳动者、新闻媒体等。遗憾的是,我国《刑法》第246条虽规定了诽谤罪[1],但通说认为不适用于法人。从比较法上看,《罗马尼亚刑法典》《印度刑法典》《加拿大刑法典》《瑞士刑法典》等均规定了侮辱、诽谤法人罪;《德国刑法典》虽未作此规定,但德国学者早已提出"规定对法人侮辱之犯罪"的立法建议。[2] 本书认为,我国刑法亦应加强法人的利益保护,单独规定"诽谤法人罪",或将法人纳入《刑法》第246条的调整范围。否则,由民法越俎代庖规定法人"名誉权",既无助于法人权利的体系化,也可能损害自然人的正当权利。

值得注意的是,在"生产者/消费者、雇用者/劳动者"模式下,法人容忍义务的受益人并不限于消费者、劳动者,所有与保护消费者、劳动者相关的团体和个人均在其内。只是新闻媒体同时负有真实查证的专家义务。[3] 即便如此,"考虑到多数法人拥有绝对的财政优势,以及在司法成本增加的情况下自我保护的能力,(上述对消费者和劳动者的)保护仍然有限"[4]。

(3)公法人与私法人/自然人。公法人的公共性最强,所以容忍义务也应最重。诽谤公法人,损害的是公共机构的可信赖性等国家利益[5],此种国家利益又与公民权利(尤其是言论自由)息息相关。为保护公民的宪法权利,将公法人置于公众的监督之下,应断然否认公法人

---

[1] 《刑法》第246条第1款规定:"以暴力或者其他方法公然侮辱他人或者捏造事实诽谤他人,情节严重的,处三年以下有期徒刑、拘役、管制或者剥夺政治权利。"
[2] 参见谢望原、刘柱彬:《我国刑法应确立侮辱、诽谤法人罪》,载《中南政法学院学报》1988年第3期。
[3] 参见张红:《法人名誉权保护中的利益平衡》,载《法学家》2015年第1期。
[4] Christian List & Philip Pettit, Group Agency: the Possibility, Design, and Status of Corporate Agents, Oxford University Press 2011, p.184.
[5] 参见薛军:《法人人格权理论的展开》,载《上海财经大学学报》2011年第6期。

的人格权,并明确公法人的解释、说明义务[1];仅在公众的不当言行违反公法时,才能提起公力救济。此在比较法上也是普遍的做法。

五、结　语

21世纪的核心价值是以人为本,21世纪的民法典应具有人文关怀。若对法人与自然人的关系处理不当,民法典的这一目标就会落空。[2] 十七、十八世纪人文主义的"以人为中心",使人从与神的关系中获得解放;我国《民法典》作为21世纪的民法典,应肩负起解放人于团体的使命。赋予法人人格权,表面上保护了法人及其背后的自然人,但将自然人情感嫁接于法人的做法,违背了法人的本质与法人人格的目的,造成了自然人与法人的结构失衡,加剧了民事主体事实上的不平等,也导致了法人权利保护的体系矛盾。在人格权保护的道路上,法人就是一辆汽车,它可以代步、可以载货,但若将驾驶员的利益、情感嫁接于汽车,使之具有与行人相同的权利,则行人危矣。因为在一个"法人专横"的社会,每一个自然人都会是受害者;即便法人背后的自然人,也会受到其他法人的专横对待。因此,在解释论上,虽然《民法典》规定了法人的名称权、名誉权、荣誉权,但仍应遵循财产权的逻辑确定其法律效果。

---

[1] 相似立场参见方流芳:《关于上市公司名誉权诉讼的法律思考》,载《财经》2003年第5期。

[2] 参见李永军:《民法上的人及其理性基础》,载《法学研究》2005年第5期。

第五章　死者"人格"的本质

一、引　言

《民法典》第 994 条规定："死者的姓名、肖像、名誉、荣誉、隐私、遗体等受到侵害的,其配偶、子女、父母有权依法请求行为人承担民事责任;死者没有配偶、子女并且父母已经死亡的,其他近亲属有权依法请求行为人承担民事责任。"本条规定了遗体、死者的"姓名、肖像"以及死者的"名誉、荣誉、隐私"三类利益。其中,遗体是承载近亲属祭奠、追思利益的自然物,不适用民法物的一般规则,只是为实现遗体上的人格利益,死者近亲属可以进行占有。[1] 同时,死者不存在决定、变更姓名以及制作、公开肖像的自由,其"姓名、肖像"限于作为人格标识的姓名、肖像使用权,作为一种特殊财产权,可由死者的继承人取得。[2] 余下的"名誉、荣誉、隐私"则被认为是人格精神利益,一般所讲的死者"人格"即指此(如无特殊说明,下文的死者"人格"亦指此)。死者能否享有人

---

[1]　关于遗体的性质,学界存在物说和非物说两种意见。物说请参见梁慧星:《民法总论》(第五版),法律出版社 2017 年版,第 154 页;余能斌、涂文:《论人体器官移植的现代民法理论基础》,载《中国法学》2003 年第 6 期;申卫星:《论遗体在民法教义学体系中的地位——兼谈民法总则相关条文的立法建议》,载《法学家》2016 年第 6 期。非物说参见温世扬:《民法总则中"权利客体"的立法考量——以特别"物"为重点》,载《法学》2016 年第 4 期;张红:《侵害祭奠利益之侵权责任》,载《法学评论》2018 年第 2 期;陈国军:《死者有形人身遗存的法律属性辨析》,载《政治与法律》2015 年第 11 期。

[2]　参见房绍坤、曹相见:《标表型人格权的构造与人格权商品化批判》,载《中国社会科学》2018 年第 7 期;董炳和:《论形象权》,载《法律科学(西北政法学院学报)》1998 年第 4 期。

格(无论权利还是利益)? 如果不能,所谓的死者人格究竟是什么,其范围能否由名誉、荣誉和隐私构成?

关于死者"人格"的法律保护,我国理论与实践均存在较大的分歧。就理论而言,依是否承认死者享有身后权益的标准,可分为直接保护与间接保护两种模式。其中,直接保护模式又有身后权利保护说[1]、身后法益保护说[2]之分;间接保护模式则有公共法益保护说[3]、近亲属权利保护说[4]、人格利益继承说[5]之别。就实践而言,最高人民法院先是在"荷花女案"中采身后权利保护说[6],但在"海灯案"中又发生了转折:先是持身后权利保护立场[7],后又闭口不谈"权"字,只认为构成对死者名誉的侵害[8]。此后,《最高人民法院关于审理名誉权案件若干问题的解答》(法发[1993]15号)(已废止)、《最高人民法院关于确定民事侵权精神损害赔偿责任若干问题的解释》(法释[2001]7号)均持此立场[9],《民法

---

[1] 参见董炳和:《论死者名誉的法律保护》,载《烟台大学学报(哲学社会科学版)》1998年第2期。
[2] 参见王利明:《人格权法研究》(第二版),中国人民大学出版社2012年版,第189页;孙加锋:《依法保护死者名誉的原因及方式》,载《法律科学(西北政法学院学报)》1991年第3期。
[3] 参见张驰:《死者利益的法律保护论》,载《东方法学》2008年第3期。
[4] 主要文献参见魏振瀛:《侵害名誉权的认定》,载《中外法学》1990年第1期;张新宝:《名誉权的法律保护》,中国政法大学出版社1997年版,第36—37页;葛云松:《死者生前人格利益的民法保护》,载《比较法研究》2002年第4期。
[5] 参见麻昌华:《论死者名誉的法律保护——兼与杨立新诸先生商榷》,载《法商研究(中南政法学院学报)》1996年第6期;王利民:《论"死者人身权保护"》,载《河北法学》1998年第6期。由于该说与人格的专属性相悖,难以令人信服,故本书不作讨论。
[6] 《最高人民法院关于死亡人的名誉权应依法保护的复函》([1988]民他字第52号)指出:"吉文贞(艺名荷花女)死后,其名誉权应依法保护,其母陈秀琴亦有向人民法院提起诉讼。"
[7] 《最高人民法院关于范应莲诉敬永祥等侵害海灯法师名誉权一案有关诉讼程序问题的复函》([1990]民他字第30号)指出:"海灯死亡后,其名誉权应依法保护,作为海灯的养子,范应莲有权向人民法院提起诉讼。"
[8] 《最高人民法院关于范应莲诉敬永祥侵害海灯名誉一案如何处理的复函》([1992]民他字第23号)指出:"敬永祥在《金岛》《报告文学》上刊登的文章和在四川省民法、经济法学会上的发言基本内容失实,贬低了海灯的人格,已构成对海灯名誉的侵害。"
[9] 《解答》第五项规定:"死者名誉受到损害的,其近亲属有权向人民法院起诉。"《解释》第三条规定:"自然人死亡后,其近亲属因下列侵权行为遭受精神痛苦,向人民法院起诉请求赔偿精神损害的,人民法院应当依法予以受理:(一)以侮辱、诽谤、贬损、丑化或者违反社会公共利益、社会公德的其他方式,侵害死者姓名、肖像、名誉、荣誉;(二)非法披露、利用死者隐私,或者以违反社会公共利益、社会公德的其他方式侵害死者隐私……"

典》也沿袭了这一立法思路。

不唯如此,《民法典》还从公共利益角度提出了新问题。其第185条规定:"侵害英雄烈士等的姓名、肖像、名誉、荣誉,损害社会公共利益的,应当承担民事责任。"虽然《英雄烈士保护法》将保护主体限定为近代以来逝去的英雄烈士[1],但如何理解本条的"损害社会公共利益"仍是个难题,此又涉及两个方面:一是损害公共利益是否具备责任构成的意义。对此,有学者持肯定立场,认为侵害英雄烈士人格利益未损害社会公共利益的,应按照一般死者人格利益规则处理。[2] 但更多学者否认其具有责任构成意义,认为只是为公益诉讼的介入提供了依据。[3] 二是英雄烈士具有公共利益是否有悖于平等原则。其一,英雄烈士能否永远受保护?近代以前的仁人志士能否同其待遇?若不能,不但与公共利益的恒久性相悖,亦将造成英雄烈士的不平等。其二,公共利益的界定是否存在确定标准?如果说英雄烈士具有公共利益,历史人物、劳动模范等就不具有公共利益吗?其与一般公众的实质区别在哪里?

鉴于理论、实践长期的争论不休,在解释《民法典》第994条时,应进一步追问死者"人格"的规范本质。而侵害死者"人格"的法律救济也离不开体系化思考,尤其要打通一般死者保护与英雄烈士保护的任督二脉。同时,死者"人格"保护事关每一个人,古今中外概莫能外,为此,比较法不可不察。有鉴于此,本章首先考察死者"人格"保护的比较法做法,尔后分析权利(能力)的生死机理,进而讨论死者"人格"的利

---

[1] 《英雄烈士保护法》第2条第2款规定:"近代以来,为了争取民族独立和人民解放,实现国家富强和人民幸福,促进世界和平和人类进步而毕生奋斗、英勇献身的英雄烈士,功勋彪炳史册,精神永垂不朽。"

[2] 参见刘颖:《〈民法总则〉中英雄烈士条款的解释论研究》,载《法律科学(西北政法大学学报)》2018年第2期;王叶刚:《论侵害英雄烈士等人格权益的民事责任——以〈民法总则〉第185条为中心》,载《中国人民大学学报》2017年第4期。

[3] 参见陈甦主编:《民法总则评注》(下册),法律出版社2017年版,第1325页。另请参见王利明主编:《中华人民共和国民法总则详解》(下册),中国法制出版社2017年版,第857—858页;张新宝:《〈中华人民共和国民法总则〉释义》,中国人民大学出版社2017年版,第402—403页;房绍坤:《英雄烈士人格利益不容侵害》,载《检察日报》2017年4月25日,第3版。

益结构及请求权基础。需要说明的是,本书使用了"死者'人格'"的修辞,意在彰显本书所持的特殊立场,以与一般意义上的"死者人格"相区别。

二、比较法上的观察

关于死者"人格"的法律保护,在比较法上也颇具争议性。虽然英美法和德国法的做法相对典型,但其内部也并非铁板一块,而是存在直接保护说与间接保护说的交错。其他法域更是缺乏统一立场。

(一)英美法

遵循罗马法上"对人之诉终于死亡"的法则,普通法对死者"人格"的保护最为严格。在英美法上,名誉权、隐私权被认为是专属权。因此,对死者的书面诽谤或口头诽谤,遗嘱执行人无法提起侵权之诉;医疗隐私权受死亡侵蚀,家属得以获得死者医疗敏感信息。只有在侵害死者名誉、隐私的同时,也侵害了遗属自身的名誉、隐私时,才属于例外。[1] 所以,《美国侵权行为法重述(第二次)》第560条规定:"发表关于死者的诽谤事项,无须对其遗产、子孙或其他亲友负责。"英国法律亦采相同立场。[2] 当然,美国法在死者"人格"保护上的空白,不仅与英国"死者听不到"的理念有关,也与言论自由在美国享有的地位有关。[3] 不过,基于"对死者恶意诽谤是对整个社会公序良俗的违背"的理念,英美法国家往往通过刑法来规范死者"人格"的侵权行为。[4]

---

[1] 参见[日]五十岚清:《人格权法》,[日]铃木贤、葛敏译,北京大学出版社2009年版,第29页;[美]柯尔斯登·R.斯莫伦斯基:《死者的权利》,张平华、曹相见译,载《法学论坛》2014年第1期。

[2] 参见翁静晶:《论中国死者名誉保护》,中国政法大学2006年博士学位论文,第63页。

[3] See Hannes Rosler, Dignitarian Posthumous Personality Rights—An Analysis of U. S. and German Constitutional and Tort Law, 26 Berkeley Journal of International Law 188(2008).

[4] 参见张善斌:《死者人格利益保护的理论基础和立法选择》,载《江汉论坛》2016年第12期。

有学者对此评论道:仅仅把真理的发现留给思想是不够的。实际上,保护某些言论自由的对立价值,可以捍卫和促进言论自由。由于死者无法言说,因此,法院必须代表死者介入到其保护之中。只有这样,才能实现机会平等原则。这也可以用来解释为什么政治家和经常接触公众的人应该获得比其他人更少的保护:因为他们可以自卫。传统的"死者听不到"理念与诽谤法之间也缺乏一致性。[1] 还有学者从权利的利益论出发,认为某些利益能在死后继续存在,所以死者也能成为权利主体。这是许多判决和立法使用"权利"一词的原因。依其主张,死者权利并非没有限制,而是存在特定边界。自主原则在死者权利的赋予中扮演了关键角色,当法院承认死者的某项自主权时,也就把某种身后利益承认为权利。但法律赋予死者权利应依次考量不可能性、权利重要性、权利时间点以及生者、死者的利益冲突问题。[2]

(二)德国法

德国法上关于死者"人格"的保护问题,最早由 1899 年的俾斯麦遗容偷拍案引出,但帝国法院的判决回避了死者"人格"保护问题。在 1954 年的科西马·瓦格纳案中,联邦法院肯定了死者的"人格",认为权利能力因主体死亡而消灭,但人格应受保护的价值继续存在。在 1968 年的摩菲斯特案中,联邦法院重申科西马·瓦格纳案的旨趣,并强调"本案所涉及的人格法益在权利主体死亡之后仍受保护,否则基本法的价值判断将难充分实现","本院确信,当个人能够信赖其生活形象于死亡后仍受保护,不被重大侵害,并在此种期待中生活,宪法所保障之人的尊严及个人在生存期间的自由发展始能获得充分保障"[3]。原告提起宪法诉讼后,联邦宪法法院虽未质疑联邦法院判决的合宪性,但强

---

[1] See Hannes Rösler, Dignitarian Posthumous Personality Rights—An Analysis of U. S. and German Constitutional and Tort Law, 26 Berkeley Journal of International Law 188-189, 204 (2008).

[2] 〔美〕柯尔斯登·R. 斯莫伦斯基:《死者的权利》,张平华、曹相见译,载《法学论坛》2014 年第 1 期。

[3] 转引自王泽鉴:《人格权法》,北京大学出版社 2013 年版,第 286 页。

调此项保护的依据在于《基本法》第 1 条规定的人之尊严不可侵犯,因为《基本法》第 2 条第 1 项规定的人格自由发展系以生存者为限,人死亡后此项权利即行消灭。[1]

关于审判实践的上述做法,德国学者存在不同立场。一种意见肯定人死之后人格权继续存在,即死者"人格"直接保护模式,如梅迪库斯、布洛克斯等认为,与财产权不同,某些非财产权可在特定情况下超越死亡发生效力。[2] 科勒反对俾斯麦遗容偷拍案判决,其谓:人死之后人格权仍以余存方式继续存在,应受法律保护并由遗族代为行使。因此,拍摄遗容侵害了死者的人格权。依王泽鉴先生的考察,此种见解在学说上获得广泛赞同。[3] 为克服直接保护模式与权利能力制度的紧张关系,德国学界提出两种具体的解决方案:一是把身后人格权作为没有主体的权利;二是认为死者在人格权领域享有部分权利能力。显然,没有主体的权利对于民法体系来说十分陌生,因而无主体权利说难获认可。另一种意见得益于德国权利能力理论的发展——在传统的一般权利能力之外,发展出了权利能力相对理论——死者部分权利能力说遂成为身后人格直接保护的理论基础。[4]

然则,上述死者人格直接保护的理论可能面临双重诘难:其不仅在理论上难以自圆其说(后文再叙),也与法院判决的说理不一致,因为各级法院均明确否认权利能力可于死后继续存在。为此,对审判实践作谨慎的解读就是必要的。例如,施瓦布就注意到了联邦宪法法院的不同看法:"要求自由发展人格的权利以及由此推导出的一般人格权随权利人的死亡而消灭,而由《基本法》第 1 条第 1 款得出的国家义务,即使在死亡之后仍然对人加以保护,保护人的尊严不受诸如贬低、侮辱、迫

---

[1] 参见王泽鉴:《人格权法》,北京大学出版社 2013 年版,第 287 页。
[2] 参见〔德〕迪特尔·梅迪库斯:《德国民法总论》,邵建东译,法律出版社 2000 年版,第 788 页;〔德〕汉斯·布洛克斯、〔德〕沃尔夫·迪特里希·瓦尔克:《德国民法总论(第 33 版)》,张艳译,杨大可校,中国人民大学出版社 2014 年版,第 298 页。
[3] 参见王泽鉴:《人格权法》,北京大学出版社 2013 年版,第 274 页。
[4] 参见刘召成:《死者人格保护的比较与选择:直接保护理论的确立》,载《河北法学》2013 年第 10 期。

害和排斥这类行为的侵犯。"[1]这实际上否认人格权可于死后继续存在,因此属于间接保护模式。

就死者"人格"的间接保护而言,拉伦茨和吕斯特可谓典型代表。拉伦茨说:"联邦最高法院解释说,人的权利能力消灭后,其人格仍有保护的价值;不过,对死者进行贬低或歪曲性描述,是出于对死者的尊重……这种做法并不是与人的权利能力因死亡而消灭的原则相背离,也不是说与人密切相关的一般人格权可以转让或者继承。亲属在这里行使的是自己的权利,授予他们权利既是为了死者的利益,又是为了他们自己的利益。"[2]吕斯特亦谓:"随着一个人的死亡,对非财产性权利,如人格权的权利主体身份自然也同时消灭。然而这些权利在某种程度上,在一个人死后仍受到保护,这是出于尊重死者尊严的一般法律义务的考虑。"[3]

(三)其他国家法

1. 法国法

法国法不承认死者"人格"的直接保护,而是通过救济死者亲属来实现间接保护。虽然不存在明确的理论构造,但法国学界的权威意见认为,权利随着主体的死亡而自动消灭,但遗属基于对死者追忆、思念所享有的利益则受法律保护,死者的名誉只是在判断遗属利益是否受侵害时才有意义[4],如在 Rachel 案中,法院认为:"在未经其他家庭成员明确同意的情况下,任何人不能拍摄死者遗容并公开,无论她(他)生前多么出名,或经常出现在公众视线下。(遗属)禁止拍照的权利契合了家庭成员的苦痛要求,因而是绝对的、不应被忽视,否则就侵害了(遗

---

[1] 参见[德]迪特尔·施瓦布:《民法导论》,郑冲译,法律出版社 2006 年版,第 93—94 页。
[2] [德]卡尔·拉伦茨:《德国民法通论》(上册),王晓晔、邵建东、程建英等译,法律出版社 2003 年版,第 172—173 页。
[3] [德]本德·吕斯特、[德]阿斯特丽德·斯塔得勒:《德国民法总论(第 18 版)》,于馨淼、张姝译,法律出版社 2017 年版,第 114 页。
[4] 参见[日]五十岚清:《人格权法》,[日]铃木贤、葛敏译,北京大学出版社 2009 年版,第 30 页。

属对死者的)亲密、尊敬感情。"[1]但法国学者Roguin认为,人格权存在有存续期和无存续期的不同类型,有存续期的人格权建立在人的身体特征基础上,随身体的消灭而消亡;无存在期的人格权建立在人的道德特征基础上,所以并不会随着死亡而消失,如名誉权。[2]

2. 日本法

依五十岚清的考察,除了刑法的规制,日本法律对死者人格的保护仅体现在《著作权法》中。该法第60条规定:"将作品提供或展示给社会时,即使在该作品的作者死亡之后,应把作者仍看作生存在世,对作者构成侵害人格权的行为予以禁止。"[3]对此,有学者指出,日本《著作权法》之所以如此规定,主要出于在作者死后继续保护其作品的必要性,并不以作者人格权在作者死后继续存在为前提。因此,日本法律没有直接承认死者人格权。[4]但在学理上,日本学界仍形成了间接保护和直接保护两种学说:前者认为,在考量死者人格的保护时,不是死者的人格权受到了侵害,而是遗属的人格权受到了侵害;后者认为,出于对人格权完整保护的考量,死者亦应享有人格权。[5]受比较法上学说与判例的影响,五十岚清、安次富哲雄等持直接保护说,但司法裁判多以"缺乏现行法上的依据"为由予以否认。[6]

值得注意的是,从法条表达上看,不少国家的民法典采纳了死者"权利"直接保护模式。例如,《捷克斯洛伐克民法典》第15条规定:"公民死亡后,其配偶和子女得以请求保护他的人身权利,没有配偶和子女的,请求权属于父母。"《葡萄牙民法典》第71条第1款也规定:"人

---

[1] 参见王泽鉴:《人格权法》,北京大学出版社2013年版,第274页。
[2] 参见张民安:《法国人格权法》(上),清华大学出版社2016年版,第300页。
[3] [日]五十岚清:《人格权法》,[日]铃木贤、葛敏译,北京大学出版社2009年版,第30—31页。
[4] 参见张善斌:《死者人格利益保护的理论基础和立法选择》,载《江汉论坛》2016年第12期。
[5] 同上注。
[6] 同注[3],第32—33页。

格权在权利人死亡后亦受保护。"[1]《埃塞俄比亚民法典》第30条第1款规定:"当其肖像被展览或售卖的人已死亡或处于不能表达意志的状态时,如果该展览或售卖行为在性质上会导致对死者荣誉与名声的损害,则第二十九条规定的权利将授予死者亲属。"[2]另有一些国家的民法典虽未使用权利的术语,但也未否认死者人格利益的继续存在。例如,《俄罗斯联邦民法典》第152条第1款规定:"公民有权通过法院要求对损害其名誉、尊严或商业信誉的信息进行辟谣,除非传播这种信息的人能证明它们属实。根据利害关系人的要求,也允许在公民死后保护其名誉和尊严。"[3]

三、民事权利的生死机理

权利能力始于出生、终于死亡,这是民法的一般法理。但即便如此,比较法上关于死者"人格"保护的理论与实践还是交错的,与我国20世纪80年代后期以来的情况如出一辙。那么,民事权利的生死界限在哪,如何解释那些所谓的例外?

(一) 权利能力的存亡法则

权利能力的本质是什么? 它是具有自己的内在规定性,还是可以由政策作出改变? 对此学界存在两种不同意见。一种意见认为,权利能力的赋予是立法者根据统治利益和意志来确定的。换言之,权利能力的确定由统治阶级的意志所决定,并随着社会进步、文明提高而变化和改进;可以剥夺和限制。[4] 另一种意见认为,主体是意志的载体,必

---

[1] 《葡萄牙民法典》,唐晓晴、曹锦俊、关冠雄等译,北京大学出版社2009年版,第18页。
[2] 《埃塞俄比亚民法典》,薛军译,厦门大学出版社2013年版,第6页。
[3] 《俄罗斯联邦民法典》,黄道秀译,北京大学出版社2007年版,第93—94页。
[4] 参见王利明主编:《人格权法新论》,吉林人民出版社1994年版,第441—442页;民兵:《民事主体制度若干问题的探讨》,载《中南政法学院学报》1992年第1期。

须包括意志及其载体两部分。权利能力作为主体资格,其期限规定有自己的法理根据,不能随意为之。依其主张,"意志的存在是享有权利和承担义务的共同资格。权利资格就是义务资格。主体表现为权利义务的载体,实质上是意志的载体。主体的本质是意志,主体资格就是意志资格。主体由意志和载体两部分组成。主体的意志是主体的精神部分,无形部分;意志的载体是主体的物质部分,有形部分"[1]。

本书认为,第二种意见具有合理性。第一种意见,实为对胎儿利益、著作"人身权"保护的推论[2],但这很可能是一种误判(后文再叙)。事实上,权利能力作为形容主体的伦理概念[3],必然以具有自由意志为前提,而意志亦有其载体或称皈依:在自然人为生命、在团体为组织机构。为体现人的目的性,虽然人的意志可能存在欠缺,但法律仍将每个自然人视为理性人,只是辅之以行为能力制度,以补足胎儿、未成年人的意志欠缺问题。因此,具有生命的存在是法律主体和权利能力的内在规定性。死者没有生命,没有权利能力,不是法律主体,自然无法获得权利。

在德国法上,虽然《民法典》没有明确权利能力终于死亡,但一般认为,该结论可从《民法典》第1922条第1款推导出来。[4] 就实践而言,如前所述,即便认为死者人格继续作用的判决,也不承认权利能力于主体死后继续存在。有趣的是,德国学界在解释胎儿利益保护、无权

---

[1] 参见李锡鹤:《论保护死者人身遗存的法理根据》,载《华东政法学院学报》1999年第2期。

[2] "我国著作权法关于作者死后其著作权利的保护期限的规定,继承法关于胎儿权益的保护性规定,如果单纯从民法学理论上讲,与民法通则关于权利能力的一般性规定是相矛盾的。而立法者又偏偏做出了这相互矛盾的规定。这只能说明权利和权利能力是可以由立法者根据社会利益的需要而进行调整的。所以,如果立法者在民法通则修正案或未来的民法典中直接规定死者享有名誉权,是可行的。"参见王利明主编:《人格权法新论》,吉林人民出版社1994年版,第441—442页。

[3] "法律赋予自然人主体资格,使之具有权利能力,原因在于每个人本质上是一个伦理意义上的人。"张驰:《死者利益的法律保护论》,载《东方法学》2008年第3期。

[4] 参见〔德〕卡尔·拉伦茨:《德国民法通论》(上册),王晓晔、邵建东、程建英等译,法律出版社2003年版,第124页;〔德〕迪特尔·梅迪库斯:《德国民法总论》,邵建东译,法律出版社2000年版,第788页。

利能力社团时,出现了"有限权利能力"或"部分权利能力"的说法。对此,我国学者杨代雄教授认为,限制权利能力在国外民法理论上并非新鲜概念,既然行为能力有完全与限制之分,权利能力为什么就不能作同样处理?[1] 更有学者提出全面的"准人格"概念,用以处理胎儿利益保护、合伙法律地位以及死者人格保护等问题。[2] 本书认为,这种主张实值推敲:权利能力纯属价值判断,有其内在规定性,行为能力则兼有事实属性,政策性意味浓重,因此,后者可以存在不同类型,但前者只能"非有即无",不应存在部分、限制之说。德国学界的此种说法,有其特定的法制背景,其中不乏误解(后文再叙),且从未运用于死者"人格"保护领域。

还有人认为,权利能力消灭与权利消灭是两个不同问题,权利能力随着人的死亡而消灭,但某些人身权利仍继续受到保护。[3] 此即权利(利益)与权利能力分离说,也是德国联邦法院在科西马案、摩菲斯特案中的立场。20世纪90年代以来,此观点在我国学界也很有市场,并有权利分离论[4]和利益分离论[5]之分。还有学者从人格形态角度进行论证:"人格的静态方面主要包括姓名、肖像、名誉和隐私……其存在不依赖于生命,因而相关主体的生命存在可能会消灭,但是这些已经外在

---

[1] 参见杨代雄:《出生前生命体的民法保护——以"限制权利能力"为基点》,载《东方法学》2013年第3期。

[2] 依其主张,所谓准人格,系具有部分民法人格要素的人或组织的人格状态,其欠缺规范化的意志能力,具有部分人格要素,权利能力因未获法律规定而具有开放特征。参见杨立新:《〈民法总则〉中部分民事权利能力的概念界定及理论基础》,载《法学》2017年第5期;刘召成:《准人格研究》,法律出版社2012年版,第29页。

[3] 参见佟柔主编:《中国民法学·民法总则》,中国人民公安大学出版社1990年版,第98页;龙卫球:《民法基础与超越》,北京大学出版社2010年版,第194页。

[4] "权利能力消灭和权利消灭是两码事,自然人死亡了,死者至此再不能取得权利、承担义务,死者生前所获得的不随自然人死亡而消灭的权利却并不消灭……"参见代瑞:《死者生前人格利益民法保护新探》,载《法学杂志》2009年第2期。关于权利分离论,另请参见王琦:《关于确立保护"死者名誉"之理论基础的再思考》,载《上海交通大学学报(社会科学版)》2001年第3期。

[5] 王利明教授认为:"在自然人死亡以后,尽管其不再享有任何权利,其名誉、肖像等人格权也不复存在,但其人格利益并不因死亡而消灭。"参见王利明:《人格权法研究》(第二版),中国人民大学出版社2012年版,第189页。

化的人格利益能够在一段时间内继续存在并使得人格的个性在社会中继续得到强调和表现。"[1]

值得注意的是,权利(利益)与权利能力分离说在德国主要是联邦法院的见解,在我国也只是对裁判经验和早期司法解释的总结。[2] 这表明,权利(利益)与权利能力分离说欠缺坚实的理论基础。事实上,所谓权利能力即享有权利、承担义务的资格,这就意味着有权利能力,才可能具有某项权利;没有权利能力,就不可能享有任何权利。反过来说,如果某个主体享有某项权利,必然意味着其具备权利能力。[3] 因此,认为民事权利和民事权利能力可以分离的主张是站不住脚的。在这一点上,利益分离论不应有任何区别对待,因为利益若脱离特定的主体,就不再是民法保护的个人利益,而只能是受公法规制、作为私权限制的公共利益,或不受保护的反射利益。不能因为利益与权利不同,而认为死者可享有人格利益或者人格利益可继承。

或有人问,权利本质的利益论不可以说明权利(利益)与权利能力的分离吗?前文述及,有美国学者从利益论出发,认为死者也能成为权利主体。确实,关于权利的本质,意志说、利益说和法力说成三足鼎立之势。在法理学界,利益说又是学界的主流观点。[4] 但本书认为,这种观点似是而非:一是关于权利的本质,存在事实与规范的双重属性,利益说也好,意志说也罢,均系对权利事实性的描述,反而是法力说兼顾了权利的二象性。[5] 以利益说来回避意志说对主体的依赖,不过是

---

[1] 刘召成:《死者人格保护的比较与选择:直接保护理论的确立》,载《河北法学》2013年第10期。关于利益分离论,另请参见刘国涛:《死者生前人格利益民法保护的法理基础——读〈死者生前人格利益的民法保护〉后的再思考》,载《比较法研究》2004年第4期。
[2] 参见于德香:《析民事权利和民事权利能力可以适当分离》,载《政治与法律》1992年第2期。
[3] 作为个人利益的名誉不能脱离主体而空洞地存在,无论是死者人格权还是死者人格利益,都缺少承载主体。参见蔡曦蕾:《论毁誉犯罪的特殊对象——从死者和官员名誉保护视角的分析》,载《环球法律评论》2016年第3期;张善斌:《死者人格利益保护的理论基础和立法选择》,载《江汉论坛》2016年第12期。
[4] 参见于柏华:《权利认定的利益判准》,载《法学家》2017年第6期。
[5] 参见曹相见:《权利客体的概念构造与理论统一》,载《法学论坛》2017年第5期。

一个精致的概念游戏,并未真正解决问题。二是关于权利本质的讨论,不应忽视这样一个前提,即法律对权利和利益的保护,实是为了保护背后的主体;若主体无保护的必要,又何须创设权利或法益?

(二)胎儿保护的民法机理

胎儿尚未脱离母体,不是民法上的主体,但对胎儿利益进行保护,也是比较法上的通行做法,虽然存在总括主义和个别主义之分。有学者就此主张,适度参照胎儿保护做法,规定死者享有准名誉权。[1]但这显然是对胎儿保护机理的误读。关于胎儿保护的法理基础,有三种不同的学说:一是延伸保护说,认为人在出生前和死亡后仍享有人格利益,法律对人的保护应延伸至其诞生前和消灭后。[2] 二是权利能力说,主张受法律保护者,以具有权利能力为前提,因此胎儿自受侵害或受孕时具有(部分)权利能力。[3] 三是特别拟制说,认为胎儿非权利主体,本不具有权利能力,但为未来生活计,当其出生为活体时,有特殊保护之必要,故视为具有权利能力。本书赞同特别拟制说。

延伸保护说看到了胎儿保护的必要性,但未对胎儿保护的机理进行分析,等于未有说明;以胎儿保护类推死者"人格"保护,也忽视了二者的内在区别,难免过于武断。权利能力说主要为德国学者主张,但也基本上是一种失败的理论。认为胎儿自受侵害时具有权利能力的意见,表面上是把权利能力作为胎儿保护的合理性基础,但实质上仍系将胎儿保护的合理性诉诸政策判断,因为是否受侵害的判断标准,与权利能力的价值属性相悖。但认为权利能力始于受孕的观点却有其自然法依据:受孕是人类新生命的开始,胚胎意味着人即将形成,养育胚胎如同哺乳婴儿一样,都是不完全的人的成长。因此,依照自然法,人的权

---

[1] 参见孙加锋:《依法保护死者名誉的原因及方式》,载《法律科学(西北政法学院学报)》1991年第3期。
[2] 参见杨立新:《人格权法》,法律出版社2011年版,第181页。
[3] 转引自〔德〕卡尔·拉伦茨:《德国民法通论》(上册),王晓晔、邵建东、程建英等译,法律出版社2003年版,第124、127页。

利能力始于受孕,亦不取决于其是否活着出生,权利能力始于出生的规定反而违反了自然法。[1]

但从自然法角度来论证权利能力始于受孕也难以令人信服。首先,权利能力作为一个伦理概念,既体现了要求他人尊重的权利,也包含了尊重他人的内容。但胎儿尚未与母体分离,其作为母体的一部分,不存在独立的伦理需求。所以,施瓦布说:"对第一条(关于权利能力)的规定具有决定性意义的观念是,还未出生的子女由于其身体尚与母亲相连,所以还不能作为完全独立的生命存在,因此也就不能作为独立的权利主体参与法律往来。"[2]其次,权利能力概念的要义,不仅是生命,还在于意志。"人的器官也许是从受孕之后开始发育,然而人的'人格'的发展开端,即意识、自我意识、意志和理智的开端只是其出生的时刻才予以确定。"[3]最后,认为权利能力始于受孕将颠覆现行法秩序。一是权利能力始于受孕意味着胎儿已是法律主体,那么一切事后避孕、堕胎行为都是违法的。但即便在最前沿的立法,也只是禁止堕胎,而不禁止避孕。二是若权利能力始于受孕,则所有胎儿应获同等对待,但各国法却只保护活着出生的胎儿。或有人以"附条件民事行为"来解释,但附条件民事行为不过是对意思表示效力的说明,无法解决作为前提的权利能力的问题:谁有权为权利能力附条件,附条件的权利能力还是权利能力吗?三是若胎儿具有权利能力,将使生者权利受到死者的严重威胁,不仅在继承、行为自由方面如此,在其他依身份取得的权利上也不例外,如农村土地权利、集体财产分配权等。

正因为如此,梅迪库斯认为:"无论如何,我们不能从权利能力产生于自然法的观点中,推导出这样的结论:权利能力必须始于出生完成之前。因为即便是某种自然法,也很难说明,一个尚未出生的人为何就必须成为权利义务的载体,毋宁是民法典在一定程度上考虑到对胎儿的

---

[1] 转引自[德]卡尔·拉伦茨:《德国民法通论》(上册),王晓晔、邵建东、程建英等译,法律出版社2003年版,第124页。
[2] [德]迪特尔·施瓦布:《民法导论》,郑冲译,法律出版社2006年版,第90页。
[3] 同注[1]。

保护。"[1]拉伦茨更是认为:"究竟什么时候是'人的生命'的开始,从什么时候起可以受到法律的保护,这是与什么时候人就具有权利能力完全无关的另一个问题。"[2]因此,正确的看法毋宁是,胎儿不具有权利能力,但由于其已处于生命的孕育阶段,为其出生后的生活计,可使其在活体出生时受有利益,并在具有权利能力后行使权利。但即便如此,对胎儿利益的保护也不是所谓的延伸保护,它本身就是保护生者的权益。[3]

此外,在德国,也有学者用限制权利能力或部分权利能力作为胎儿保护的法理基础,但所谓的限制权利能力或部分权利能力不仅与权利能力的价值属性相悖,该概念的提出即存在多重误解。

一个原因是与权利能力的概念相关。德国学者法布里秋斯认为,应从行为能力中派生出权利能力的概念。依其主张,权利能力应指从事法律上有效行为的能力。由于出生未久的孩子不能自行实施法律行为,因此可通过传达人、代理人以及机关从事行为。赫尔德认为,如果一个人不能行使权利,并就权利的客体实现自己的意愿,这样的人就不应当享有权利。[4]对此,拉伦茨正确地评价道,用传达、代理和机关方面的问题来增加权利能力定义的负担,很难说是一种妥当的做法。梅迪库斯也坚称,这种权利能力相对化的做法有害无益,应当坚持权利能力的传统定义。[5]事实上,说一个人有权利,只是他在法律上可得到或应当得到某种东西。无行为能力人也应当被尊重和不受侵犯。同样,他也有权

---

[1] 〔德〕迪特尔·梅迪库斯:《德国民法总论》,邵建东译,法律出版社2000年版,第784页。

[2] 〔德〕卡尔·拉伦茨:《德国民法通论》(上册),王晓晔、邵建东、程建英等译,法律出版社2003年版,第127—128页。

[3] 参见张善斌:《死者人格利益保护的理论基础和立法选择》,载《江汉论坛》2016年第12期。

[4] 转引自〔德〕迪特尔·梅迪库斯:《德国民法总论》,邵建东译,法律出版社2000年版,第781页;〔德〕卡尔·拉伦茨:《德国民法通论》(上册),王晓晔、邵建东等译,法律出版社2003年版,第122—123页。

[5] 参见〔德〕迪特尔·梅迪库斯:《德国民法总论》,邵建东译,法律出版社2000年版,第781页。

利取得别人的给付,由此得到他应当得到的东西。[1] 因此,权利能力是不能相对化的,所谓权利能力相对化是对权利能力和行为能力的混淆。[2]

另一个原因则跟民事合伙、无权利能力社团相关。在德国法上,最初,民事合伙不取得权利能力,学界对此长期持批评态度。后来,实践与理论逐步承认了合伙的权利能力。[3] 无权利能力社团也基本如此。在19世纪末,立法者认为以政治、宗教或社会为宗旨的社团有害于公共利益[4],所以要求其进行登记,否则适用民事合伙不具有权利能力的规定。但这一立法并未达到预期:许多追求特殊目的的社团宁愿舍弃权利能力也不愿进行登记,而它们即便采用无权利能力社团形式也足以丰衣足食。[5] 在结构上,无权利能力社团也更近似于有权利能力社团,而不是民事合伙[6],其在很多方面也得到了类似于有权利能力社团的对待。为了避免发生与事实抵触的结果,理论与实务寻找过"各种各样的有些甚至是令人感到怀疑的"解决办法[7],部分权利能力说为其努力之一。但实际上,这一理论没有必要也令人怀疑,因为"人合团体的权利能力仅仅只是一种技术上的归责工具而已"。[8] 所以有学者认为,与其说它们是无权利能力社团,不如说是未登记社团。[9]

---

[1] 参见[德]卡尔·拉伦茨:《德国民法通论》(上册),王晓晔、邵建东、程建英等译,法律出版社2003年版,第122—123页。
[2] 参见郑晓剑:《权利能力相对性理论之质疑》,载《法学家》2019年第6期,第60页。
[3] 参见[德]迪特尔·施瓦布:《民法导论》,郑冲译,法律出版社2006年版,第106、110页。
[4] 参见[德]迪特尔·梅迪库斯:《德国民法总论》,邵建东译,法律出版社2000年版,第853—854页。
[5] 因为社团章程可以取代合伙法的规定,为社团设置一个法人性质的规范基础,此外,还有一些富有想象力的辅助手段来弥补缺乏权利能力之不足。参见上注,第854页。
[6] 参见[德]卡尔·拉伦茨:《德国民法通论》(上册),王晓晔、邵建东、程建英等译,法律出版社2003年版,第236页;[德]汉斯·布洛克斯、[德]沃尔夫·迪特里希·瓦尔克:《德国民法总论(第33版)》,张艳译,中国人民大学出版社2014年版,第312页。
[7] 参见[德]卡尔·拉伦茨:《德国民法通论》(上册),王晓晔、邵建东、程建英等译,法律出版社2003年版,第237页。
[8] 同注[3],第112页。
[9] 参见[德]汉斯·布洛克斯、[德]沃尔夫·迪特里希·瓦尔克:《德国民法总论(第33版)》,张艳译,中国人民大学出版社2014年版,第314页。

(三) 著作人格权批判

著作人格权是各国著作权法和知识产权公约普遍承认的权利,也是许多人相信权利能力存亡法则存在例外的理由。[1] 例如,我国《著作权法》(2020修订)第10条规定:"著作权包括下列人身权和财产权……"有学者就此认为,"作者的著作人身权在作者死亡之后能够仍然存在,并受法律保护(有限期的或无限期的),说明了一个确凿的事实:作者的著作人身权在作者的民事权利能力终止之后依然存在。这一点,就是连主张公民死亡之后没有资格享受权利、不能有受法律保护的权利的学者也不得不承认"[2]。著作权也因此被称为"鬼学"。正是因为著作人格权的存在,人们普遍认为,著作权具有"人格—财产"一体性。当然,人们对著作人格权的这一认识,与"作品体现人格"的美学思潮紧密关联,而后者亦有其哲学渊源。例如,黑格尔就认为,作品"不是首先就是一种直接的东西,而是通过精神的中介才变成直接性的东西,精神把它内在的东西落实为直接性和外在性的东西"[3]。

然则,所谓的著作人格权在法律上根本站不住脚:作品虽然经由作者劳动而形成,凝结了作者的智慧和思想,但劳动过程并不影响权利对象的性质。[4] 例如,白布经泼墨而成名画,布和墨并不因渗入劳动而成为人格。反过来也可以说,权利对象具有确定性,不评价其如何形成。例如,所有权的对象为物,物的形成会影响其权利归属,但却不属于所有权对象的内容。[5] 正是在这个意义上,我们可以说,"作品体现人格"是对"作品源自人格"的误读,作品与人格截然

---

[1] 参见王坤:《著作人格权制度的反思与重构》,载《法律科学(西北政法大学学报)》2010年第6期。

[2] 董炳和:《论死者名誉的法律保护》,载《烟台大学学报(哲学社会科学版)》1998年第2期。

[3] [德]黑格尔:《黑格尔著作集第7卷·法哲学原理》,邓安庆译,人民出版社2016年版,第94—95页。

[4] 参见李琛:《质疑知识产权之"人格财产一体性"》,载《中国社会科学》2004年第2期。

[5] 参见房绍坤、曹相见:《标表型人格权的构造与人格权商品化批判》,载《中国社会科学》2018年第7期。

二物。[1] 在谈到隐私权与版权时,沃伦和布兰代斯也认为:"个人被赋予决定其成果是否公之于众的权利……这种权利完全独立于被表达的思想、知觉的物质载体或表达方式。它独立于任何的物质存在,如说出来的话、唱出来的歌、表演形成的戏剧。"[2]

如果著作人格权在法律上不成立,那么所谓的发表权、署名权、修改权、维护作品完整权又是一项什么权利呢?发表权是作品利用的表现,与复制、发行、改编等行为并无不同。[3] 作品发表无论是商业目的还是传播目的,均不影响作品的财产属性。修改权也是财产权行使的体现,好比所有权人对自己的物享有变更的自由一样。需要说明的是署名权和维护作品完整权。一种流行的意见认为,凡是未经同意使用他人姓名均属姓名权侵权,如冒用他人姓名到银行贷款、冒用他人姓名上学等;反过来说,使用自己的姓名则是姓名权行使的体现,因此在作品上署名自然就属于人格权。但这不过是一种误解。姓名、肖像等人格标识具有他为性,姓名起了就是给他人叫的,因此,只要不干涉他人取名、更名的自由,不侵害姓名上的财产利益,以及可能承载的隐私利益,任何人均有权使用他人姓名。[4] 同理,自己使用自己姓名,未必就是在行使姓名权,也可能只是表明作品或物与姓名主体的关联,或者说只是为了公示而署名,如到不动产登记簿上登记等。

本书认为,作品署名的目的在于满足作品公示的需要,即表明作品的归属。正因为如此,法人虽无思想,但仍可作为作者并署名[5];非实

---

[1] 参见房绍坤、曹相见:《标表型人格权的构造与人格权商品化批判》,载《中国社会科学》2018 年第 7 期。
[2] Samuel D. Warren and Louis D. Brandeis, The Right To Privacy, 4 Harvard Law Review 200(1890).
[3] 参见王坤:《著作人格权制度的反思与重构》,载《法律科学(西北政法大学学报)》2010 年第 6 期。
[4] 参见房绍坤、曹相见:《标表型人格权的构造与人格权商品化批判》,载《中国社会科学》2018 年第 7 期。
[5] 法人成为作者之际,实际创作人与作品的关联被切断,说明这种关联并不具有专属性,法人作品的规定与署名权中隐含的假定不能相容。参见李琛:《质疑知识产权之"人格财产一体性"》,载《中国社会科学》2004 年第 2 期。

际创作者在作品上署名,即便有违行政法规、学术规范,也不构成对实际作者的人格权侵权。这与人格权的专属性以及由此衍生出的不可放弃、不可继承性截然不同。与此同时,在作品中标明作者身份也是公众的审美需要,因而也攸关社会公共利益:人们阅读作品,尤其是好的作品,总有通过作品了解作者的冲动;反过来说,了解作者的生平、品格,亦有助于理解作品本身。所以,孟子说:"颂其诗,读其书,不知其人,可乎?"(《孟子·万章下》)如果说署名旨在表明作品的准确归属的话,维护作品完整则试图确保作品本身的准确性。有学者指出:"法律无期限地保护署名权、修改权和作品完整权,实际上是保护一种事实真相,即某作品由谁创作,真实面目如何。"[1]正因为署名权、维持作品完整权具有公众审美上的公益属性,署名权和完整权不能转让,不能让他人在作品上随便署名。即使作者已经过世很长时间,他人也不能混淆作者与作品的归属关系,不能破坏作品的完整性。[2]

(四)财产继承与身后自主

除胎儿的保护与著作人身权外,财产继承和所谓的身后自主权也常被作为否定权利生死机理的例证,因为这两种情形都似乎给人这样一种印象:死者遗愿主导了法律效果,即对生者产生了法律上的拘束力,但实际情形并非如此。

(1)财产继承意思说是一种误解。按照权利能力始于出生、终于死亡的法则,所有权人死亡后,其财产失去归属主体,因而可能成为无主物。但由于继承制度的存在,所有权人死亡后,遗产一并由继承人取得。关于财产继承的根据,有意思说、家族协同说、死后扶养说之分,三者分别将继承的效力诉诸被继承人的意思、家族协同生活以及扶养

---

[1] 李锡鹤:《论保护死者人身遗存的法理根据》,载《华东政法学院学报》1999年第2期。

[2] 参见郑培、王坤:《从"抽象人格"到"人格要素"——对著作人格说的反思与重构》,载《商丘师范学院学报》2015年第10期。

亲属之需要。[1] 其中,意思说为比较法上的主流学说,且不因继承形式不同而有异,因为法定继承可视为是对被继承人意思的推定。[2] 我国历采死后扶养说,但有学者认为应确立以意思说为主、死后抚养说为辅的理念。[3] 一般而言,死者既已死亡,当无行为能力,所谓意思自不应具有法律拘束力。因此,财产继承意思说示人以如此印象:死者意志穿越了生死线、人死但意志的效力不死。同样基于这一认识,另有学者认为,继承权是被继承人财产所有权的延伸。[4]

但这只是误解。人死之后权利能力消灭,其生前意思对生者不应具有拘束力。但尊重死者遗愿是人类(尤其是中国人)的普遍伦理,所谓死者为大、慎终追远。正是考虑到这一伦理道德及死后亲属的扶养需要,法律才赋予死亡这一事实以物权变动的效果,而不是任由被继承人财产处于无主物状态。因此,虽然被继承人的所有权是继承权的前提,但不能由此认为继承权是被继承人所享有的一种民事权利。[5] 死者意志无法穿越民法的生死线,身后财产权亦不复存在。

(2)所谓身后自主权也不足取。财产继承处理身后财产关系,身后自主权则涉及死者人身(主要是人格组成部分的)安排。在身后自主权中,最常见的案件是使用冷冻精子生育后代以及利用脑死亡妇女生产婴儿[6],如在 Hecht v. Superior Court 案中,法院认为:"死者(享有的)与所选择的妇女生育的权利,不能让某些合同第三人替代,其'宪法权利'必须受到'精心呵护'。当然,其所选择的受赠人可自由选择是否与死者精子结合并受孕,但不能把死者的'基本权利'转让给他人。"[7]

---

[1] 参见史尚宽:《亲属法论》,中国政法大学出版社 2000 年版,第4—6页。
[2] 参见上注,第4页;陈益民:《谈法定继承与遗嘱继承的统一》,载《政法论坛》1986年第5期。
[3] 参见冯乐坤:《继承权本质的法理透视》,载《法律科学(西北政法学院学报)》2004年第4期。
[4] 转引自周强:《论继承权》,载《法学杂志》1992年第4期。
[5] 参见周强:《论继承权》,载《法学杂志》1992年第4期。
[6] 参见[美]柯尔斯登·R.斯莫伦斯基:《死者的权利》,张平华、曹相见译,载《法学论坛》2014年第1期。
[7] Hecht v. Superior Court, 59 Cal. Rptr. 2d 222, 226(Cal. Ct. App. 1996).

此案提出的问题是死者生前的意图与作为人体组成部分的精子结合后,是否真如判决所言,具有穿越生死的效力?

人是伦理、道德与社会的存在。人格与物的关系,不能单纯地用自然的眼光来对待,而须经受伦理与道德的评价。因此,原本为外在的客观之物,在成为身体的一部分后,也具有了伦理、道德属性,因而内化为人格的一部分,如装入口腔的假牙、嵌入心脏的支架。反过来说,原本作为人格的身体组成部分,即便与人体发生分离,若依权利主体的意思,系为保持身体功能,或其后再与身体结合时,则构成功能上的一体性,仍属于人体的一部分。[1] 就身后自主权而言,虽然存在权利主体的遗愿,但在主体已经死亡的情况下,身体组成部分能否具备功能上的一致性呢?答案是肯定的。在现代科技背景之下,身体组成部分可以脱离母体而存在,是否存在主体归依非其必要条件。既然存在权利主体的遗愿,即意味着身体组成部分在主体死亡前已获得功能一致性,此时,无论权利主体是否死亡,也无论是否与新的主体结合,均不失其人格意义。但即便在主体死亡的情况下,使身体组成部分具有人格意义的理由,不是因为死亡主体的意思继续发生效力,而是因为身体组成部分的生物存在具有独立性。这与出生后的孩子不因父母死亡而丧失人格、试管婴儿不因父母死亡而无法出生,是一样的道理。[2]

四、死者"人格"的利益结构

既然权利能力有其存亡法则,民事权利无法突破生死机理,所谓的例外又都不成立,那么,我们常说的"死者人格"又是什么,其上存在何种利益结构值得法律去保护?

---

[1] 参见王泽鉴:《侵权行为》,北京大学出版社2009年版,第105页。

[2] 遗憾的是,在"沈新南、邵玉妹与刘金法、胡杏仙监管、处置权纠纷案"中,一审法院虽然认识到胚胎不能继承,但未明确其人格属性,二审法院则直接回避了对胚胎性质的认定,从监护权、处置权角度判决上述人与被上述人对胚胎享有监护、处置的权利。参见江苏省宜兴市人民法院(2013)宜民初字第2729号民事判决书;江苏省无锡市中级人民法院(2014)锡民终字第01235号民事判决书。

(一)死者"人格"的意义脉络

一旦坚持权利能力的存亡法则,承认民事权利的生死机理,即意味着死者"人格"直接保护模式的破产,而否定死者享有人格权的立场在学术界也占主流地位。但是,即便否定死者"人格"直接保护的学者,也普遍使用死者人格权、人格利益的表述[1],这又似乎在告诉读者,死者人格利益并不因死亡而消失。本书认为,只要坚持权利能力的存亡法则,承认民事权利的生死机理,不仅死者无法享有任何人格利益,甚至连"死者人格""身后人格"等提法都是无意义的。因为从语法上看,无论如何强调死者人格、身后人格的特殊性,"死者""身后"作为定语,均表明了人格的主体归属[2],这与死者并非人格主体的结论是冲突的[3]。事实上,法律保护的绝不是死者的人格,而是死者生前形象。这也是本书使用"死者'人格'"修辞的原因。

虽然学界对死者是否享有权利、作为民事主体等问题意见不一,但在法政策上须对死者"人格"加以保护却是共识。换言之,死者不是民事主体、不享有民事权利,并不意味着身后"人格"不受法律保护而沦为恣意侵害之对象。[4] 其道理似乎只是出于这样一种感性认识:死亡是每个人迟早要面对的问题,死后会怎样也是大家关心和好奇的问题。

---

[1] 参见麻昌华:《论死者名誉的法律保护——兼与杨立新诸先生商榷》,载《法商研究(中南政法学院学报)》1996年第6期;孙加锋:《依法保护死者名誉的原因及方式》,载《法律科学(西北政法学院学报)》1991年第3期;张驰:《死者利益的法律保护论》,载《东方法学》2008年第3期;王全弟、李挺:《论死者人格精神利益的民法保护》,载《法治研究》2011年第11期;王琦:《关于确立保护"死者名誉"之理论基础的再思考》,载《上海交通大学学报(社会科学版)》2001年第3期。

[2] 参见王小玉、齐晓霞:《论死者生前权益的法律保护》,载《法学论坛》2002年第4期。

[3] 如张新宝教授认为,死者既已死亡,利或不利均无意义,所以对"死者名誉"的保护,绝非对死者权利的保护。还有学者指出,"死者权利"是一个不具有任何内涵和外延的虚构概念。参见张新宝:《名誉权的法律保护》,中国政法大学出版社1997年版,第36—37页;王小玉、齐晓霞:《论死者生前权益的法律保护》,载《法学论坛》2002年第4期。

[4] 参见张善斌:《死者人格利益保护的理论基础和立法选择》,载《江汉论坛》2016年第12期。

如果法律漠视死者"人格",实在有违人类"死后留得好名声"的伦理期待。[1] 然则,死者"人格"的法律保护毕竟不同于伦理期待。就伦理而言,人死之后要求留个好名声是生活经验、实践理性的要求。正因为如此,在哲学、宗教里面,人死之后,灵魂是不死的,由此来理解和约束现世的人的生活;上帝也是存在的,因为我们无法证明他不存在的。但法学研究不能照搬伦理经验,法律对身后"人格"的保护依据,还应从法学本身的逻辑、法律上认可的利益上寻找。在法律上,死者没有意志、没有生命,既不包含主体必需的精神部分,也不包含主体必需的物质部分[2],因此,死者不能承受任何法律效果,也无法为其设立监护人或代理人,法律不需要也不可能保护死者的利益。

但是,死者"人格"不存在、死者利益无须保护,并不意味着死者在法律世界里不留痕迹地消失了。[3] 人类世界不是简单的"主观—客观"二元结构,为了认识复杂的客观世界,人类必须借助于符号系统,由此产生了认识论上的新问题:"人面对的不是一个客观世界,而是一个符号世界,人只是通过符号来与客观世界打交道。客观世界只有通过符号才能为人所认识。客观世界只能表现为符号世界。"[4]在德国哲学家卡西尔看来,动物世界也存在感受器系统和效应器系统,但符号系统却只为人类社会所独有,它介于感受器系统和效应器系统之间,并改变了整个的人类生活。[5] 卡西尔主张用"符号的动物"来定义人。[6] 这一见解在法学上也颇具启发意义,或者说,正是因为缺乏对符号世界的理解,人们对死者"人格"的认识才会如此分歧和自相矛盾。事实

---

[1] 参见马俊驹:《人格和人格权理论讲稿》,法律出版社2009年版,第317页。
[2] 参见李锡鹤:《论保护死者人身遗存的法理根据》,载《华东政法学院学报》1999年第2期。
[3] 参见陈信勇:《论对死者生命痕迹的法律保护——兼与孙加锋同志商榷》,载《法律科学(西北政法学院学报)》1992年第3期。
[4] 张法:《20世纪的哲学难题:符号世界的发现及其后果》,载《中国人民大学学报》2001年第4期。
[5] 参见[德]恩斯特·卡西尔:《人论:人类文化哲学导引》,甘阳译,上海译文出版社2013年版,第33页。
[6] 同上注,第34页。

上,自然人死亡后,一切关于他的认知都化为符号,成为符号世界的一部分。遗体虽以物质形式存在,但已与人格无关,而只是近亲属祭奠、悼念利益的载体,是一种具有人格纪念意义的物。死者"人格"即指关于死者的认知符号,其实就是死者生前形象,所以说它根本就不是人格。符号世界既然是人类社会不可或缺的一部分,破坏符号世界就必然影响现世的法律世界。死者"人格"由此存在公共利益与个人利益的二元结构。

(二) 死者"人格"与公共利益

关于死者生前形象中的公共利益,即便对死者"人格"保护持不同意见的学者,在此问题上的立场也均趋于一致,如佟柔先生虽然认为死者应享有某些人格权,但也认为这有保护社会公共利益的原因。[1] 不过,对于"公共利益"这个复杂的抽象概念,既有学说多诉诸公序良俗原则[2],或保护死者"人格"的道德引领功能[3]。由于公序良俗的抽象性,在具体认定时不可避免地会回到尊重死者、保护死者"人格"的道德功能上去,所以前述两个理由实质上可合并为一个。但这种公共利益的界定方式,实际上是基于个人角度的论证,它存在两个问题:一是从人人均有保护"身后名"的愿望来界定公共利益,难以与个人利益进行有效区分。例如,人人都有保护财产的需要,但保护个人财产通常不认为是民法上的公共利益,因其已被个人财产权所包含。二是从死者生前愿望出发推导身后"人格"保护,一方面容易造成生前愿望死后继续发生效力的误会;另一方面也不具有逻辑上的必然性:教徒有死后进天

---

[1] 参见佟柔:《中国民法学·民法总则》,中国人民公安大学出版社1990年版,第98—99页。
[2] 参见张驰:《死者利益的法律保护论》,载《东方法学》2008年第3期;张红:《死者人格精神利益保护:案例比较与法官造法》,载《法商研究》2010年第4期;王全弟、李挺:《论死者人格精神利益的民法保护》,载《法治研究》2011年第11期;
[3] 参见孙加锋:《依法保护死者名誉的原因及方式》,载《法律科学(西北政法学院学报)》1991年第3期。另请参见王琦:《关于确立保护"死者名誉"之理论基础的再思考》,载《上海交通大学学报(社会科学版)》2001年第3期;王全弟、李挺:《论死者人格精神利益的民法保护》,载《法治研究》2011年第11期。

堂的愿望,法律对此却无能为力。

为增强命题的说服力,本书在狭义上使用公共利益概念,意指特定主体或死者"利益"同时构成其他现世主体的利益的情形,从而避免人格利益同时也是公共利益的非典型情形。在本书看来,身后"人格"公共利益的界定,必须从社会利益本身出发,并存在认识论和实践论两个层面。就认识论而言,真实的符号世界是社会认知的前提,破坏符号世界的真实性构成对公共利益的侵害。符号世界的很大一部分来源于历史,历史力求真实:"真实是一切历史取信于人的条件。"[1]人死之后,形象、事迹、作品等化作历史,虽然有浓有淡、或明或暗,但任何人均不得歪曲和篡改。正是在这个意义上,我们说,法律对死者"人格"的保护,"既不是死者生前愿望所决定的,也不取决于任何朋友或亲属的愿望,而是法律秩序的和谐发展所使然"[2]。就实践论而言,建立于符号世界真实性的基础之上,具有高尚品格、坚韧意志的英雄烈士、历史人物具有道德引领功能。这种道德引领功能是对社会而非个人而言的,因为人类社会的健康发展,需要那些舍生取义、有民族气节、有家国情怀、舍己为人、自强不息的人的引领,否则人类社会将面临身体素质退化、民族凝聚力稀释、道德滑坡等危机。正是因为英雄烈士、历史人物在实践论上的功能,有些神话故事、历史传说、宗教信仰即便难以获得科学依据,但人们通常也不否认其存在。典型的体现是,在康德的《纯粹理性批判》中,上帝的存在无法得到证实,但《实践理性批判》仍承认"上帝不死"命题。《民法典》第 185 条规定英雄烈士的保护,道理也在于此。

(三) 死者"人格"与个人利益

死者生前形象在构成符号世界中的公共利益之外,还存在个人利益。

---

[1] 黎澍:《马克思主义对历史学的要求》,载《历史研究》1984 年第 1 期。
[2] 麻昌华:《论死者名誉的法律保护——兼与杨立新诸先生商榷》,载《法商研究》1996 年第 6 期。

对此,学界的有力学说是近亲属权利保护说,此又分为两种学说:一是近亲属名誉保护说,依其主张,保护死者"人格"实际上是保护近亲属的名誉。[1] 在论述死者"人格"与近亲属的关系时,该说认为,基于死者生前的社会关系,死者名誉与近亲属紧密关联,构成近亲属名誉之一部分。[2] 二是近亲属祭奠或追思利益保护说。该说主张,近亲属对死者生前形象享有怀念、祭奠、追思的法律利益。[3] 关于该说之论据,史尚宽先生明言:"于自然人死后,其遗属为保护死者之名誉、秘密或纪念,系根据自己之权利,因自己人格利益之受侵害而有诉权。此权利在内容上为另一新权利,其遗属为尽虔敬孝行,而有内部的利益,即有利他的及社会的内容。著作物其发表与否,为著作人之自由,其遗嘱有尊重其意思之权利与义务。著作人之修改权及署名权,亦同。"[4]

另有学者把死者"人格"侵权分为三种类型:一是与生者无关,仅造成死者名誉降低,此时因死者不是民事主体,所以不构成侵权;二是侵害死者名誉致其近亲属名誉降低,此时侵害的是近亲属的名誉权;三是侵害死者名誉,损及近亲属对死者的敬爱、追慕之情,应允许近亲属以侵害死者名誉为由,诉请损害赔偿和停止侵害。[5] 近亲属的名誉利益与敬爱、追慕之情,二者虽有不同,但损害往往难以分离。"通常诽谤死者都会产生此两种损害,只在个别的情形下,如盗窃、毁坏遗体、往遗体上泼洒污物等,才会单独损害生者的敬爱追慕之情。"[6]

---

[1] 参见魏振瀛:《侵害名誉权的认定》,载《中外法学》1990年第1期;翁静晶:《论中国死者名誉保护》,中国政法大学2006年博士学位论文,第70页。
[2] 参见张新宝:《名誉权的法律保护》,中国政法大学出版社1997年版,第36—37页;麻昌华:《论死者名誉的法律保护——兼与杨立新诸先生商榷》,载《法商研究》1996年第6期;刘国涛:《死者生前人格利益民法保护的法理基础——读〈死者生前人格利益的民法保护〉后的再思考》,载《比较法研究》2004年第4期。
[3] 参见[德]汉斯·布洛克斯、[德]沃尔夫·迪特里希·瓦尔克:《德国民法总论(第33版)》,张艳译,中国人民大学出版社2014年版,第298页;王全弟、李挺:《论死者人格精神利益的民法保护》,载《法治研究》2011年第11期。
[4] 史尚宽:《民法总论》,张谷校,中国政法大学出版社2000年版,第126页。
[5] 参见梁慧星:《民法总论》,法律出版社2001年版,第132页。
[6] 张红:《死者人格精神利益保护:案例比较与法官造法》,载《法商研究》2010年第4期。

本书赞同近亲属祭奠或追思利益保护说。在死者"人格"已化为符号的情况下,破坏死者生前形象既非侵害死者的人格,也无法侵害近亲属的名誉权,而是对近亲属祭奠、追思利益的侵害。

首先,人格具有专属性,即人格特定于某一主体,此种专属性并不因人格具有主观性而丧失。因此,死者的名誉无法归属于近亲属,近亲属的名誉也不可能是死者名誉的构成要素。认为近亲属之间人格利益相互影响的意见,实为对人格主观性的误解。在物质性人格之外,精神性人格空灵而又变动不羁。就精神性人格而言,除法定人格权和身份权之外,尚存在诸多非法定的人格利益,后者未必均受法律保护。例如,亲属之间相亲相爱至为普遍,但法律却并不加以保护,故在亲属人格利益受损时,其他亲属再愤怒或悲伤,也无法自行提起诉讼。

其次,侵害死者"人格"不必然造成近亲属名誉受损。近亲属名誉保护说的前提是侵害死者的身后"人格"同时会影响近亲属的名誉,这一预设颇值怀疑。所谓"名誉"专指特定主体的社会评价,并不包含关于亲属的社会评价,因此,身后"名誉"与近亲属之名誉无必然联系,侵害身后"名誉"并不必然使近亲属的名誉受损。[1] 此外,近亲属名誉保护说无法解决的问题是若死者无近亲属,侵害死者"人格"的行为是否合法?无近亲属的死者"人格"是否需要保护?如果答案是否定的,是否意味着死者也要分成三六九等从而享受不同"待遇"?

最后,自然人生前表达亲密感情的方式与死后大为不同。在自然人生前,人与人之间的相亲相爱可以通过语言、行为进行表达,对方既可进行回应亦可予以回绝,此种感情可通过道德进行调整,或经由公序良俗、禁止侵害他人权利等原则予以限制,而无法律特别保护的必要,近亲属之间亦不例外。但在人死之后,死者无法说话,也无法作出行为,因此近亲属对死者的追思、祭奠就成为近亲属表达感情的唯一方

---

〔1〕 参见孙加锋:《依法保护死者名誉的原因及方式》,载《法律科学(西北政法学院学报)》1991年第3期;董炳和:《论死者名誉的法律保护》,载《烟台大学学报(哲学社会科学版)》1998年第2期。

式,从而有受法律保护的必要。以祭奠纠纷为例,虽然现行法未作规定,但除少数法院以其不属于受案范围而驳回起诉[1],绝大多数法院支持了原告关于祭奠利益的合理请求,只是对祭奠利益是否构成权利、是身份权还是人格权的认识存在分歧。在中国,家族承担了政治、经济、宗教等功能,它具有延续性,不因个人的长成而分裂,不因个人的死亡而结束[2],并形成了亲属之间相亲相爱的和睦追求,即传统所说的"爱""礼",是每一个中国人都珍惜的所在[3],尤其有保护的必要。

五、死者"人格"的法律救济

在死者"人格"的三重利益结构上,法律应如何确定其救济范围、规范基础和保护期限?这要求我们秉持体系的思维,打通公法、私法的"任督二脉",在兼顾社会利益和个人利益的基础上,形成体系化的规范效果。

(一)救济范围

关于《民法典》第994条的保护范围,除具有财产性质的姓名、肖像和作为自然物的遗体外,还规定了作为死者"人格"的"名誉、荣誉和隐私"。这也是《最高人民法院关于确定民事侵权精神损害赔偿责任若干问题的解释》(法释〔2001〕7号)的立场。对此,有两个问题需要解释:

一是死者"荣誉"与"名誉"是何关系?我国立法向来有将名誉与荣誉并列规定的惯例,《民法通则》《民法总则》《民法典》以及相关司法解释概莫能外。就此而言,立法者是将二者作为独立权利来对待的。

---

[1] 参见陈华与陈晖祭奠权纠纷案,福建省福州市中级人民法院(2014)榕民终字第3772号民事裁定书。
[2] 参见费孝通:《乡土中国》,上海人民出版社2006年版,第33页。
[3] 参见袁瑜琤:《"权利"的伦理属性——解读古罗马人的"父权"观念及其限定继承制度》,载费安玲主编:《学说汇纂》第3卷,知识产权出版社2011年版,第215页。

但在理论上,关于荣誉能否为独立权利,学界存在独立人格权说[1]、身份权说[2]、非独立权说[3]的争论。本书赞同非独立权说:荣誉的本质是对行为人的社会评价,虽然其与名誉一样都是外部评价,但与行为人的努力、品行直接相关,构成行为人尊严的一部分,而不是外在于人的事物。虽然其在授予主体、表征内容上均与名誉不同,但只要它仍系针对行为人的社会评价,此种不同就不具有规范意义。事实上,与名誉需要逐渐积累一样,荣誉也需要努力;授予荣誉之后,荣誉即以名望的形式构成名誉的一部分。[4]

二是隐私作为死者"人格"的保护范围是否妥当?本书持否定立场。其一,真实性是符号世界在认识论上的基本要求,禁止对死者"隐私"的探究,将有损于此种真实性,不利于揭开历史迷雾,从而有碍于人类认识世界。而历史上的许多未知之谜,正是通过历史考古、科学考察,才获得真相的,因此披露死者"隐私"不应构成侵权。[5] 其二,从历史解释上看,《最高人民法院关于确定民事侵权精神损害赔偿责任若干问题的解释》(法释[2001]7号)第3条曾将死者"隐私"纳入法律保护范围,但"民法典各分编(草案)·人格权编"并没有沿袭立法惯例,《民法典人格权编(草案)》直到三审稿才予以规定。这表明立法者最初对死者不享有"隐私"有着充分的考量。

由此可见,死者"人格"的保护范围应以"名誉"为限,保护了死者"名誉"就维护了死者生前形象。这也是学者讨论死者"人格"保护时多以名誉为题的原因。

---

[1] 参见张俊浩主编:《民法学原理》(上册)(修订第三版),中国政法大学出版社2000年版,第154页;张红:《〈民法典各分编(草案)〉人格权编评析》,载《法学评论》2019年第1期,第119页。

[2] 参见王利明:《人格权法研究》(第二版),中国人民大学出版社2012年版,第458页。

[3] 参见温世扬:《民法典人格权编草案评议》,载《政治与法律》2019年第3期;张新宝:《人格权法的内部体系》,载《法学论坛》2003年第6期。

[4] 参见曹相见:《人格权法定的宪法之维与民法典编纂》,载《浙江社会科学》2020年第2期。

[5] 参见葛云松:《死者生前人格利益的民法保护》,载《比较法研究》2002年第4期。

(二) 规范基础

既然死者"人格"是符号世界的重要组成，侵害死者"人格"意味着对公共利益的侵害，那么，对此破坏行为予以刑事制裁乃属可能。而刑法介入既避免了利益归属主体问题，也体现了法律部门的分工与合作。[1] 据考证，在将毁誉行为犯罪化的法域，大多数国家和地区明确规定，侵犯身后"人格"行为属于毁誉犯罪，少数国家未明确规定，因而不认为是犯罪。[2] 就理论基础而言，一般认为，身后"人格"侵权行为损害了在世者的权利，也有少数国家和地区认为，对死者的"毁誉"行为侵害的是死者的"名誉"权益。[3]

我国《刑法》第246条第1款规定："以暴力或者其他方法公然侮辱他人或者捏造事实诽谤他人，情节严重的，处三年以下有期徒刑、拘役、管制或者剥夺政治权利。"该条款虽然规定毁誉行为构成犯罪，但并未明确作为侮辱、诽谤对象的"他人"包含死者，依罪刑法定原则，不宜对"他人"作扩大解释。于此背景下，要确立身后"人格"保护的刑法诉权，只能通过修法进行，这显然存在很大难度。事实上，也没有必要。因为刑法调整的是严重侵害社会关系的行为，而与公然侮辱或捏造事实诽谤生者的行为相比，损害死者生前形象的社会危害性要小得多。既然侮辱、诽谤生者的犯罪原则上"告诉才处理"（《刑法》第246条第2款），则损害死者生前形象的纠纷由公民个人提起民事诉讼也可以起到同样效果，从而实现维护死者生前形象的作用。因此，身后"人格"保护的请求权基础完全可以在民法体系内解决。

那么，如何看待《民法典》规定一般死者保护与英雄烈士保护的关系呢？在《民法总则》立法过程中，曾有一种意见认为，在民法一般性保护死者"人格"的情况下，单独为英雄烈士设置保护条款实无必要，且有

---

[1] 参见张驰:《死者利益的法律保护论》，载《东方法学》2008年第3期。
[2] 参见蔡曦蕾:《论毁誉犯罪的特殊对象——从死者和官员名誉保护视角的分析》，载《环球法律评论》2016年第3期。
[3] 同上注。

违平等原则。现在看来,这种意见并无道理。其一,《民法总则》的英烈条款首次在立法上认识到了(英烈)身后"人格"在实践论意义上的公共利益,独具慧眼,颇值赞赏。其二,《民法总则》英烈条款的目的,不是为英烈设置双重身后保护请求权,而是通过公益诉讼解决英烈后继无人的问题。事实上,早在20世纪90年代,就有学者提出由社会组织或国家机关来保护死者生命痕迹的主张。[1]

从体系解释、目的解释上看,《民法典》第185条为英雄烈士的身后"人格"提供了无期限的保护:即便数百年以后,英雄烈士的身后"人格"被侵犯,仍可通过公益诉讼获得救济。本条所规定的公共利益旨在为英雄烈士提供救济机会,而非作为侵权责任构成要件。当然,对本条规定的公共利益应进行目的性限缩:活着的英雄虽然也具有公共利益,但对其公共利益的救济完全可以在其名誉权项下解决,而不是适用本条;死去的英雄、烈士如果有近亲属或其他一般身后"人格"诉讼主体的,也不应适用本条,而是按照一般身后"人格"诉讼处理。

这就将英雄烈士保护条款置于补充性地位,而赋予一般死者保护条款以基础性地位。

(三)保护期限

在明确死者"人格"保护的目的是维护生前形象的情况下,如何确定保护期限就是问题关键。《民法典》第994条将死者"人格"保护的请求权主体限定为近亲属;第一顺位的请求权人是配偶、子女和父母,没有配偶、子女并且父母已经死亡的,才由其他近亲属提起诉讼。这意味着,对死者生前形象的保护存在期限,而且期限并不长。那么,这能否妥当保护死者"人格"上的多重利益?本书认为,对此问题的回答,应从价值和事实两个层面进行思考。就价值而言,死者生前形象上的公共利益并不因时间流逝而消失,也不因死者为英雄、烈士还是普通民众而有区别。虽然人

---

[1] 参见陈信勇:《论对死者生命痕迹的法律保护——兼与孙加锋同志商榷》,载《法律科学(西北政法学院学报)》1992年第3期。

们对先辈的印象随时间逐渐淡化,但在崇尚家族传统的中国,先辈早已凝聚成家族的抽象符号,一旦其生前形象遭损毁,个人对死者的祭奠、追思利益也有保护的必要。但在事实上,对死者生前形象的保护如果过于漫长,将不利于司法资源的有效利用,比较法上也没有将死者生前形象永久保护的先例,因此,为有效利用有限司法资源,宜在政策上对英雄、烈士予以加强保护,而将一般死者生前形象保护的请求权主体限于近亲属。

有疑问的是立法在作政策考量之时,于英雄、烈士和普通民众之间,是否存在泾渭分明的界限?答案是否定的,那些具有重大公益但无近亲属的历史人物,在认识论和实践论上的公共利益未必比英雄、烈士要弱,如不予以保护不仅将违反平等原则,也与此种利益衡量的标准相悖。但此种情形确实超出《民法典》第185条的规范目的。有鉴于此,本书认为,在《民法典》的解释中,宜采漏洞填补的方式,将那些具有重大公益却无近亲属的历史人物纳入《民法典》第185条的保护范围。但《民法典》在进行体系协调时,如何界定具有重大公益的"历史人物",仍是值得进一步研究的课题。

六、结　语

未知生,焉知死;未能事人,焉能事鬼。孔夫子诚不我欺。一旦认识到死者"人格"保护旨在维护死者生前形象,了解了死者"人格"的规范意义,就揭开了死亡在法律世界里的神秘面纱。既然民事权利的生死机理、权利能力的存亡法则未被突破,那死者就不可能是法律主体、权益归属主体。但死者并未从法律世界中消逝,其生前形象作为人类符号世界的一部分,同时存在认识论、实践论上的双重公益和祭奠、追思的个人利益,不可谓不重大。不过,对死者生前形象的保护并不意味着一定要动用刑罚手段,其请求权基础完全可以在民法体系内解决,但要求《民法典》第185条和第994条进行体系协调:前者为补充性规范,后者为基础性规范。此外,《民法典》第994条的保护范围应限于死者的姓名、肖像、名誉和遗体,同时宜采漏洞填补的方式将具有重大公益却无近亲属的历史人物也纳入《民法典》第185条的保护范围。

第三编
人格权客体论

General Theory of Personality Rights

第六章 权利客体的理论构造

一、引 言

传统民法主要是财产法,权利客体的理论也主要针对财产权。依其通说,物、人身、行为乃至权利本身皆为权利客体。遗憾的是,此种理论以所有权为模型,不仅存在客体的不确定性、不周延性和功能缺乏性等问题[1],还导致了"民法见物不见人"的指摘[2]。就解释力而言,传统客体理论在解释债权、担保物权时也常陷于泥沼:就债权而言,无论是以人还是以行为为客体,均与主体(义务人同时也是主体)的目的性相悖;由于担保物权可能以权利为客体,似乎给人以一项权利可凌驾于另一权利之上的印象。

但传统客体理论的最大难题还在于无法解释人格权。与传统民法典不同,大多数新兴民法典对人格权进行了正面确权,我国《民法典》更是采纳了人格权独立成编的立场。但传统客体理论在解释人格权时,会导致主、客体关系上的矛盾[3]。正因为如此,针对通说的批评从未间断。有鉴于此,处理人格权的客体难题,还必须从一般权利客体理论上入手。

---

[1] 参见梅夏英:《民法权利客体制度的体系价值及当代反思》,载《法学家》2016年第6期。

[2] 参见姜朋:《穿马褂与扒马褂:对法律关系主客体理论的初步反思》,载《法制与社会发展》2005年第3期。

[3] 参见王泽鉴:《人格权法》,北京大学出版社2013年版,第44页。

就立法而言,我国《民法典》没有规定权利客体。在比较法上,绝大多数民法典规定了"物(动物)"的规则,但缺乏"权利客体"等专门称谓,遑论"权利客体"的一般规定。例外的是,《俄罗斯联邦民法典》总则编分三章规定了"民事权利客体",但其所谓"一般规定",除列举客体的种类外,余皆物的一般规定,并未抽象出民事客体的一般规则。[1]我国《民法总则》独辟蹊径,既不规定物的规则,也未规定权利客体,而是在"民事权利"中列举权利的类型,这就为权利客体的解释论留下了空间。

虽然《民法总则》未规定权利客体,但学者建议稿无一例外地有专门的规定,只是具体做法不一:中国法学会版(以下简称法学会版)、梁慧星版规定为"权利客体",杨立新版规定为"法律关系客体",但其2.0版又规定为"权利客体"。徐国栋教授2004年的《绿色民法典草案》(以下简称徐国栋版)只规定为"客体"。[2] 此外,虽然法学会版、梁慧星版和杨立新版均未作一般规定,但表述不同:法学会版依次规定了物、有价证券和其他权利客体;梁慧星版则具体列举了客体的范围[3];杨立新版先规定人格、身份利益,后规定财产利益。与之不同,徐国栋版特设权利客体的一般规则,规定"客体是民事权利支配的对象""民事权利的客体分为人身权的客体和财产权的客体"。

从上述建议稿的规定来看,关于权利客体有如下问题值得思考:其一,当我们讲"客体"时,是指权利客体还是法律关系客体?杨立新版先是称为法律关系客体,后又在2.0版中改为权利客体;徐国栋版第13条规定"人是法律关系的主体",但第19条又规定"客体是民事权利支配的对象"。其二,强调主体对客体的支配力,是19世纪以来的主流学

---

〔1〕 参见《俄罗斯联邦民法典》,黄道秀译,北京大学出版社2007年版,第86—94页。
〔2〕 参见徐国栋主编:《绿色民法典草案》,社会科学文献出版社2004年版,第6页。
〔3〕 该建议稿第99条规定:"民事权利的客体包括:物、行为、人格利益、智力成果。民事权利也可以成为民事权利的客体。自然人的器官、血液、骨髓、组织、精子、卵子等,以不违背公共秩序与善良风俗为限,可以成为民事权利的客体。"参见梁慧星主编:《中国民法典草案建议稿》(第三版),法律出版社2013年版,第22页。

说,但其本以财产权为典型,已为德国近来学说所淡化[1],用以解释人格权是否会水土不服?其与权利本质学说、民法调整对象理论的关联何在?在前述问题的基础上,我们还可以进一步追问:客体是多元的还是统一的?由于上述问题一直存疑,质疑意见层出不穷。[2]

从史料上看,1955年的"民法总则草稿""民法典总则篇"以及1956年"民法典总则篇"均规定了权利客体,但此后由于法律虚无主义以及苏联立法等的影响,上述传统即遭中断[3],1986年《民法通则》和2002年"民法草案"也未作规定,这是《民法总则》不规定权利客体的历史依据。然则,先进民法典应在核心概念上力求科学、精准,使之具有内在一致性和外在统一性[4];同时还要有前瞻性,考虑民法在21世纪的发展趋向[5]。为此,本书以民法上客体的语境转换、内涵回归和理论统一为线索,展开权利客体的分析。

二、从法律关系到权利:客体的语境转换

学者建议稿对"客体"的不同表述,反映了民法学界概念运用的混乱,有必要对"客体"一词进行语境甄别。

(一) 客体语境存在逻辑矛盾

民法上的客体有多重含义。一是非与主体相对的适用对象,如诉

---

[1] 参见王泽鉴:《人格权法》,北京大学出版社2013年版,第44页。
[2] 新近关于客体的理论探讨参见刘德良:《民法学上权利客体与权利对象的区分及其意义》,载《暨南学报(哲学社会科学版)》2014年第9期;熊文聪:《超越称谓之争:对象与客体》,载《交大法学》2013年第4期;方新军:《权利客体的概念及层次》,载《法学研究》2010年第2期。
[3] 参见杨立新:《我国民事权利客体立法的检讨与展望》,载《法商研究》2015年第4期。
[4] 参见张文显:《制定一部21世纪的中国民法典》,载《法制与社会发展》2015年第4期。
[5] 参见郭明瑞:《关于编纂民法典须处理的几种关系的思考》,载《清华法学》2014年第6期。

讼时效客体、保险合同客体等；二是与主体相对、受主体支配的概念，如法律关系客体、权利客体、义务客体、行为客体乃至利益客体等。由是之故，有学者直接称为"客体"或"民事客体"。[1] 本书认为，虽然义务人不同于权利人，义务的范围也要大于权利，但义务非为义务人利益履行，而是为权利人的目的存在，因此无法在义务中单独建构主、客体关系。基于权利、义务概括的对等性，在二者为狭义上的一一映射时，毋宁是义务得为权利之客体。[2] 就行为客体而言，既包含了权利人的行为，也包含了义务人的行为，该概念只是权利客体和义务客体的混合，亦不足取。利益虽然与权利不同，不必有主体（如未出生婴儿）、不必有自由之领域（如有些利益无法处分），但在主、客体关系上，基本构造仍同于权利，故本书不予单独讨论。

在法律关系与权利两个语境上使用与主体相对的客体概念，是法学界的主流做法。就二者的关系而言，存在三种不同表述：一是认为法律关系客体即权利义务所指向的对象。[3] 按照这种说法，法律关系客体是权利义务的共同客体，权利客体则只是权利的客体，二者的区别不过是范围不同罢了。二是认为法律关系客体即权利客体，或曰权利标的、权利对象。[4] 据此，法律关系客体不过是权利客体的代名词。三是认为法律关系客体又称权利客体，是法律关系主体的权利和义务共同指向的对象，或法律关系主体所要实现的目标性事物。[5] 该说

---

〔1〕 前者参见徐国栋主编：《绿色民法典草案》，社会科学文献出版社2004年版，第2页；后者参见郭明瑞：《民事客体的概念当在总则中体现》，载《检察日报》2015年11月11日，第3版；李锡鹤：《民事客体再认识》，载《华东政法学院学报》2006年第2期。

〔2〕 抑或有人说，义务的客体为义务所指向的物、人身。但此种意见正是本书批判的靶子，详见后文。

〔3〕 参见佟柔主编：《民法原理》，法律出版社1983年版，第32页；王利明：《民法总则》，中国法制出版社2010年版，第71页；谢晖、陈金钊：《法理学》，高等教育出版社2005年版，第248页。

〔4〕 参见梁慧星：《中国民法典草案建议稿附理由：总则编》，法律出版社2013年版，第190页；孙国华主编：《法理学》，法律出版社1995年版，第392页。

〔5〕 参见余能斌：《民法学》，中国人民公安大学出版社、人民法院出版社2003年版，第72页；徐国栋：《民法总论》，高等教育出版社2007年版，第156页；徐显明：《法理学教程》，中国政法大学出版社1999年版，第266—268页。

一方面将法律关系客体等同于权利客体;另一方面又认为法律关系客体乃权利义务的共同对象,有自相矛盾的嫌疑。

学界对客体语境的使用存在如下矛盾:其一,如果权利客体与法律关系客体同义,为何要创设两个不同的概念,二者中又究竟何者是客体的本源?其二,如果权利客体属于法律关系客体的下位概念,则会颠倒二者的种属顺序:法律关系客体为权利的属概念,即上位概念,如何能与作为种概念(即下位概念)的权利客体混同?(如图6-1所示)

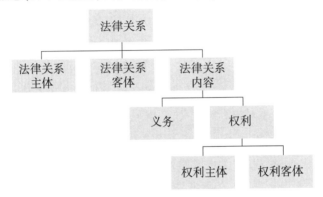

图6-1 法律关系客体与权利客体的逻辑关系

(二)客体语境应以权利为限

破解客体概念的语境难题,关键在于正确理解法律关系的概念。据考证,最早使用"法律关系"一词的是胡果·古斯塔夫,其将 rechtliche verhältnisse 定义为"人与人在法律上的关系"[1],后来德国《民法课程教科书Ⅰ:法学百科》合成单一术语 rechtsverhältnisse 以指代法律关系。[2] 但萨维尼才是法律关系的系统阐述者,他以法律关系为中心,完整地构建了民法体系的各个部分。[3] 萨维尼说:"现在从既有立

---

[1] 参见陈锐:《法律关系理论溯源与内容重塑》,载《政法论丛》2020年第6期。
[2] 参见张玉洁:《民事法律关系客体新探》,载《天水行政学院学报》2011年第3期。
[3] 参见何勤华:《西方法学史》,中国政法大学出版社1996年版,第249页。

场来看,任何一项法律关系都是通过法律规则界定的人与人之间的关系。"[1]萨维尼此话的落脚点在"人与人之间的关系",那么,究竟是"人与人之间"的何种关系呢?

从既有的文献来看,法律关系之于萨维尼,是一种认识的需要。萨维尼认为法具有历史性和体系性,二者同时又是统一的。"从法学理论上而言,这种统一需要具备一个法学上的表达和媒介。这个表达和媒介在萨维尼那里就是'法律关系'。"[2]萨维尼将法律关系区分为实质要素和形式要素。前者是题材,即关系本身,是一种单纯事实;后者为对该题材的法律规定,即事实关系被提升为法律形式所依据的东西。[3]换言之,法律关系即人与人之间的关系,亦即具有法律上之力(法律形式),只不过此种人与人之间的关系关乎财产和人身。

关于法律关系对权利的意义,萨维尼说:"在法律关系中,任何权利只是特别的、通过排除了某些方面而描述的一种抽象,因此,关于各项权利的判决本身只是由于从法律关系的整体观察出发才有可能真实并且有说服力。"[4]可见,在萨维尼看来,法律关系作为人与人之间的关系,只是一个描述性概念,是其用以观察权利的媒介。所以,拉伦茨认为:"法律关系……从一个人看是他的'权利',从另一个人看就是一种义务,或者说是一种法律上的约束。"[5]张俊浩教授也谓:"权利是法律关系的核心和灵魂,如果抽掉了权利,法律关系就成为无意义的空壳。因此,民法典虽以法律关系构造其体系,却不过是构造权利的体系

---

[1] 〔德〕弗里德里希·卡尔·冯·萨维尼:《萨维尼论法律关系》,田士永译,载郑永流主编:《法哲学与法社会学论丛》(七),中国政法大学出版社2004年版,第4页。
[2] 朱虎:《萨维尼视野中的法律关系的界定——法律关系、生活关系和法律制度》,载《比较法研究》2009年第3期。
[3] 参见〔德〕弗里德里希·卡尔·冯·萨维尼:《萨维尼论法律关系》,田士永译,载郑永流主编:《法哲学与法社会学论丛》(七),中国政法大学出版社2004年版,第5页。
[4] 同上注。
[5] 〔德〕卡尔·拉伦茨:《德国民法通论》(上册),王晓晔、邵建东、程建英等译,法律出版社2003年版,第255—256页。

……"〔1〕

本书认为,法律关系作为法律之"锁链",它只是将权利、义务等内容以人与人之间关系的形式关联在一起而已,并不存在主体与客体之说。〔2〕 首先,法律关系是描述性概念,抽离了权利义务,法律关系就剩下一个空壳。在权利义务之外赋予法律关系以主、客体关系,违背了萨维尼关于法律关系的概念宗旨。其次,从逻辑上说,由于法律关系是人与人之间的关系,故法律关系主体说要成立,需要主体认识、趋向其认识、趋向的客体——法律关系。但这将导致法律关系的客体就是法律关系本身的结论。〔3〕 换言之,在人与人之间的关系上,不可能存在主体与客体。最后,在权利义务相对应的情形,参加法律关系者既享有权利又负有义务,如果法律关系主客体之说成立,就会导致法律关系主客体的混同。

实际上,学界之所以认为法律关系存在主、客体,是因为法律关系是"关乎人身和财产"的"人与人之间的关系"。既然关乎人身和财产,当然就有主体和客体了。此种见解具有普遍的影响力,但至少在两个方面陷入了误区:其一,在语法上,"关乎人身和财产"为定语,"人与人之间的关系"为宾语,前者是用来修饰后者的,故不能从前者的特征推出后者的内质,"人身和财产存在主、客体"并非"法律关系存在主、客体"的必要条件。其二,在结构上,主体对"人身和财产"自由的实现,是基于法律对"人与人之间的关系"的调整,即后者是前者的发生原因,前者是后者的调整结果(后文详述),故萨维尼谓:"通过法律规则所进行的确定,属于依赖于个人意思的领域,该领域内,个人意思独立于他人

---

〔1〕 张俊浩主编:《民法学原理》(上册)(修订第三版),中国政法大学出版社2000年版,第57页。

〔2〕 也有学者指出:"法律关系的构建遵循基于生活事实形成的经验逻辑,对客体本身没有本质的要求。"参见梅夏英:《民法权利客体制度的体系价值及当代反思》,载《法学家》2016年第6期。

〔3〕 参见刘岸:《私法上法律关系的结构》,载郑永流主编:《法哲学与法社会学论丛(七)》,中国政法大学出版社2004年版,第47页。

意思而居支配地位。"[1]

(三) 法律关系主、客体说源流考

为何法律关系主、客体之说存在上述问题,通说却不区分法律关系客体与权利客体?笔者查阅文献后发现,法律关系主、客体之说仅在我国大陆民法论著中存在,我国台湾地区和大陆法系学者则未有法律关系主、客体之论述。这一现象同样为其他学者觉察:"作为法律关系概念的发源地,德国法学界基本上不讨论法律关系的客体问题,他们只讨论权利的客体。深受德国学说影响的日本和我国台湾地区也同样如此。"[2]"关于法律关系的客体问题,新中国成立前我国法学者多是只讲'权利客体'。"[3]据此,基本可以判断,法律关系主、客体之说源自苏联。

关于创设法律关系客体概念的必要性,苏联学者阿列克谢耶夫说:"在法律关系的构成中,除了权利主体和物质内容以外,区分出法律关系的客体,使我们能够对法律关系进行真正科学的、辩证唯物主义的分析。应当注意的是,站在马克思列宁主义科学的立场对法律关系问题进行质上的、全新的阐述,不仅要把法律关系看作是法律材料的客观规律性表现,而且要从广义上、从唯物主义的观点解释这一现象本身,也就是作为某一社会环境中'活生生存在的'法律联系,它处在整个社会关系体系之中,拥有其物质的和非物质的财富、价值,即客体。"[4]可见,苏联学者基于意识形态的理论需要,强行建构起法律关系客体概念。

然而,阿列克谢耶夫的论述充满了矛盾。其一,其认为法律关系包

---

〔1〕〔德〕弗里德里希·卡尔·冯·萨维尼:《萨维尼论法律关系》,田士永译,载郑永流主编:《法哲学与法社会学论丛》(七),中国政法大学出版社2004年版,第4页。
〔2〕田野:《民事法律关系客体的抽象性探讨》,载《北方工业大学学报》2008年第2期。
〔3〕刘翠霄:《论法律关系的客体》,载《法学研究》1988年第4期。
〔4〕〔苏联〕C.C.阿列克谢耶夫:《法的一般理论》(下册),黄良平、丁文琪译,孙国华校,法律出版社1991年版,第528页。

含权利主体(即法律关系的参加者)、内容(物质内容即主体行为、法律内容即权利义务)和法律关系客体(物质的、非物质的财富和价值)。[1]但法律关系作为人与人之间的关系,为何其客体却是财富和价值?既然存在法律关系客体概念,为何没有与之对应的法律关系主体概念,而以权利主体代之?其二,其在同一著作中写道:"在法律关系中,除了主体的法律权利和义务(这构成法律关系的法律内容)以外,还可以分出两个基本的因素:权利的主体和权利的客体。"[2]为何此时法律关系客体被替换成了权利客体?其三,其在同一著作中写道:"如果把法律关系仅仅看作是意识形态的形式,那么这时法律关系就具有仅仅是由主体法律权利和义务所构成的纯法律的内容。"[3]这种理解贴近事实,但却与前述立场相悖,也与法律关系主、客体说矛盾。

由此可见,苏联法上的法律关系主、客体之说本身不能自圆其说,我国民法典应当摒弃此种过时并错误的理论。[4]

三、从哲学到法学:客体的概念回归

通说认为,权利客体包含物、行为、人身等具体"事物"。《民法典》学者建议稿关于权利客体的规定,也基本遵循了此种思路,但此种见解受到了哲学的不当影响。

(一)权利客体概念源自哲学

罗马法上无权利概念,自然也无权利客体的讨论。使权利客体问题引起人们关注的,是《德国民法典》的制定。该法典总则编第二章以"物"为名进行了规定,由于该章紧随第一章"人"之后,因此被认为是

---

[1] [苏联]C.C.阿列克谢耶夫:《法的一般理论》(下册),黄良平、丁文琪译,孙国华校,法律出版社1991年版,第468页。
[2] 同上注,第466页。
[3] 同上注。
[4] 关于肃清苏联民法的错误影响,杨立新教授撰有专文。参见杨立新:《编纂民法典必须肃清前苏联民法的影响》,载《法制与社会发展》2016年第2期。

相对于"主体"的关于"客体"的一般规定。[1] 本是对物的规定,为何被替换成客体概念呢?原来,《德国民法典》第 90 条在定义物的概念时,使用了 Gegenständ 一词。在德语中,Gegenständ 是一个不同于物(Sache)的概念。《德国民法典》由此制造了 Gegenständ 的翻译难题。日本和中国的传统做法是译为"物",但新近则译为"标的"。[2] 依德国通说,权利客体与权利标的是同一概念。[3] 在意大利,针对翻译为"物"的传统做法,有学者认为,此种限制性翻译极可能掩盖了"物"和"客体"的区别,有违德国立法者将客体区别于物的初衷,因此建议翻译为"客体"。[4]

那么,《德国民法典》为何要用 Gegenständ 来代替 Sache?这得从罗马法上说起。由于罗马法上不存在权利概念,盖尤斯创设了"无体物"的概念,以将非有体物的"用益""地役""继承""通过合同产生的债"纳入物权法的讨论范围。[5] 盖尤斯关于有体物、无体物的区分深刻地影响了《法国民法典》,后者第 526 条、529 条规定,附着于不动产的用益物权、地役权等为不动产;以可追索的款项或动产物品为标的的债权是动产。[6] 但在《德国民法典》立法之时,由于立法者已意识到有体物与知识财产的显著差别,故无体物一词被限定为知识成果,并被排除于民法典之外。[7] 虽然《德国民法典》中的物为有体物,但物毕竟还包含知识成果意义上的无体物,故《德国民法典》在定义物时,创设了"客体"(或称标的)一词,以统摄有体物和无体物。

---

〔1〕 参见方新军:《权利客体论——历史和逻辑的双重视角》,中国政法大学出版社 2012 年版,第 1 页。

〔2〕 参见杜景林、卢谌:《德国民法典评注:总则·债法·物权》,法律出版社 2011 年版,第 35 页;《德国民法典》(第 3 版),陈卫佐译注,法律出版社 2010 年版,第 30 页。

〔3〕 参见 Enn-Nipperdey, AT des Burgerlichen Recht, 15. Aufl, s. 760 f. 转引自黄茂荣:《民法总则》(增订版),植根法学丛书编辑室 1982 年版,第 333 页。

〔4〕 Pietro Locatelli, Oggetto dei Diritti, Nuovissimo Digesto Italiano. Vol. XIII. Torino, 1982, p. 783. 转引自方新军:《权利客体论》,中国政法大学出版社 2012 年版,第 7 页。

〔5〕 参见方新军:《权利客体论——历史和逻辑的双重视角》,中国政法大学出版社 2012 年版,第 33 页。

〔6〕 参见《法国民法典》(上册),罗结珍译,法律出版社 2005 年版,第 448—449 页。

〔7〕 参见注〔4〕,第 50 页。

不幸的是,《德国民法典》第 90 条以"客体"来说明物,但对客体本身未有明确定义,其意义等于没说。并且,将物权的客体限定为有体客体,不仅不能说明同样存在有体物的债权,也无法说明用益物权和担保物权的客体。[1] 实际上,"客体"概念的提出,受到了哲学的影响。主、客体关系是近代哲学才关注的问题。正是在这个阶段中,"原先德文中表示'实体'意思的'Subjekt'一词被专门用来表示主体,而原先德文中表示'障碍、对象'意思的'Objekt'一词被专门用来表示'客体',然后德国人为了解释'客体'又创造了'对象'(Gegenständ)这个词。德国法学界正是从哲学中借用了'Gegenständ'这个词来表示权利的客体。"[2]

由此可见,权利客体自其诞生时起,即烙上了哲学概念的痕迹。同时其内涵上的语焉不详,也为学者的解释罩上了迷雾。当然,从哲学角度来说明权利客体,并非德国人的专利。苏联学者甚至认为:"恐怕没有什么重要的理由提出一个与哲学中的客体概念有所不同的法学中的客体概念。"[3] 我国也有学者指出:"法律关系主体、客体的范畴不是凭空臆想出来的,它也应有其自己的哲学基础,它是哲学上主体与客体这一对范畴在法律关系上的延伸和具体化……所谓法律关系的客体,是主体法律认识和实践所指向的对象。"[4]

(二) 客体理论中的哲学思维

《德国民法典》第 90 条对哲学客体的借鉴,本意是统摄有体物与无体物。但此后的理论学说却将客体概念运用于一切权利,债权、人格权概莫能外,最终形成了权利客体理论。由此,物权"客体"中的哲学血统,被权利客体理论完全继受。故通说在解释权利客体时,往往提到

---

[1] 参见方新军:《权利客体论——历史和逻辑的双重视角》,中国政法大学出版社 2012 年版,第 74 页。
[2] 同上注,第 97 页。
[3] [苏联]格里巴诺夫、科尔涅耶夫主编:《苏联民法》(上册),中国社会科学院法学研究所民法经济法研究室译,法律出版社 1984 年版,第 93 页。
[4] 张辉、史小红:《浅谈社会主义法律关系的客体——人》,载《上海师范大学学报》1992 年第 1 期。

"对象""标的"等词,《汉语大词典》甚至直接解释为"主体的认识对象和活动对象"[1]。"哲学概念泛法学化"的结果,是权利客体理论与生活的脱节。那么,权利客体理论中存在何种哲学思维,即受到了哲学客体的哪些影响?欲回答这个问题,应首先弄清何谓"哲学客体"。

在哲学上,客体是与主体相对的概念。相应地,客体的内涵也取决于主体的定义。关于哲学上的主、客体概念,众说纷纭,如笛卡尔认为是心灵与物体的区分;培根认为是感觉和物质的区分;费希特认为是自我和非我的区分;黑格尔则认为是精神和自然的区分。由于哲学研究人与外部世界的关系,因此,一般而言,哲学上的主体是人的主观意志,客体则是人的意志之外的"客观存在",如黑格尔认为,人的本质就是人的意志,"自为地存在的意志即抽象的意志就是人"[2]。由此,他将那些与自由意志不同的事物(包括人身),均视为外在的东西,即一般意义的物。在黑格尔那里,人格权也被认为是物权,是实现自由的手段。[3] 马克思也说:"人直接是自然存在物……人作为自然的、肉体的、感性的、对象性的存在物,和动植物一样,是受动的、受制约和受限制的存在物。"[4]

比照前述哲学上的客体概念,可知权利客体理论中存在如下典型哲学思维。其一,从概念上讲,由于哲学上客体是一种客观存在,即人的意志以外的一切"物",故法学在权利客体的界定上形成了一种"拟物化"思维。[5] 所以,权利的客体一般被定位为物;或者即便不存在物,也将其拟制为物,如有价证券、知识产权乃至权利等。这就是为什么《德国民法典》第二章明明规定的是"物",却在定义物时,使用了"客体"概念的原因。当然,罗马法以及《法国民法典》也规定了物,后者甚至将用益物权、债权也规定为物,但其立法旨趣与《德国民法典》大相径

---

[1] 《汉语大词典》,汉语大词典出版社1989年版,第1451页。
[2] [德]黑格尔:《法哲学原理》,范扬、张企泰译,商务印书馆1982年版,第46页。
[3] 参见[德]黑格尔:《法哲学原理》,范扬、张企泰译,商务印书馆1982年版,第48页。
[4] 《马克思恩格斯全集》(第3卷),人民出版社2002年版,第324页。
[5] 也有学者称之为"物的实体化思维"。参见梅夏英:《民法权利客体制度的体系价值及当代反思》,载《法学家》2016年第6期。

庭:前者原本不存在客体的概念,只是用物来描述权利而已;后者则试图以客体的概念来统一物的类型。

其二,从性质上讲,由于哲学讲求主体对客体的支配,法学界在描述权利客体时,也强调权利客体的受支配性,如李锡鹤指出:"主客体之间是一种支配和被支配的关系。主体是支配者,客体是被支配者。民法学中的支配,指自主作用,即可在对象上实现自己的意志。"[1]具体到民事权利类型上,除相对权外,通说认为,绝对权属于支配权。如果说物权是支配权容易理解的话,人格权是支配权就会导致伦理难题,如萨维尼就认为:一个人是不能拥有对自己的身体及其各个组成部分的权利的,否则人就会拥有自杀的权利。但民法学界除少数学者外,大多认可人格权的支配权属性。[2]

其三,从内容上讲,受哲学将人身视为客体的影响,人身作为人格权客体的立场被广泛接受。典型的如"人格要素说"认为,人格权的客体为生命、身体、健康、名誉等构成自然人的完整法律人格所不可或缺的基本要素。依人格要素说,权利主体不是人,而是自由意志,与自由意志不同的东西,都是外在的东西,即为一般意义的物。[3]但问题在于,意志能脱离人格要素而单独存在吗?又如,"人格说"认为,人格权的客体即权利人自身的人格。[4]"人格权的主体是人而不是人格,人格只是人之所以作为人的整体性结构,还不是人本身。要素及其整体结构只是人作为人的事实依据,人格与人不是同一概念。"[5]"权利主体意义上的人格是一个法律技术概念,权利客体意义上的人格则是法

---

[1] 李锡鹤:《民事客体再认识》,载《华东政法学院学报》2006年第2期。
[2] 否定意见参见温世扬:《人格权"支配"属性辨析》,载《法学》2013年第5期;龙卫球:《人格权的立法论思考:困惑与对策》,载《法商研究》2012年第1期;尹田:《自然人具体人格权的法律探讨》,载《河南省政法管理干部学院学报》2004年第3期。
[3] 参见马骏驹:《从人格利益到人格要素——人格权法律关系客体之界定》,载《河北法学》2006年第10期。
[4] 参见张俊浩主编:《民法学原理》(修订版),中国政法大学出版社1997年版,第134页;姚辉、周云涛:《人格权:何以可能》,载《法学杂志》2007年第5期;李倩、尹飞:《人格权客体的再思考》,载《甘肃社会科学》2011年第3期。
[5] 张俊浩主编:《民法学原理》(修订版),中国政法大学出版社1997年版,第133页。

律背后的、为法律提供正当化理由的伦理概念,两者不在一个层面。"[1]但若不否认人格权为支配权,则不过是文字游戏罢了。

(三)权利客体应向法学回归

现在看来,《德国民法典》第90条对"客体"的使用,实际上把客体的意义限定为权利所支配的对象。但这不仅无法解释用益物权和担保物权,也无法解释同为财产权的债权,更遑论后来被普遍认可的人格权。按照《德国民法典》的逻辑,用益物权、担保物权的客体(对象)只能是权利,但权利显然超出了物的范畴,更与第90条规定的"有体客体"相悖,而人身作为客体更是饱受质疑。梅迪库斯因而认为,《德国民法典》总则编对权利客体的专门规定,是一般化尝试失败的典型。[2]可见,以《德国民法典》第90条的"客体"为起点,为所有权利作统一说明的努力,存在先天的路径障碍。我国民法典欲保持其先进性,就必须跳出此种理论窠臼,重构一个适合所有权利的客体概念。其中至为关键的一步,是理清哲学与法学的概念之别,使权利客体从哲学向法学回归。

实际上,在阐述客体理论时,学者已意识到其与哲学客体的区别,如有意见指出:"法律上的客体当然不完全等同于哲学上的客体。法律关系的客体和哲学上的客体相比,其内涵更具明晰性,范围当然也要窄于哲学上的客体"[3]。此种认识有其合理性,但这只是量的区别,而非本质上的不同。本书认为,与哲学的纯粹思辨不同,法学是一门实践的学问,调整的是人与人之间的关系。[4] 因此,权利客体的理论构建应从法律关系而非"物"或"对象"入手。尤其是在人格权被

---

[1] 姚辉、周云涛:《人格权:何以可能》,载《法学杂志》2007年第5期。
[2] 参见〔德〕迪特尔·梅迪库斯:《德国民法总论》,邵建东译,法律出版社2000年版,第26页。
[3] 张华:《法律关系客体的结构分析》,载《西部法学评论》2009年第4期。
[4] "权利客体依附于人与人之间的法律关系,而哲学上的主客体关系针对的是人与自然物的关系。"参见梅夏英:《民法权利客体制度的体系价值及当代反思》,载《法学家》2016年第6期。

普遍认可的当下,权利客体的理论框架不再仅仅是财产,而是"财产—人格"的二元体系。

可以肯定,无论在哲学中还是法学中,客体都是一个功能性概念,反映了主体对其之作用力,强调其对主体目的的实现。但在实现方式上,哲学强调主体对客观存在的控制和支配,法学则与之不同:人对物的控制与支配已属权利之内容——权利形成的结果。虽然控制和支配物不等于物上利益的获取,即权利的内容与权利上利益仍有不同,但是否控制、如何控制全属权利人的意思自由,他人无权干涉,法律也无法规定。因此,对客观存在的控制与支配,无法体现权利主体对客体的作用力,后者只能从人与人之间关系(法律关系)——权利的形成机制中寻找。所以马克思说:"对于法律来说,除了我的行为以外,我是根本不存在的,我根本不是法律的对象"[1]。康德分析物权后亦认为不存在直接对物的权利,而只存在属于某人并使之对抗一切他人的权利。[2] 李永军也认为:"如果不允许所有的其他人这样做,而只允许某人实施这种特定的行为,则这是一种权利"[3]。

诚如学者所言:"法律是解决人与人之间的关系的学问,所谓权利的客体只不过是连接不同主体的媒介而已。"[4] "比如说民法物权关系,从来就不是什么作为主体的人对作为客体的物的支配和利用关系,而是透过对于物的支配和利用所体现出的人与人之间的关系。也正是如此,所以可以说法律上的人正是依靠物而实现了自身的独立。如果不承认这一点,则无疑应了那句'民法见物不见人'的指摘。"[5] "从各种客体中抽象出一般规则的任务已经由'法律关系'完成了,如果

---

[1] 《马克思恩格斯全集》(第1卷),人民出版社1986年版,第16—17页。
[2] 参见[德]康德:《法的形而上学原理——权利的科学》,沈叔平译,林荣远校,商务印书馆1991年版,第74—75页。
[3] 李永军:《民法总则民事权利章评述》,载《法学家》2016年第5期。
[4] 方新军:《权利客体论——历史和逻辑的双重视角》,中国政法大学出版社2012年版,第100页。
[5] 姜朋:《穿马褂与扒马褂:对法律关系主客体理论的初步反思》,载《法制与社会发展》2005年第3期。

再想从这些特别不一样的具体的客体中抽象出一般规则,几乎不可能,或者重新回到法律关系中去,因为它们的共同特点本来就是作为权利的基础或对象。"[1]正因为如此,庞德才将罗马法归结为12个字:"诚实生活,勿伤他人,各得其所"[2]。由此观之,《德国民法典》第90条对哲学概念的套用弄巧成拙了。

不幸的是,德国学者迄今未对权利客体在权利构成中的作用达成共识[3]。权利客体向法学回归具有重大意义:权利客体描述权利的形成机理,存在法律关系之中,而非具体的物或人身,后者属于权利的内容(或称对象)。这就避免了权利客体因权利内容不同而各异的局面,使权利客体有了统一的可能。同时,避开了人身作为人格权客体的悖论,与"人是一切客体的对立面,也即'物'的对立面""人格本身不能成为权利客体"[4]的立场一致。应当注意的是,在人身之外,与人体分离但具有功能一致性的冷冻胚胎、精子等不能成为客体。[5]

四、从多元到统一:客体的理论更新

通说以物、人身、行为和权利等为客体,系采多元说。但该说不仅因袭了《德国民法典》以来的错误做法,也与权利的二象性相悖。

(一)权利二象性:客体与对象的区分

严格区分当为与实存、价值与事实,"是新康德主义所阐明的,它虽

---

[1] 李永军:《民法总则民事权利章评述》,载《法学家》2016年第5期。
[2] Roscoe Pound, the Spirit of the Common Law, Marshall Jones Company, 1921, p. 207.
[3] 参见方新军:《权利客体论——历史和逻辑的双重视角》,中国政法大学出版社2012年版,第100页。
[4] [德]卡尔·拉伦茨:《德国民法通论》(上册),王晓晔、邵建东、程建英等译,法律出版社2003年版,第379页。
[5] 参见王泽鉴:《侵权行为》,北京大学出版社2009年版,第104页;瞿灵敏:《体源者生故后遗留胚胎的法律属性及其处置规则——"宜兴冷冻胚胎继承纠纷案"评释》,载《财经法学》2015年第2期。

然还不是最后的真理,但是假使少了它,法学就不足以应付其问题"[1]。无论实体法还是程序法,其核心任务是对事实进行规范表达或评价,由此,哲学上的"事实(问题)—价值(问题)"可对应于法律上的"事实(问题)—法律(问题)"。[2] 所谓权利的二象性,是指权利具有的事实、法律双重属性。一方面,人的生存离不开人身、财产等事实要素,权利内容因之体现为人身保护和资源占有;另一方面,对人身的保护和资源的占有,须经由法律对社会关系的界定实现。前者为权利的事实性,后者是权利的法律性或曰规范性;前者体现了权利的目的,是主体作用之结果,后者为权利形成的手段或主体作用之载体。

认识到权利的二象性,有助于理解权利的本质。何谓权利的本质?学界莫衷一是,主要有三种学说:一是意思说,认为权利之本质为意思之自由,或称意思之支配,即个人意思所能自由活动或自由支配的范围。二是利益说,认为权利之本质即为法律所保护的利益,凡依法律规定属于个人利益者,无论精神的或物质的,即为权利。三是法力说,认为权利即享受特定利益之法律上之力,该说为当今之有力学说。[3] 上述3种学说看似截然不同,实则为对权利二象性的不同表述。意思说描述的是权利的事实性,利益说是事实性的另一种表达,法力说则兼及了事实性和规范性,并将后者视为权利的首要特征,故为通说。正是基于权利的规范性,有学者谓:"权利是一种法律关系"[4]。

在权利的二象性中,权利客体指代的是规范性,阐释权利因何而生的问题。但如同对权利本质的认识一样,缺乏权利事实性的概念表达是不合理的。事实上,与抽象的客体概念相比,作为内容的物和人身更为直观,也直接决定了权利的类型,由此有必要另寻一概念来表达权利的事实性。现行通说以客体表征具体"事物",同时又不区分客体与对

---

[1] 〔德〕卡尔·拉伦茨:《法学方法论》,陈爱娥译,商务印书馆2003年版,第12页。
[2] 参见张平华:《事实与法律:损害的二象性及其展开》,载《现代法学》2016年第2期。
[3] 参见梁慧星:《民法总论》(第四版),法律出版社2011年版,第70页。
[4] 参见王涌:《权利的结构》,载郑永流主编:《法哲学与法社会学论丛(四)》,中国政法大学出版社2001年版,第242页。

象、标的,其影响如学者所言:"权利之客体,有称为权利之对象者;有称为权利之标的者;有称为权利之内容者,有称为权利之目的者,凡此种种名词,其本身之意义,并不确定,以之解释客体,等于未有解释"[1]。本书认为,应区分权利的客体与对象,以客体表达权利的规范性,对权利的事实性以对象名之。

从概念上看,虽然通说不区分权利的客体、对象、标的等概念,但客体与对象、标的不同,作为哲学上引申出来的概念,其既可以体现权利的媒介功能,也可以指代具体的"事物"。而对象和标的则不同,通常用来指代具体的"事物",如《辞海》对客体的释义为:哲学上同主体相对;法律关系客体的简称[2];《汉语大词典》则理解为"主体的认识对象和活动对象"[3]。关于标的,《辞海》的释义为:箭靶子;准则;标志;合同当事人双方权利义务指向的对象,有时指物,称标的物。[4] 因此,用权利客体指代权利的规范性、对象(标的)指代具体的"事物"符合用语习惯。

在理论上,也有学者注意到客体与对象的区别,如洪逊欣认为,权利客体是权利标的成立上不可或缺的对象,权利标的则是权利的内容,即归属于权利主体之利益或权能。[5] 可惜其未从法律关系角度认识客体。方新军亦认为,权利客体是权利设立的基础,权利的标的是权利行为的对象。[6] 可惜他虽然认为权利(单一的法律关系)可构成第二、第三、第四乃至更高层次的客体,却又认为具体的物、人格利益和身份利益是第一层次的客体。还有学者将权利客体分为"直接客体"与"间接客体"。一个是直接地隶属于那些组成某一权利的理想权力之下

---

[1] 王伯琦:《民法总则》,台湾省编译馆1986年版,第103页。转引自刘岸:《私权客体的逻辑分析》,载郑永流主编:《法哲学与法社会学论丛》(六),中国政法大学出版社2003年版,第89页。

[2] 《辞海》,上海辞书出版社2002年版,第928页。

[3] 《汉语大词典》,汉语大词典出版社1989年版,第1451页。

[4] 《辞海》,上海辞书出版社2002年版,第1111页。

[5] 参见洪逊欣:《中国民法总则》(修订版),三民书局1989年版,第206页。

[6] 参见方新军:《权利客体论——历史和逻辑的双重视角》,中国政法大学出版社2012年版,第171页。

的事物,而另一个则是通过某一中介成分,才隶属于上述权力之下。[1]实际上,所谓的"直接客体"不过是权利对象的代名词,而"间接客体"才是真正的权利客体。在区分权利客体与对象的基础上,权利主体、客体及对象的关系如图6-2所示。

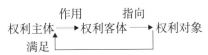

图6-2 权利主体、客体、对象三者的关系

(二) 二象性的错位:客体多元说的破产

关于权利客体的具体内涵,学界存在多元说、层次说和统一说三种学说。

1. 多元说的逻辑难题

首先,《德国民法典》以来形成的多元说,一方面赋予客体规范性含义,即主体对客体的支配或作用;另一方面又保留客体的事实性含义,即对权利对象(权利内容)的指代,由此造成了权利二象性的错位。[2]多元说因之存在与《德国民法典》同样的问题:在解释有体物权时认为客体为物,但就用益、担保物权而言,则以权利为客体。由于权利包含了规范性,因而多元说的物权客体解说,不过是权利规范性和事实性的循环,是说服力缺乏的体现。而此种二象性的错位也与法律的调整对象理论相悖:调整对象描述的是权利上的法律之力,只能是人与人之间关系,但依多元说势必导出法律兼调整人与物关系的结论。温德沙伊德曾将客体概念限缩于事实性范畴,认为物权只是存在于物上的权利,权利上的权利客体最终还是以物为客体。[3]可惜该说未引起

---

[1] Carlos Alberto Da Mota Pinto:《民法总论》,澳门翻译公司译,澳门大学法学院1999年版,第181页,转引自方新军:《权利客体的概念及层次》,载《法学研究》2010年第2期。

[2] 虽然存在不同见解,但熊文聪博士亦认为通说未区分事实与价值。参见熊文聪:《超越称谓之争:对象与客体》,载《交大法学》2013年第4期。

[3] 参见金可可:《论温德沙伊德的请求权概念》,载《比较法研究》2005年第3期。

广泛重视而被淹没。

其次,多元说在解释债权时违背了概念的同质性规律。债权是债权人要求债务人履行某种给付的权利,其客体或者是债务人或者是给付行为。人成为客体,显然与常理相悖,因此,债权的客体只能是行为,但行为不是物,也不能被拟制为"物"。而"按照一般认识,下定义的过程,就是找出各种子范畴的共同属性的过程;一个范畴就是对其所包括的各种子范畴的共同规定性"[1]。多元说使如此异质者同为权利客体,显然违背了概念的同质性规律。[2] 有学者甚至一方面在著作和建议稿中采多元说,另一方面却疑惑道:既然总则已经把如合同、遗嘱等高度抽象为法律行为,为何客体不能统一为一般的抽象概念?[3] 此外,多元说虽认为行为得为债权的客体,但却反对以行为作为统一的权利客体。实际上,行为作为具体客体与抽象客体,只是范围不同,逻辑并无二致。那么,多元说难道不是自相矛盾吗?

最后,如说多元说尚能勉强解释财产权的话,那么它在解释人格权时就钻进了"死胡同"。依多元说的"拟物化思维",人格权的客体或为人格本身,或为人格要素,或为人格利益。人格说与人格要素说并非学界通说,其谬误前已述及,但人格利益说也困境重重。一是利益虽不同于权利内容,但其攫取属于权利人的自治领域,本质上是权利的事实性范畴,因此,以人格利益来回避人格或人格要素,仍未解决人(人格)不能被支配的难题。二是如人格权客体为人格利益,则财产权客体应为财产利益,如此客体就应统一于利益,但多元说又不予承认,岂非自相矛盾?三是即便人格权利益说成立,就标表型人格权而言,客体为姓名等人格要素上承载的人格利益,但姓名权等作为一种自由权,内在地包

---

[1] 刘德良:《民法学上权利客体与权利对象的区分及其意义》,载《暨南学报(哲学社会科学版)》2014年第9期。

[2] 也有学者批评其为"客体的不确定性"。参见梅夏英:《民法权利客体制度的体系价值及当代反思》,载《法学家》2016年第6期。

[3] 参见江平、梁慧星、王利明:《"中国民法典论坛"第一场——中国民法典的立法思路和立法体例》,载中国政法大学法大新闻网(https://news.cupl.edu.cn/info/1012/5925.htm),访问日期:2022年4月9日。

含了姓名变更等的权利。此时,人格要素都不确定,谈何承载的利益。

2. 层次说的理论局限

拉伦茨把权利客体分为两个顺位:第一顺位的权利客体是支配权或利用权的标的,这是狭义的权利客体;第二顺位的权利客体是主体可以通过法律行为予以处分的标的,包含权利和法律关系。不过,拉伦茨又认为:"如果将对某种财产的权利或对某种特殊财产的权利作为一个整体来看待,并且能够作为一个整体来加以处分,因为这个财产是基于权利产生的,也就是说,是基于第二顺位的权利客体产生的,那么,这个权利就是一个第三顺位的权利客体了"[1]。该理论为王泽鉴继受并做了部分修正。其一,权利既可以作为狭义客体,也可以作为处分客体;其二,财产系各种权利的总称,其本身不得作为权利的客体。[2] 另有学者依据权利的层次,原则上把权利客体划分为4个层次:第一个层次权利包括财产权、人格权和身份权,权利客体即为物、人格利益和身份利益;第二层次权利是第一层次权利动起来的结果,其客体就是第一层次的权利;依此类推。[3]

层次说试图寻找多元客体的内在关联,但这只是以多元说为基础的类型化而已。它既未找到客体的共性,也未解决多元说存在的逻辑问题。无法支配、只能用行为来表现的权利和法律关系,仍然同物一样作为权利客体。原本用以认识权利的静态意义的权利客体,在层次说这里却被替换为描述动态交易的处分对象(第一层次的客体除外)。实际上,除了第一层次的客体外,以后的层次均属于法律关系,并且随着后一法律关系的产生,前一法律关系即归于消灭,不过是将不同权利的客体混为一谈罢了。而对于人格权,拉伦茨没有找到客体,王泽鉴认为是人之本身,方新军认为是人格利益,这些都不是新观点。因此,层次说站在传统的立场,试图避免传统的局限,必然是迷途的无功而返。

---

[1] 〔德〕卡尔·拉伦茨:《德国民法通论》(上册),王晓晔、邵建东、程建英等译,法律出版社2003年版,第378页。

[2] 参见王泽鉴:《民法总则》,中国政法大学出版社2001年版,第205—206页。

[3] 参见方新军:《权利客体的概念及层次》,载《法学研究》2010年第2期。

本书认为,多元说及层次说之所以存在不可克服的矛盾,根本原因在于未区分客体与对象,以一个客体概念同时表征权利的事实性和规范性,导致了客体概念的功能错位。其一,就结构而言,从规范性上说,如果物、人身是权利客体,那么要保证权利为主体享有,还须排除他人的干涉,即他人的不作为也应作为客体。这样就出现了一个权利两个客体的荒谬结论。其二,从事实性功能上说,如果物、人身具有满足主体的属性,那么同为表征事实性的他人行为也应具有此种属性,但行为是一个抽象概念,须假以物、人身等具体事物才能满足主体要求,岂不自相矛盾? (如图6-3所示)

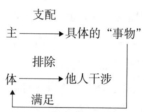

图6-3 多元说视野下的主体客体关系

(三)二象性的归位:客体行为论的回归

如果认识到权利的二象性,使客体对应于权利的规范性,权利客体就应当是统一的,此为统一说。统一说又分为两种:一是利益说;二是行为说。前者主张权利客体统一为民事利益,后者主张权利客体统一为义务人的行为。本书认为,客体理论应回归统一论,但权利客体应为义务人的行为;在区分客体与对象的基础上,以"人格—财产"为框架重构权利客体理论。

1. 利益说的否定

客体利益说的代表人物是王伯琦,其认为:"予以为权利之内质,原属一种特定利益,此特定利益之本体,谓之权利之客体"[1]。此外,曾世雄认为,权利客体是生活资源,而生活资源就是法益,法益则是民法

---

[1] 王伯琦:《民法总则》,台湾省编译馆1986年版,第103页。

所保护的利益。[1] 近年来的客体统一论主要是利益说[2],更有学者进一步区分了客体与对象,仍将客体定义为法律保护的民事利益。[3] 本书认为,利益说虽然认识到了权利客体与哲学客体的区别,即权利客体绝非作为客观存在的具体"事物",注意到了权利客体通说的局限,即权利客体绝非包容物、行为、权利和人身的"大杂烩",但其缺陷是未认识到权利二象性,以及利益与权利内容之区别(论证理由前已述及),故不赘述。

2. 权利客体是义务人的行为

权利客体存在于法律关系之中,并不意味着法律关系是权利客体,因为权利本身就是一种法律关系,将法律关系当客体就会得出权利客体是其本身的结论。主、客体关系只在具体的法律关系中才有意义,因此,必须寻找法律关系的"元形式"。法律关系的内容为权利和义务,只有单一的权利义务才是法律关系的"元形式",因为只有此时才存在一个作为目的的主体,可通过义务人的行为获得权利对象,进而满足自身的利益需求。显然,正是义务人的行为导致了权利的产生,发挥了客体的规范性功能。权利主体、义务人行为与权利对象的关系如图6-4所示:

图6-4 权利主体、义务人行为、权利对象的关系

有人认为,将权利客体解释为行为,既无法包含法律关系中权利对象的全部,也无法包含义务对象的全部,以物权为例,依据行为说,物权法律关系的客体,就是权利人"物之支配的行为"。而事实上,"物之支

---

[1] 参见曾世雄:《民法总则之现在与未来》,中国政法大学出版社2001年版,第127—129页。
[2] 参见田野:《民事法律关系客体的抽象性探讨》,载《北方工业大学学报》2008年第2期。
[3] 参见刘德良:《民法学上权利客体与权利对象的区分及其意义》,载《暨南学报(哲学社会科学版)》2014年第9期。

配行为"并不以"行为"为限,取得"自然孳息"的收益,作为物之支配形态之一种,就是基于"事件"而产生的。[1] 这种反驳没有说服力。其一,行为说中的行为是义务人的行为,而非权利人支配对象的行为,因法律仅调整人与人关系,而非人与物关系。其二,绝对权对象的产生属于事件或事实行为,与人的意志无关,但若确定其归属(即权利范围),势须通过排除他人干涉(即使他人负有不得侵害的义务)方能实现。

将权利客体统一界定为行为的做法早已有之。英国法学家奥斯丁指出:权利的客体是"作为或不作为的行为,是义务主体应当受到约束的行为"[2]。意大利学者费拉拉认为,在任何情况下,无论物权还是债权,它们的客体都是行为,因为法律关系是人与人的关系。[3] 德国学者基尔克也认为:"实际上所有权利都不是单向的,而是相互间的意志关系。即使是物权,从根本上说也是人与人之间的意志关系,而非独立的个体意志和无意志的客体之间的关系"[4]。苏联学者也说,法律关系是人和人的关系,而不是人和物的关系,因此,法律关系总是针对人的行为,它以人的行为而不是物为客体。[5] 佟柔先生亦认为,把物和行为分别作为权利客体是不妥的,物在民事法律关系中只能作为标的,不能作为客体。只有把它们结合起来,即结成"体现一定物质利益的行为"才能成为权利客体。[6]

---

[1] 参见马骏驹:《从人格利益到人格要素——人格权法律关系客体之界定》,载《河北法学》2006 年第 10 期。

[2] 参见王涌:《权利的结构》,载郑永流主编:《法哲学与法社会学论丛(四)》,中国政法大学出版社 2001 年版,第 283 页。

[3] See Carlo Maiorca, L'"Oggetto" del Diritto, Milano, Giuffre, 1939, p. 114. 转引自方新军:《权利客体论——历史和逻辑的双重视角》,中国政法大学出版社 2012 年版,第 84 页。

[4] [德]奥托·基尔克:《私法的社会使命》,杨若濛译,商务印书馆 2021 年版,第 23 页。

[5] 参见《民法》(第 1 卷),苏联国立法律书籍出版社 1950 年版,第 11 页,转引自王勇飞主编:《法学基础理论参考资料》(第 5 册),北京大学出版社 1981 年版,第 120 页。

[6] 佟柔先生此言虽未区分权利的二象性,但他已认识到行为作为客体的意义。参见佟柔主编:《民法原理》,法律出版社 1983 年版,第 33 页。

3. 客体行为论的意义

首先,客体行为论为财产权提供了合理的解释方案。物权的客体是义务人不得干涉物权人利用物的不作为,只不过,所有权的对象为权利人所有的物,用益物权是存在于他人之物上的使用价值,担保物权则是存在于他人之物上的交换价值。就债权而言,其客体为债务人的积极给付行为,对象则是作为给付标的的物、服务等。其次,客体行为论有效地化解了人格权的客体难题。由于客体不再指向具体的存在,人格权就不再面临人不能成为手段的伦理难题。由此,人格权才能获得独立的权利地位,人格权独立成编才具有理论基础,否则,只能如梁慧星版建议稿一样,被规定于总则的主体部分。

更为重要的是,客体行为论完成了权利客体、权利本质与调整对象的无缝对接(行为是三者的共同关注对象),在区分客体与对象的基础上,形成了简明的理论体系。义务人的行为有作为与不作为之分,由此形成"积极客体"与"消极客体"的对立[1],前者对应于债权,后者对应于物权和人格权。而就权利内容即权利的事实性而言,债权、物权的对象为物或被视为物的服务、知识产权;人格权的对象则为人格(要素)。就权利的性质而言,与其说是对权利客体的描述,毋宁说是结合权利对象的观察。由此,基本上可以得出债权为请求权、物权为支配权,人格权为"受尊重权"的结论,如图6-5所示:

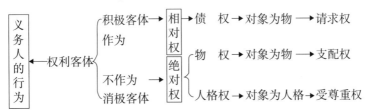

图6-5 权利客体、权利对象与权利体系的关系

---

[1] 阿列克谢耶夫区分了积极型法律关系的客体、消极型法律关系的客体。只不过他并未从义务人行为的角度来阐释二者的区别。参见〔苏联〕C.C.阿列克谢耶夫:《法的一般理论》(下册),黄良平、丁文琪译,孙国华校,法律出版社1991年版,第498、530—531页。

五、结 论

本章祛除了源自苏联学说的法律关系主、客体的错误语境,纠正了权利客体受哲学的不当影响,通过对规范与事实、客体与对象的区分,建构了统一的权利客体概念——义务人的行为,旨在为《民法典》的解释论献计。

(1)《民法典》未规定权利客体不见得是一件坏事。《民法总则》制定之时,关于权利客体的立法安排,存在两种不同意见。多数学者认为,《民法总则》应当规定权利客体,主要理由在于:这是法律关系(权利)结构的要求[1]、潘德克吞式民法总则的通例,也是法典形式美的体现。少数学者认为,权利客体应当依其类别,分别纳入相关权利规范中进行规定,主要理由是:不同民事权利的性质、特征和效力差异极大,很难通过归纳的方法抽象出一般规则[2];当代民事法律关系日趋复杂,客体存在不确定性、不周延性和功能缺乏性等困境,通过《民法总则》统一规定客体制度实不可取[3]。本书认为,《民法典》规定权利客体的形式美具有相对性。因为权利客体的体系意义,不在于法律关系的结构要求,而是对模糊不清的私权进行界定。就此而言,《民法典》系采"主体—权利—行为"进路,还是"主体—客体—行为"思路,并无本质的区别。但这并不意味着本书支持第二种意见,因为本书认为权利客体可统一为义务人的行为。不过,考虑到当前学界对客体的概念和理论存在较大分歧,专门规定也不会超出潘德克吞式民法典的水平,《民法典》总则编不规定权利客体,反而为中国民法发挥后发优势留下了空间。

---

[1] 参见李永军:《民法总则民事权利章评述》,载《法学家》2016年第5期;温世扬:《民法总则中"权利客体"的立法考量——以特别"物"为重点》,载《法学》2016年第4期。

[2] 参见尹田:《论中国民法典总则的内容结构》,载《比较法研究》2007年第2期。

[3] 参见梅夏英:《民法权利客体制度的体系价值及当代反思》,载《法学家》2016年第6期。

（2）《民法典》不规定权利客体将会取得意想不到的效果。其一，区分客体与对象的意义尚未引起学界重视，只设民事权利章，为《民法典》的解释和学说发展预留了空间，同时也为人格权确权的理论证成提供了新的模型。其二，把权利客体定义为权利的形成机制，对权利而言主要是一种认识意义，因此，权利客体不宜规定在《民法典》中，只是作为一个解释论上的学术概念。事实上，在《民法典》规定民事行为的情况下，再规定权利客体为义务人的行为，势必会引起不必要的误会，影响法典在结构上的美感。其三，与权利客体相比，权利对象与大众生活的关系更为紧密，往往成为权利划分的依据，具有更为直观的意义，有必要予以明文规定，但通过对民事权利类型的规定完全可以起到同样的立法效果。如果说《民法典》对权利类型的规定未能穷尽所有客体的话，专门规定权利客体也无法解决这一难题，因其本质上是由人的认知局限决定的。

第七章　权利客体与权利对象

本书第六章从权利的规范性和事实性出发,提出区分权利客体与对象的主张。事实上,这并非孤例。近年来,为解决传统客体理论的难题,民法学界出现了一股区分客体与对象(标的)的潮流。[1] 本章要讨论的是这一方案的可行性问题:其他学科是否存在同样的思维模式,其他法学学科是否也有贯彻。如何区分客体与对象,此种区分存在多大理论意义,能否解决人格权的客体难题,进而夯实《民法典》建立的人格—财产二元格局基础,彰显中国民法学的世界贡献?

一、为何要区分权利客体与对象

权利客体的意义,即在于认识权利。但通过区分客体与对象的方式,来构建民事权利客体理论,相信大多数人会感到陌生。既然如此,为何要区分客体与对象,它存在某种必然规律吗?这得从概念术语的使用上说起。

---

[1] 参见方新军:《权利客体论——历史和逻辑的双重视角》,中国政法大学出版社2012年版,第170页;孙山:《民法上对象与客体的区分及其应用》,载《河北法学》2021年第2期;熊文聪:《超越称谓之争:对象与客体》,载《交大法学》2013年第4期;刘德良:《民法学上权利客体与权利对象的区分及其意义》,载《暨南学报(哲学社会科学版)》2014年第4期;曹相见:《权利客体的概念构造与理论统一》,载《法学论坛》2017年第5期;曹相见:《民法上客体与对象的区分及意义》,载《法治研究》2019年第3期;王坤:《知识产权对象、客体的区分及其在民法学上的意义》,载《法治研究》2020年第1期。

(一) 语义学上的考察

就汉字语义而言,客体与对象既难以区分,又存在某种意义上的不同。依据《现代汉语词典》的释义,客体在哲学上指主体以外的客观事物,是主体认识和实践的对象,在法律上指主体的权利和义务所指向的对象,包括物品、行为等;对象则是行动或思考时作为目标的人或事物,亦指恋爱的对象。[1]《汉语大词典》与之大同小异:客体是指外界事物,是主体的认识对象和活动对象;对象则指行动或思考时作为目标的事物,或者特指恋爱的对方,北方方言则意指配偶。[2]《辞海》的释义亦相差无几:客体"在哲学上同主体相对,构成人的实践活动或人的认识活动的一对基本范畴;法律关系客体的简称";对象则为"行为目标,如打击对象、研究对象;特指恋爱的对象"。[3]

经比较可知,作为实践和认识的对象,客体通常与主体相对,体现了主体的作用力,因而具有功能意义;同时,其作为一种客观存在,也可以是一种抽象的观念。对象则与之不同,因其不属于与主体相对的范畴,所以通常被用以指代具体事物,因而对象通常是在事实意义上使用的。不过,客体与对象的此种区别虽然存在,但总不易使人觉察。例如,著名学者于光远先生就认为,客体与对象在英文中均是 object 一词,用认识客体比用认识对象要好得多,或者说用认识对象代替认识客体也可以。[4] 然则,据学者考察,英文 object 在 20 世纪的汉语翻译中曾出现客观、外物、客体、心像、对象以及对境等名词,经过文化的历史积淀基本保留了客观、客体和对象三个名词。[5] 这表明,汉语中客体与对象各有所指,经得住历史的考验。

---

[1] 参见《现代汉语词典》(第五版),商务印书馆 2005 年版,第 775、346 页。
[2] 参见罗竹风主编:《汉语大词典》(第 3 卷下),上海辞书出版社 2008 年版,第 1451、1301 页。
[3] 参见《辞海》,上海辞书出版社 2009 年版,第 517、1248 页。
[4] 参见于光远:《关于主客体关系的对话》,载《学术界》2001 年第 6 期。
[5] 参见钟少华:《"主观—主体"及"客观—客体—对象"的中文嬗变——兼致于光远先生》,载《学术界》2002 年第 3 期。

在英文意义而言，object 是个多义词。例如，《新牛津英汉双解大辞典》的释义为"物体，东西，(哲)客体；对象，目标"[1]。《学生实用英汉双解辞典》的释义为"物体；对象，客体；目标；可笑的人(事物)"[2]。《远东英汉大辞典》的释义为"物体，物件；(情感、思想或行动之)对象；目标；(可怜、荒诞、滑稽，或愚蠢的)人或物；目的"[3]。此外，英英字典也未超越上述释义。[4] 事实上，在英语世界的学术术语中，object 仍然是个多义词。[5] 有的学者甚至认为，object 有着众多不同而且矛盾的定义，试图赋予其确定内容是一个严重错误。[6] 同时，当客体与主体相对时，其功能性也获得承认，即其从历史演进和人类活动的意识方面反映了人与世界的关系。[7]

客体作为法学概念进入大陆法系的理论视野，却是因为《德国民法典》的制定。[8]《德国民法典》第 90 条在定义物时，使用了"有体的 Gegenständ"之表述。依文义可知，作为一个统摄有体物和无体物的概念，Gegenständ 似乎并无与主体相对的客体之意。而在德文中，Gegenständ(Gegenstäende 为其复数)的释义亦不外乎"物品，物件；对

---

[1] 《新牛津英汉双解大辞典》，上海外语教育出版社 2007 年版，第 1465 页。
[2] 参见高凌主编：《学生实用英汉双解词典》，外文出版社 2008 年版，第 706 页。
[3] 参见梁实秋主编：《远东英汉大辞典》，远东图书公司 1977 年版，第 1429—1430 页。
[4] 例如，《柯林斯 COBUILD 英语词典》的释义为"an object is anything that has a fixed shape or form, that you can touch or see; the object of what someone is doing is their aim or purpose; the object of a particular feeling or reaction is the person or thing it is directed towards, or the person or thing that causes."《牛津简明英汉词典》的释义为"a material thing that can be seen or touched; a person or thing to which action or feeling is directed. a thing sought or aimed at."参见〔英〕辛克莱尔编：《柯林斯 COBUILD 英语词典》，上海外语教育出版社 2000 年版，第 1135 页；〔英〕德拉·汤普逊编：《牛津简明英汉词典》，外语教学与研究出版社 2000 年版，第 938 页。
[5] See Ärpäd Volczer, To the Question of the Philosophical Categories of Object and Subject, 17 Annales U. Sci. Budapestinensis Rolando Eotvos Nominatae 192 (1975).
[6] See Jeanne. L. Schroeder, Subject：Object, 47 University of Miami Law Review 4, 6 (1992).
[7] 同注[5], pp. 191-192。
[8] 参见方新军：《权利客体论——历史和逻辑的双重视角》，中国政法大学出版社 2012 年版，第 1 页。

象,目标;题目、题材;学科,课程"[1]。那么,德语中的 Gegenständ 真的与客体无关吗?答案是否定的。德文中与客体对应的词汇是 objekt,该词源自拉丁语 objectus,后者意指对象、对面、障碍、物体,在哲学发生认识论的转向之后才具有客体之意,但此时如何说明客体又成了问题,于是德国学者创设 Gegenständ 一词来解释[2],所以通说认为 Objekt 和 Gegenständ 同义[3]。

客体由此在《德国民法典》中与对象合二为一,丧失其受主体作用的功能意义。客体的这一改造直接导致了物权理论的脱节:一方面,在调整对象上,人们认为物权调整的是人与人之间的关系;另一方面,物权性质"对物权说"一直存在,该说认为物权是人对物的权利。[4] 而按照常识,人如何支配、利用物是权利人的自由,法律并不横加干涉,因此强调人与物的关系并不能体现法律意义上主体对客体的作用力。事实上,《德国民法典》在 Gegenständ 之外,还使用了 inhalt 一词来表示债的利益"对象",并与履行、清偿等给付行为相区别。[5] 依据德文释义,inhalt 意指容器里面的东西、物品或内容[6],因此我们有理由相信,德国法上的 Gegenständ 名为客体实指对象。

---

[1] 参见叶本度主编:《朗氏德汉双解大词典》,外语教学与研究出版社 2010 年版,第 709 页;马桂琪主编:《现代德汉词典》,外语教学与研究出版社 2004 年版,第 267—268 页;潘再平等编:《新德汉词典》,上海译文出版社 2010 年版,第 510 页;张才尧等编:《新编德汉词典》,外语教学与研究出版社 2004 年版,第 616 页。
[2] 参见方新军:《权利客体论——历史和逻辑的双重视角》,中国政法大学出版社 2012 年版,第 11—12 页。
[3] 同上注,第 4 页。
[4] 参见梅夏英:《民法权利客体制度的体系价值及当代反思》,载《法学家》2016 年第 6 期。
[5] 参见张俊浩主编:《民法学原理》(下册)(修订第三版),中国政法大学出版社 2000 年版,第 616 页。
[6] 叶本度主编:《朗氏德汉双解大词典》,外语教学与研究出版社 2010 年版,第 947 页;潘再平等编:《新德汉词典》,上海译文出版社 2010 年版,第 687 页;张才尧等编:《新编德汉词典》,外语教学与研究出版社 2004 年版,第 805 页;马桂琪:《现代德汉词典》,外语教学与研究出版社 2004 年版,第 330 页。

就学科而言,虽然存在不同的意见[1],但客体与对象的区分是一种普遍选择。因为学科发展到一定阶段,便会注意其认识原理、客体与主体的相互关系,以及对象的特殊性问题。[2] 客体与对象的区分有两种模式:一是以客体为对象的载体,这是认知论学科的做法,这里的客体不过是一种抽象事实。例如,图书馆学的研究客体是图书馆事业,对象则是客体的一个方面或一个属性[3];农村社会学的研究客体是社会区域共同体,研究对象则是共同体上的社会再生产的规律和规律性[4]。二是以客体为对象的媒介,这是实践论科学的做法,此时的客体则体现了主体的作用力。例如,审美客体与审美对象的区分,前者是事物外观形态的"客观"存在,后者则是主体作用于客体产生的意识性建构。[5]

正因为如此,有学者认为,客体与对象分别运用于哲学、心理学和法学等领域,各自有不同的侧重,各个选用者可以自主选用,这也是 object 的中文翻译一直保留客体、对象的原因。[6] 而就实践论学科而言,此种区分尤为必要。因为实践是由诸主体通过改造相互联系的中介客体而发生多种物质交往关系的客观过程,任何实践结构都是"主体—客体"和"主体—主体"的有机统一。[7] 法律作为调整人与人之间关系的机制,显然属于这一范畴。如果不注意上述两重关系,不留意客

---

[1] 在揭示学科客体和对象的概念本质方面,可以区分出两种带有普遍性的观点:一是不区分学科的客体和对象,认为二者均是被认识、创造或改造的具体现象或过程;二是以哲学感知和一般科学感知为基础区分客体与对象。参见〔俄〕A. 奇思妥巴耶夫等:《社会经济地理学的研究客体和对象》,由之译,载《国外社会科学》1994 年第 6 期。
[2] 参见〔苏联〕F. K. 库兹明:《现代图书馆学的客体、对象和方法学》,潘新铭译,赵世良校,载《黑龙江图书馆》1984 年第 1 期。
[3] 参见梁立凤:《比较图书馆学的客体和对象研究》,载《现代情报》2007 年第 5 期。
[4] 参见〔苏联〕B. 斯塔罗维罗夫:《苏联农村社会学的客体、对象和任务》,立早译,载《国外社会科学》1982 年第 8 期。
[5] 参见董志强:《审美客体与审美对象》,载《哲学研究》2002 年第 10 期。
[6] 参见钟少华:《"主观—主体"及"客观—客体—对象"的中文嬗变——兼致于光远先生》,载《学术界》2002 年第 3 期。
[7] 参见任平:《马克思主义交往实践观与主体性问题——兼评"主体—客体"两极哲学模式的缺陷》,载《哲学研究》1991 年第 10 期。

体的媒介功能,就无法揭示权利的真谛。

(二)刑法理论的贯彻

1.犯罪客体与犯罪对象的区分理论

我国传统犯罪构成理论采四要件说,犯罪客体为其第一要件。按照通说,所谓犯罪客体是指我国刑法所保护的、为犯罪行为所侵害的社会关系。[1] 犯罪客体由此与犯罪对象区分开来,后者意指犯罪行为所作用的客观存在的具体人或具体物。[2] 应当指出的是,犯罪客体与犯罪对象的区分理论虽然系继受苏联而来,却并非纯为意识形态服务的空洞价值符号,其存在深厚的理论基础:马克思在《关于林木盗窃法的辩论》一文中指出,盗窃林木犯罪行为的实质并不是对物质的林木的侵犯,而是对林木的国家神经即财产权本身的侵犯。[3] 马克思的这一论断,从人与人的关系认识犯罪的本质,符合法律作为实践论科学的特征,并正确认识到了客体的媒介功能,不可谓不经典。

区分犯罪客体与犯罪对象的意义,是为了弄清犯罪对象体现的社会关系。[4] 其一,某一行为虽然侵害了具体的人或物,但未侵害刑法所保护的社会关系,则不构成犯罪,如正当防卫、紧急避险等。其二,若某一行为侵害了刑法所保护的社会关系,但不存在具体被侵害的人或物,也构成犯罪。换言之,犯罪客体是犯罪的构成要件,犯罪对象则不是。例如,偷越国(边)境罪就没有犯罪对象,也许有人说边境线就是犯罪对象,这一说法十分可笑,因为偷越并不损边境线毫厘,而只是违反了刑法的规定。其三,在许多情况下,侵犯同样的犯罪对象,却可能触犯不同的罪名。例如,同样是对财产的非法占有,如果是秘密窃取他人财产,则成立盗窃罪;如果是对合法占有的他人财产拒不归还,则成立

---

[1] 参见高铭暄、马克昌主编:《刑法学》(第四版),北京大学出版社2010年版,第57页。
[2] 同上注,第63页。
[3] 参见《马克思恩格斯全集》(第1卷),人民出版社1956年版,第168页。
[4] 参见樊凤林:《刑事科学论衡》,中国人民公安大学出版社2004年版,第167页。

侵占罪。

2.区分犯罪客体与犯罪对象的正当性

20世纪90年代以来,随着大陆法系阶层式犯罪构成理论的引进,要求改造乃至废弃四要件说的呼声高涨,理论界逐渐形成传统派、改良派和废弃派三足鼎立的局面。在此进程中,犯罪客体成为众矢之的[1],相关的批评主要集中于如下两点:

一是认为犯罪客体就是犯罪对象,对二者进行区分实无道理。持此意见者从哲学角度出发,认为作为主体认识活动和行为活动指向的客体,只能是客观世界中本来存在的客观事物。犯罪行为只有与客观世界接触才能产生社会关系,但这一社会关系是犯罪行为的结果,而不是犯罪行为本身的指向。正因为罪行关系的产生不能脱离犯罪行为,犯罪行为不能脱离一定的人或物,所以只有犯罪行为所指向的人或物才能称为犯罪客体。[2] 所以,区分犯罪客体与犯罪对象没有哲学根据,赋予客体和对象不同内涵缺乏理论根据。[3] 且将犯罪客体解释为社会关系,也与其他学科上的客体概念矛盾。[4]

二是认为犯罪客体非犯罪构成的必要要件,没有必要继续坚持。按照这种主张,犯罪客体旨在揭示犯罪的本质特征,而这属于犯罪概念——而非犯罪构成的范畴;作为犯罪构成的要件,应当是犯罪的实体性存在,但犯罪客体不属于犯罪的实体内容本身,而是在犯罪之外的某种社会构成要素[5];犯罪构成由客观要件、主体要件与主观要件决定,否认犯罪客体不会给犯罪认定带来困难[6];犯罪客体本身即是一种价值判断,把它作为犯罪构成的首要条件会导致价值判断过于前

---

[1] 参见赵秉志主编:《刑法学总论研究述评(1978—2008)》,北京师范大学出版社2009年版,第310页。
[2] 参见刘宪权、杨兴培:《刑法学专论》,北京大学出版社2007年版,第95、97页。
[3] 参见陈兴良:《犯罪构成的体系性思考》,载《法制与社会发展》2000年第3期。
[4] 参见张文:《犯罪构成初探》,载《北京大学学报(哲学社会科学版)》1984年第5期。
[5] 同注[3]。
[6] 参见张明楷:《法益初论》,中国政法大学出版社2003年版,第251—252页。

置,不利于保障人权和实现法治[1]。

本书认为,犯罪客体即犯罪对象的主张实难成立。

其一,实践论包含人与人关系的结构,实践论学科强调客体的媒介功能,已如前述。据此,法律作为调整人与人之间关系的机制,其所指向的客体,或者说借此发挥作用的媒介,当然不能脱离社会关系的范畴。因为认为犯罪客体即犯罪对象者所谓的"哲学根据"实无道理。其二,作为犯罪客体的社会关系不同于因犯罪产生的刑罚关系。例如,杀人违反了"禁止杀人"的刑法规范,却符合杀人罪的刑罚法规,前者为犯罪客体,后者为刑罚关系。所以宾丁说:刑事违法不是违反刑罚法规,恰恰相反,必须符合刑罚法规,它所违反的是刑法确定的行为规范。[2] 其三,德日刑法理论无犯罪客体,但存在法益、违法性等对应概念[3],而其同时又区分刑法的保护客体(法益)和行为客体(犯罪对象)[4],岂不自相矛盾?

就犯罪构成而言,四要件说、三要件说、二要件说各有其优缺点,但若排除犯罪客体要件,则未免混淆视听。

首先,犯罪构成的基本要素无非四个:行为构成(行为、结果及因果关系)、行为判断、责任能力和主观过错。四要件说将行为判断前置,名之为犯罪客体,从而形成客体、客观方面、主体、主观方面的四元格局。三要件说则将责任能力、主观过错合并为有责性,从而形成构成要件该当性、违法性、有责性的格局。二元说则将行为构成与行为判断合并为客观要件(违法性);将责任能力和主观过错合并为有责性,由此形成二元格局。虽然传统四元说在行为构成中还包含了选择性要素,但这完全可以通过改良加以消除。[5] 而除此之外,其与三要件说、二要件

---

[1] 参见周光权:《犯罪构成理论与价值评价的关系》,载《环球法律评论》2003年第3期。
[2] 参见陈兴良:《教义刑法学》,中国人民大学出版社2010年版,第108—109页。
[3] 其中,法益是犯罪客体的主要功能承载者,所以有学者认为,犯罪客体的内容是指一定主体的权利或利益,而不是社会关系。参见徐振华:《犯罪客体新探——兼谈犯罪对象在犯罪构成体系中应有的地位》,载《法商研究(中南政法学院学报)》2002年第2期。
[4] 参见陈兴良:《犯罪构成的体系性思考》,载《法制与社会发展》2000年第3期。
[5] 参见黎宏:《我国犯罪构成体系不必重构》,载《法学研究》2006年第1期。

说并无本质不同。从四要件说中排除犯罪客体,好比从三要件说中排除违法性一样不可取。

其次,三要件说并非如论者所言,遵循了从客观到主观、从形式到实质、从抽象到具体的紧密逻辑,因为构成要件不可能是纯粹客观的。虽然最初贝林格主张构成要件不包括主观、规范要素,但人们很快发现,若无主观、规范要素,难以实现其对行为客观印证的模型化作用。[1]事实上,构成要件该当性与违法性的分离也很牵强,因为"行为构成和违法性融合为一个不法性的总的行为构成,它完整地包含了对不法判断有重要意义的全部特征"[2]。因此,如构成违法阻却事由,我们亦无须判断其客观要件;反过来说,在缺乏违法性的情况下,仅凭行为构成很难界定行为性质;连适用何种罪名都不确定,何谈判断其行为构成? 就此而言,二要件说要比三要件说更合理。

最后,四要件说也不是批评者认为的那样,是一种平面的耦合结构、毫无逻辑可言。确实,四要件说将犯罪客体前置也即价值判断前置,破坏了犯罪构成从客观到主观的体系美。但法学作为一门实践科学,关注的是法律适用于案件事实的过程,而事实与法律在本体论和规范论上均非泾渭分明[3],判断者的眼光须"在规范与事实之间往返流转"[4]。所以,犯罪构成从客观到主观排列本身即不科学。此外,四要件说也更符合人们的认识规律。[5] 法律适用的第一步是找法,而找法必然要分析社会关系,以确定其是否违反刑法规范,以及违反何种刑法规范。这正是四要件说前置犯罪客体的合理性所在,所以有学者说犯

---

[1] 参见高铭暄:《论四要件犯罪构成理论的合理性暨对中国刑法学体系的坚持》,载《中国法学》2009年第2期。

[2] [德]克劳斯·罗克辛:《德国刑法学总论(第1卷):犯罪原理的基础构造》,王世洲译,法律出版社2005年版,第185页。

[3] 参见张平华:《事实与法律:损害的二象性及其展开》,载《现代法学》2016年第2期。

[4] 参见[德]卡尔·拉伦茨:《法学方法论》,陈爱娥译,商务印书馆2003年版,第162页。

[5] 参见高铭暄:《论四要件犯罪构成理论的合理性暨对中国刑法学体系的坚持》,载《中国法学》2009年第2期。

罪客体兼有事实判断和价值评价的双重功能。[1]

事实上,三要件说从客观到主观的排序只是一种假象。其虽否认犯罪客体,却不得不假借法益来认识犯罪,但法益的定义至今仍未得到认可,亦无法有效区分犯罪行为和违反秩序的行为。[2] 不唯如此,法益就其本质也包含了价值判断,甚至在内涵上与犯罪客体类似。[3] 违法性固然也是一种价值判断,但其不具有认识犯罪的积极作用,而仅具有出罪的评价功能。所以说,违法性与法益受侵害结合起来才能与犯罪客体等同。也正因为如此,二要件说才将行为构成与违法性合并为客观要件,认为其解决的是法益受侵害的问题。[4] 可惜三要件说的支持者并未意识到这一点,反以为四要件说以社会危害性取代违法性,使其承担实质的价值评判功能。[5]

3. 犯罪客体、犯罪对象与民法的关联

民法、刑法虽然法律属性不同、调整方式各异,但就人身、财产关系而言却存在调整对象上的重叠,借此我们得以窥见二者在调整机理上的内在关联。

民法是权利法,但权利的界定须经由法律关系才能完成。换言之,法律关系是作为权利的媒介或曰形成机制存在的。经由法律关系的建构,权利才获得了自由的内容。所以,萨维尼说:"所有的具体法律关系就是通过法规则而界定的人与人之间的联系。但这种通过法规则而进行的界定在于向个人意志指定了一个领域,在此领域之中,个人意志独立于他

---

[1] 参见彭文华:《犯罪客体:曲解、质疑与理性解读——兼论正当事由的体系性定位》,载《法律科学(西北政法大学学报)》2014年第1期。

[2] 参见[德]克劳斯·罗克辛:《德国刑法学总论(第1卷):犯罪原理的基础构造》,王世洲译,法律出版社2005年版,第14页。

[3] 德国刑法学家罗克辛认为:"法益是在以个人及其自由发展为目标进行建设的社会制度范围之内,有益于个人及其自由发展的,或者是有益于这个制度本身功能的一种现实或者目标设定。"这就与法律关系类似。并且,其认为法益应根据行为对象加以区分,如伪造文书罪所保护的法益是证据证明过程的纯洁性,但其行为对象却是被伪造的文书。盗窃罪所保护的法益是财产和支配权,行为对象则是具体的财产。参见注[2],第15、21页。

[4] 参见张明楷:《刑法原理》,商务印书馆2011年版,第86页。

[5] 参见陈兴良:《教义刑法学》,中国人民大学出版社2010年版,第123页。

人的意志而居支配地位。"[1]也正因为如此,有学者在界定物权的定义时,认为排他性权利(而非对物的支配)才揭示了物权的本质。[2]

举凡民事权利必有其媒介(法律关系),但不一定存在物等具体对象,典型者莫如形成权。形成权是权利人依自己的意思,使自己与他人之间的法律关系发生变动的权利,如撤销权、解除权、追认权等,其虽存在经法律关系形成的自由,却并不涉及具体财产、人身的支配或处分。此外,如果我们采保守的立场,不承认所谓的一般人格权,则对于民法上的未被权利化的自由利益(如表达言论、自由行走等)来说,其亦须假手法律关系的建构排除他人的干涉,但却不存在具体的对象。

与民法的确权思维不同,刑法是从侵权角度来认识犯罪的。但犯罪客体与对象的区分与民法存在内在的关联:民法从确权角度认识法律关系的意义,而犯罪客体则从侵权角度理解法律关系。在刑法上,犯罪必然存在对社会关系的破坏,但未必存在犯罪对象;在民法中,享有权利即意味着受法律关系的保护,但不一定是对具体物等对象的支配。从这个意义上说,刑法上犯罪客体与对象的区分理论对民法也有启示意义。至于侵权法为何未如刑法一般区分客体与对象,应与其构成要件理论源自德日刑法有关。

(三)民法领域的探索

关于民法上客体与对象的区分,我国台湾地区学者曾有讨论,如郑玉波先生谓:"权利之客体有称权利之对象者;有称为权利之标的者;亦有称为权利之内容者,用语虽殊,意义则无大异……权利人依其权利所得支配之社会利益之本体,斯即权利之客体也。"[3]但洪逊欣认为:"权利之标的及客体等用语,学者间之用法未尽一致。惟本书对两者暂为区别,权利之标的,系权利之内容,即归属于权利主体之利益或权能;而

---

[1] [德]萨维尼:《当代罗马法体系I:法律渊源·制定法解释·法律关系》,朱虎译,中国法制出版社2010年版,第258页。
[2] 参见高富平:《物权法原论》(第二版),法律出版社2014年版,第204页。
[3] 郑玉波:《民法总则》,中国政法大学出版社2003年,第263页。

权利之客体,乃权利标的成立上不可或缺之对象。"[1]而即便是区别说,也只是客体与内容的区分,因其所谓客体未体现客体的媒介功能,与法律关系无关。

虽然不区分权利客体与对象,至今仍是民法学界的主流做法,但随着学界对传统客体理论的反思,客体与对象的区分日益引起学者关注。

1. 知识产权领域

受马克思犯罪论的影响,刘春田教授基于客体的媒介功能,明确区分知识产权的客体与对象。其认为,作为知识产权对象的知识是"形式的""结构的""符号的",属非物质的范畴;知识产权的客体则是在对象上所施加的、能够产生一定利益关系的行为,属于物质的范畴。由于二者存在紧密关联,理论与实践均将其混为一谈。然则,权利对象是权利客体发生的客观基础和前提,它决定了能够对其施加行为的具体方式及内容;客体则是权利与对象的中介,若无作为权利客体的行为,就不可能导致利益关系的发生、变更与消灭。[2] 与之类似,王坤研究员将知识产权的客体界定为知识产权法律制度所保障实现的知识功能,对象则为各种知识。[3]

同样在知识产权领域,另有学者基于"抽象价值—具体事实"的标准来区分权利客体与对象。这一主张认为:"权利客体是从抽象价值的层面解读权利,权利对象则是在具体事实层面描述权利。权利对象是权利的外在指向,是具体化的,是人类从实践和感知的角度确定的具体要素,是权利这一抽象概念指向的客观事实。"进而得出结论:"权利客体内化于权利,反映权利的本质,即利益;权利对象是权利的外在指向,是具体的事实要素。"[4]

---

[1] 洪逊欣:《中国民法总则》,三民书局1982年,第202页。
[2] 参见刘春田主编:《知识产权法》(第四版),高等教育出版社、北京大学出版社2010年版,第8—9页。
[3] 参见王坤:《知识产权对象、客体的区分及其在民法学上的意义》,载《法治研究》2020年第1期。
[4] 朱楠:《从权利对象和权利客体之别析外观设计专利权和版权的保护》,载《北方法学》2016年第5期。

2. 个人信息领域

在研究个人信息时,刘德良教授发现,权利客体为物、行为等具体对象的观点,"既导致了对作品及其权利性质的争论,更难以为个人信息商业价值与'特殊物'的法律保护提供自洽的理论解释,最终使人格权与财产权区分理论陷入困境"[1]。因为按照传统民法理论,物上成立物权,人格客体则成立人格权,无法得出一项权利兼有财产权与人格权属性的结论,但作品、个人信息和"特殊物"的理论与实践却突破了这一立场。刘德良教授认为,出现上述问题的根本原因,是传统理论混淆了权利的客体与对象。在法学上,权利客体属于抽象范畴,是体现在权利对象上的利益;权利对象则是一个具体的范畴,包括物、行为、信息等利益载体。[2] 认为客体为利益、对象,为具体范畴的分析框架也被学者用于解释"人格物"的性质难题。[3]

3. 传统民法领域

部分民法学者在反思权利客体理论时,也得出了区分客体与对象的结论。这是又存在三种方案:

一是权利要素方案。方新军教授认为,权利是类型概念,而非抽象概念,它不能被定义,只能被描述。[4] 权利可以类型化为内在要素和外在要素两个部分,内在要素即法律上的资格和权利主体的自由意志,而外在要素则包括权利涉及的主体和权利涉及的客体。权利的客体是对权利设立在何种基础之上的说明,是立法者通过授予主体法律上的权利予以保护的利益的具体化。在此基础上,方新军教授认为应当区分权利的客体与权利标的(对象),认为前者是在权利发生的层面上解决权利设立在何种基础之上的问题,而权利标的则是在权利实现

---

[1] 刘德良:《民法学上权利客体与权利对象的区分及其意义》,载《暨南学报(哲学社会科学版)》2014年第9期。
[2] 同上注。
[3] 参见冷传莉:《"人格物"的司法困境与理论突围》,载《中国法学》2018年第5期。
[4] 参见方新军:《权利客体论——历史和逻辑的双重视角》,中国政法大学出版社2012年版,第4页。

的层面上解决权利的行使对象问题。[1]

二是事实与价值的分野方案。此有两种意见。熊文聪博士认为,事实与价值不分是传统民法客体与对象混用的本源。但事实上,价值命题只关涉是否需要创设以及在何种程度上创设权利,而这取决于特定的社会经济条件及伦理观念,无法从对象的自然属性中找到现成的答案。民法中的客体就是权利,对象则为权利之构成要素。因此,只有所谓权利之对象,而无所谓权利之客体。[2] 另有学者则将对象界定为主体之外能为人类所感知、满足人类需求的客观存在,也即在"法益—义务"的事实基础的前提下,将客体界定为主体间通过配置"法益—义务"确定的利益形态。[3]

三是本书作者采用的权利的二象性方案。所谓权利的二象性,是指权利具有的事实、法律双重属性。一方面,人的生存离不开人身、财产等事实要素,权利内容因之体现为人身保护和资源占有;另一方面,对人身的保护和资源的占有,须经由法律对社会关系的界定实现。前者为权利的事实性,后者是权利的法律性或曰规范性;前者体现了权利的目的,是主体作用之结果,后者为权利形成的手段或主体作用之载体。与权利二象性相对应的是权利的客体与对象:权利客体指代权利的规范性,阐释权利因何而生;权利对象则表达权利的事实性,描绘权利的自由领域。[4]

由此可见,民法学界对权利客体和对象的探索,基本上可分为两种思路:一是关注客体对权利的媒介或生成功能,此为多数意见;二是从抽象价值与具体事实角度区分客体与对象,并将前者归为某种利益。然则,利益不过是权利内容或目的,其既非规范亦非评价,与对象同属事实范畴;且就权利主体而言,其既可以享有利益,亦可放弃利益,以之

---

[1] 参见方新军:《权利客体论——历史和逻辑的双重视角》,中国政法大学出版社2012年版,第154、165、171页。
[2] 参见熊文聪:《超越称谓之争:对象与客体》,载《交大法学》2013年第4期。
[3] 参见孙山:《民法上对象与客体的区分及其应用》,载《河北法学》2021年第2期。
[4] 参见曹相见:《权利客体的概念构造与理论统一》,载《法学论坛》2017年第5期。

为客体未免过于牵强。因此,关注客体的媒介功能显然更具合理性。[1]而客体的媒介功能必假手法律关系,所以考夫曼谓:"规范科学——伦理学、规范理论、法学的'对象'绝非实体,而是关系、关联。"[2]正因为如此,李永军教授在评论《民法总则》时亦指出:"从各种客体中抽象出一般规则的任务已经由'法律关系'完成了。"[3]因此,本书认为,权利客体与对象很可能是一对被遮蔽的真实概念。

二、如何来区分权利客体与对象

认为客体与对象之分乃抽象价值与具体事实之别,从而把权利客体统一为利益的意见之不足取,已如前述。那么,如何坚持客体的媒介功能并妥当地区分客体与对象?对此,存在客体层次说、客体权利说和客体行为说三种进路。本书认为,客体行为说具有合理性,体现了人对法的科学认知,为未来的理论发展方向。

(一)客体层次说的缺陷

作为传统客体理论的修正说,客体层次说源于拉伦茨,王泽鉴教授继受之,方新军教授发展之。与拉伦茨、王泽鉴的单纯分层说不同,方新军从权利的设立基础来说明权利客体,在区分权利客体与对象的前提下区分客体的层次。该说是对先前层次说的继受和发展,更具说服力和代表性,故下文以该说为例展开客体层次说的分析。

客体层次说对客体与对象的区分逻辑是:权利是个类型概念,不能被定义,只能被说明。可能的办法是类型化的思考,将权利区分为内在

---

[1] 法律是解决人与人之间的关系的学问,所谓权利的客体只不过是连接不同主体的媒介而已。参见方新军:《权利客体论——历史和逻辑的双重视角》,中国政法大学出版社2012年版,第100页。

[2] 〔德〕阿图尔·考夫曼、〔德〕温弗里德·哈斯默尔主编:《当代法哲学和法律理论导论》,郑永流译,法律出版社2013年版,第197页。

[3] 参见李永军:《民法总则民事权利章评述》,载《法学家》2016年第5期。

要素与外在要素:前者是法律上的资格和主体自由意志,其中法律资格为形式要素,自由意志为实质要素;后者包含权利涉及的主体和权利涉及的客体,而主体又包含权利主体和义务主体,客体则是对权利设立在何种基础之上的说明。客体不同于标的(对象),前者属于权利发生层面(静态层面)的问题,后者则属于权利实现层面(动态层面)的问题。[1]

不过,客体层次说虽然区分了客体与对象,但二者却在概念上存在重叠,只是由于客体存在层次才得以区分开来。该说认为,权利客体作为利益的具体化,"既可以是有体的,也可以是无体的;既可以是事实存在的事物,也可以是制度上的建构,即法律上的权利"[2]。由于该说所谓的权利对象不过是物、人身、行为等通说眼中的"客体",二者自然存在概念上的重叠,层次说对此亦予承认。[3] 但该说同时认为,权利层次不同,权利客体也不同:第一层次的权利为原始取得的权利,第一层次的权利客体即有体物、无体物、人格与身份;第二层次的权利是第一层次权利动起来的结果,第二层次的权利客体就是第一层次权利;第三层次的权利是第二层次权利动起来的结果,第三层次的权利客体也即第二层次权利,依此类推。[4] 据此,仅在第一个权利层次上,权利客体和对象不发生重叠。

本书认为,客体层次说意识到了权利本质对于权利客体的意义,其理论嗅觉值得赞赏,但其立论与结论均存疑问。其一,说"权利不能被定义,只能被描述"过于武断。事实上,从前述萨维尼对法律关系的描述可知:权利是经由法律关系的界定而获得的自由意志领域。这一定义包含了权利的规范性和事实性,是对权利的真实、全面写照。由于失于对权利本质的洞察,层次说建构的权利要素也就成了大杂烩,所谓的

---

[1] 参见方新军:《权利客体论——历史和逻辑的双重视角》,中国政法大学出版社2012年版,第145、154页。
[2] 同上注,第165页。
[3] 同上注,第171页。
[4] 同上注,第169—170页。

内部要素、外部要素之区分缺乏科学基础。其二,层次说认为客体是权利的设立基础,却又将其定义为利益的具体化,似有矛盾嫌疑。如前所述,权利的设立首先须经法律关系界定,单纯的利益支配无法实现此效果。其三,客体层次说在支配、利用客体(狭义)和处分客体(广义)两个意义上使用权利客体概念[1],既导致了第一层次的权利客体与对象重合,同时因第二层次以后的权利客体建立在前一层次的权利之上,实际上只是解释了权利从何而来——而非设立于何种基础的问题,同时也示人以"一项权利可以凌驾于另一权利之上"的错误印象。[2]

(二) 客体权利说的不足

客体权利说的本意不是区分权利的客体与对象,而是在法学的一般意义上区分客体与对象,因为二者的内涵与外延模糊不清,缺乏稳定性和清晰性。[3] 由于脱离了权利的语境,该说虽然摸清了传统客体理论的病因——价值(规范)与事实不分——但对客体理论的问题解决并无助益。按照客体权利说,客体属于价值问题,权利无所谓(或者说没有)客体。因为价值命题只关涉是否需要创设以及在何种程度上创设权利的问题,换言之,权利就是民法中的客体。因此,通说所谓"权利客体"不过是权利对象,后者作为权利之构成要素,属于事实范畴。[4] 据此,该说虽然区分了客体与对象,但对权利客体理论未进行任何改造,充其量只是换了一个叫法而已。

本书认为,客体权利说的分析方法值得称赞,但立论和结论亦难谓妥当。其一,在民法上,客体的意义就是认识权利,脱离权利谈客体并无意义。民法作为调整人身、财产关系的规范,关注的是如何分配主体间的权利和义务。在民法上,权利和利益意味着自由和目的,是民事主

---

[1] 首次在这两种意义上使用权利客体概念的是拉伦茨教授。参见〔德〕卡尔·拉伦茨:《德国民法通论》(上册),王晓晔、邵建东、程建英等译,法律出版社2003年版,第377页。
[2] 参见熊文聪:《超越称谓之争:对象与客体》,载《交大法学》2013年第4期。
[3] 同上注。
[4] 同上注。

体之所欲。而以权利为客体,就意味着权利只是手段,而非目的。那么,还存在何种以权利为手段的目的性存在?或有人认为,权利之内容方为主体之目的。但取得权利即意味着取得权利之内容,此时权利作为手段的工具价值何在?如果没有,所谓"客体"有何意义?对此,客体权利说也绝口不提,只是认为客体属于价值命题,由特定的社会经济条件和伦理观念决定。

其二,如前所述,权利乃经由法律关系而界定的自由意志领域,其本身即具有规范属性和事实属性:前者体现于法律关系,后者体现于自由意志领域。而依据客体权利说,客体乃规范命题,权利无所谓"客体",对象才是权利的构成要素,后者则属于典型的事实问题。[1] 这就使该说陷入了悖论:一方面主张客体与对象的区分要区分事实与价值,但另一方面,其所谓的价值命题(客体)包含事实属性,所谓的事实问题(权利对象)又包含了价值判断。脱离权利谈客体的弊端再次显现出来。

其三,就权利而言,客体权利说不过将权利客体、权利对象混用,统一为权利对象,其于传统客体理论之弊端并无任何建树。既然如此,其区分客体与对象究竟有何意义,令人生疑。

(三) 客体行为说的进路

客体行为说的特色是,在区分客体与对象时,既意识到权利本质的意义,也坚持了事实与价值的区分,这样就避免了客体层次说和客体权利说的弊端。该说认为,权利具有"二象性"——规范性和事实性:前者体现于法律关系的界定,后者存在于自由意志领域。与权利二象性对应的是权利的客体与对象:前者指代权利的规范性,阐释权利因何而生,是权利形成的媒介;后者表达权利的事实性,描绘权利的自由领域,是权利形成后的状态。不过,法律关系本身不能作为权利客体,因

---

[1] 这一论点为论者多次强调。参见熊文聪:《论"知识产权"概念的科学性——关于权利对象的本体探究》,载《知识产权》2013年第7期。

为权利构成法律关系的内容,以法律关系为权利客体会导致权利的客体就是其本身的结论。只有权利法律关系中的义务人行为才是权利的客体[1],正是义务人的行为构成了权利的基础,发挥了客体的媒介功能。

客体行为说虽非现时通说,但在历史上却并不新鲜。如英国法学家奥斯丁就认为,权利的客体是"作为或不作为的行为,是义务主体应当受到约束的行为"[2]。此外,客体行为说在意大利、苏联均有其支持者。[3] 佟柔先生亦认为,把物和行为分别作为权利客体是不妥的,物在民事法律关系中只能作为标的,不能作为客体。只有把它们结合起来,即结成"体现一定物质利益的行为"才能成为权利客体。[4] 在此,其不仅将权利客体定义为行为,亦明确区分客体与对象(标的)。王涌则认为,权利法律关系之客体存在双层结构:一是权利法律关系本身之客体即行为,因为只有行为才是权利关系所规范的对象;二是行为本身之客体,一般是物。[5]

一种流行的意见认为,行为与主体很难分开,无法独立于主体而存在,所以不能作为客体。[6] 这种观点似是而非。一方面,规范概念不同于日常用语,后者难以区分的事物,在规范体系中具有不同的意义:主体是权利义务的承担者、法律关系的参与者,行为则会导致权利义务法律关系的产生、变更和消灭。另一方面,行为作为客体体现了其对权利生成的媒介功能,但并不意味着行为可以受人支配。义务人的作为

---

[1] 参见曹相见:《权利客体的概念构造与理论统一》,载《法学论坛》2017年第5期。
[2] 参见王涌:《权利的结构》,载郑永流主编:《法哲学与法社会学论丛(四)》,中国政法大学出版社2001年版,第283页。
[3] 如意大利学者费拉拉认为,在任何情况下,无论物权还是债权,它们的客体都是行为,因为法律关系是人与人的关系。See Carlo Maiorca, L' "Oggetto" del Diritto, Milano, Giuffre, 1939, p.114. 转引自方新军:《权利客体论——历史和逻辑的双重视角》,中国政法大学出版社2012年版,第84页。苏联学者意见参见王勇飞主编:《法学基础理论参考资料(第5册)》,北京大学出版社1981年版,第120页。
[4] 佟柔先生此言虽未区分权利的二象性,但他已认识到行为作为客体的意义。参见佟柔主编:《民法原理》,法律出版社1983年版,第33页。
[5] 同注[2],第284页。
[6] 参见熊文聪:《超越称谓之争:对象与客体》,载《交大法学》2013年第4期。

或不作为义务,固然是权利设立的基础,却不是权利人支配的对象。只有作为自由领域的权利对象,才可能存在被支配的可能,但这也不是所有权利的特征,例如权利人可以对物进行支配,却很难对人身进行支配。

作为权利客体的义务人的行为,是凝结在法律关系上的行为,而非作为民事法律事实、引起法律关系变动的行为。这就意味着:其一,创设法律关系的法律行为不是权利客体,如在地役权中,地役权客体不是双方订立合同的法律行为,而是由此形成的地役权的义务人的不作为。其二,事实行为不能作为权利客体,如建造行为不构成所有权的客体,由此形成的所有权的义务人的不作为才是所有权的客体。其三,事件不是行为,但事件导致法律关系变动之后产生的义务人的行为,可以作为权利客体。

按照客体行为说,权利客体与对象分属于规范与事实的范畴,由此权利对象只能是存在于自由意志领域中的物、知识成果、人身等,行为、权利则被剔除出去。但权利客体与对象并非孤立的两个事物,在权利类型划分、权利性质界定等问题上,须二者紧密互动方得以完成。客体行为说由此完成了对客体理论的改造。

三、客体与对象之于权利的意义

受哲学思维、概念语境等影响,传统客体理论存在客体不确定、不周延、功能缺乏等难题。[1] 客体行为说则可避免这些问题,其不仅可有效解释各种财产权,还可为人格权的正面确权奠定理论基础。

(一)有效解释民事权利类型

传统客体理论在界定权利时,不区分事实与价值,客体与对象合

---

[1] 参见梅夏英:《民法权利客体制度的体系价值及当代反思》,载《法学家》2016年第6期。

二为一,导致其无法有效解释民事权利及其类型。例如,权利客体有时是物、人身,有时又成了行为、权利,但物、人身与行为、权利毫无共性可言;一些权利如抗辩权、形成权等,纯粹属于行为模式,找不到受作用的客体。与之不同,客体行为说通过区分价值与事实来区分权利的客体与对象。而在解释民事权利时,二者各司其职又精诚协作,如同犯罪客体与犯罪对象对认识犯罪的意义一样,从而避免了传统客体理论的难题。

1. 物权的客体是义务人的不作为,权利对象原则上是物

在物权,非权利人即义务人,对权利人负有消极的不作为义务,但在表现形式上,自物权和他物权略有不同。自物权(所有权)人对物享有完全的支配权,其客体就是为义务人的不作为。他物权涉及物的数个权利人,各权利人之权利义务亦须界定,否则他物权无从设立。他物权通常以占有为前提,基于公信原则,非物权人无任何权利,只负有不作为义务;但所有权人仅负有特定不作为义务,对于他物权内容之外的物的价值仍可自由支配,如在已设立用益物权的物上设立抵押权。物权内容除却义务人的行为,只剩下作为权利对象的物,包含有体物和无体物。原则上,权利不属于物权的对象[1],例外情况下,权利也可成为物权对象,这是由物、债二分的相对性决定的[2]。于此情形,所谓的担保物权,除担保功能具有物权属性外,权利关系实为债权。就担保功能而言,担保物权也不是真正的物,而是法律拟制之物。

2. 债权的客体是义务人的作为即给付,对象是物、劳务等事实存在

历史上,债权客体经历了从债务人到给付行为的变化[3],这也是本书与通说少有的重合之处。债权客体是义务人行为容易理解,但债权对象不包含权利,似乎无法解释债权让与的情形。一般认为,受让债

---

[1] 广义物权中的物包含狭义之物和权利。参见高富平:《物权法原论》(第二版),法律出版社2014年版,第207页。

[2] 关于物、债二分的相对性,参见陈华彬:《物权与债权二元权利体系的形成以及物权和债权的区分》,载《河北法学》2004年第9期。

[3] 参见[意]彼得罗·彭梵得:《罗马法教科书》,黄风译,中国政法大学出版社2005年版,第216页。

权即处分标的(对象)。但本书认为,真正满足债权人的客体,是受让次债务人的行为。债务人的给付本身不具有客体功能,只是为次债务人的给付创造条件。例如,甲受让乙对丙的债权,法律行为仅在甲乙之间存在(此即通说所谓内部效力),但甲的债权之实现端赖丙的给付行为,由于甲仅与乙存在合同关系,因此,乙通知丙,债权让与始可对抗丙(即对丙发生效力)。可见,债权让与合同旨在使甲有权受领丙的给付,该合同是导致乙丙债权消灭、甲丙债权产生的法律事实。而乙的通知,不过是连接非合同当事人的媒介,是应对合同相对性的必要措施。

事实上,债权让与作为一项处分行为,并非权利的观察视角。处分行为描述权利变动的过程,无所谓客体与对象。因此,处分标的(对象)不同于体现了处分权能却不属于权利的对象。债权让与虽然存在处分标的,但无论原债权还是新债权,均非权利对象,因为债权是请求债务人给付的权利,此种请求或给付均指向物或劳务等具体存在。由于债权并非支配权,所以债权对象虽然是物、劳务等,但也只是请求给付的自由。债权客体为物等事实存在的观点,也为部分学者所认识,如贝克尔认为债权有双重客体:债务人及其财产[1],后者实际上就是债权对象。

3.人格权的客体是义务人的不作为,对象则是人身

关于人格权客体,自萨维尼提出的著名诘问——人不能拥有对身体及组成部分的权利,否则就会拥有自杀的权利——以来,无论是人格说[2]、人格要素说[3]、还是人格利益说[4],均未提出有说服力的见

---

〔1〕 参见金可可:《主观权利的客体、保护及其效力:贝克尔的债权与物权论说》,载《求索》2008年第9期。

〔2〕 该说认为,人格权的客体即权利人自身的人格。参见张俊浩主编:《民法学原理》(修订版),中国政法大学出版社1997年版,第134页;姚辉、周云涛:《人格权:何以可能》,载《法学杂志》2007年第5期。

〔3〕 该说认为,人格权的客体为生命、身体、健康、名誉等构成自然人的完整法律人格所不可或缺的基本要素。参见马骏驹:《从人格利益到人格要素——人格权法律关系客体之界定》,载《河北法学》2006年第10期。

〔4〕 该说认为人格权客体为人格利益,参见谢怀栻:《论民事权利体系》,载《法学研究》1996年第2期;梁慧星:《民法总论》(第3版),法律出版社2007年版,第72页;王利明:《人格权法研究》(第二版),中国人民大学出版社2012年版,第38—39页。

解:所谓人格、人格要素,无论如何进行概念上的区分,均无法脱离人身而存在;人格利益是权利的内容或目的,也无法作为人格权客体[1]。对此,客体行为说提出了创造性的解决方案:通过把客体界定为义务人的行为,从而化解了人身被支配的难题;以人身为权利对象,则使人身成为主体自由意志而非支配对象。

4. 身份权较为复杂

首先,一些身份权与其说是权利,毋宁说是纯粹的义务。例如,"监护权"的意义旨在保护未成年人的人身和财产,"监护权人"只有积极作为的义务,却无自由意志之领域,因此监护权难谓民事权利。由于权利义务未必成一一映射关系,因此监护关系不妨以义务形式存在。事实上,把监护视为一种义务,既是历史演变的结果,也是现代国家的普遍做法。[2] 其次,一些身份权虽然符合权利的结构,但作为权利是否妥当亦值得怀疑。以配偶权为例,配偶的作为可构成权利客体,人身、意志等则为权利对象,但权利人的自由意志能否存在于配偶的人身和意志则不无疑问,因其可能构成对配偶人身自由和尊严的干涉。[3]

5. 形成权、抗辩权

形成权与抗辩权则较为不同,二者均属于纯粹行为模式,既无需义务人的给付,也无法受到侵害[4],仅凭权利人行为即可实现特定法效果,梁慧星教授因之称其为变动权[5]。所不同者,前者之法效果是发生法律关系的变动,后者则是阻碍或否认相对人的请求权,但并不消灭请求权。从私权的结构上讲,形成权与抗辩权属于辅助性权利,与基础性权利(元权利)对应,系为后者的顺利产生、行使或实现而存在。[6]

---

[1] 参见韩强:《人格权确认与构造的法律依据》,载《中国法学》2015年第3期。
[2] 参见叶榅平:《罗马法监护监督制度的理念及其意义》,载《华中科技大学学报(社会科学版)》2009年第6期。
[3] 参见高洪宾:《关于配偶权问题之探讨》,载《华东政法学院学报》2000年第4期。
[4] 参见汪渊智:《形成权理论初探》,载《中国法学》2003年第3期。
[5] 参见梁慧星:《民法总论》(第四版),法律出版社2011年版,第72—74页。
[6] 参见彭诚信:《私权的层次划分与体系建构》,载《法制与社会发展》2009年第1期。

一般认为,形成权无权利客体[1],抗辩权也同样如此。即便依客体行为说,二者虽然均存在法律关系下的自由意志领域,但由于其旨在变动、阻碍或否认基础法律关系,并不存在义务人的行为,自然也无权利客体,同时也不存在权利对象。

(二)正确界定民事权利的性质

1. 依据效力范围的不同,民事权利可分为绝对权与相对权

通说认为,绝对权效力及于不特定的一切人,故绝对权又称对世权;相对权又称对人权,仅得对特定人主张。然则,仅按照义务人范围的不同,无法有效界定绝对权和相对权。例如,意定物权不仅对抗不特定的义务人,还对抗特定的义务人——所有权人、供役地人等。在相对权中也存在所谓第三人侵害债权行为,即债的关系以外的第三人故意实施或与债务人恶意通谋实施旨在侵害债权人债权并造成实际损害的行为[2],由此建立了债权不可侵性理论,意味着不特定的人也负有不得侵害他人债权的义务[3]。

本书认为,区分绝对权与相对权、绝对法律关系与相对法律关系的根本标准,不应是一般意义上的义务人范围,而应是权利客体意义上的义务人范围。[4] 申言之,仅义务人范围不同还不够,尚需结合行为标准才能确定:绝对权就是义务人为所有人且均负有不作为义务的权利;相对权就是义务人为特定人且负有作为义务的权利。这样,绝对权法律关系就与其产生原因区分开来:所有权人、供役地人的给付行为并非用益物权、地役权的法律关系,而是导致后者产生的法律事实。至于所谓的绝对法律行为,实属对法律事实的误解。[5] 就相对权而言,基于

---

[1] 参见朱庆育:《民法总论》(第二版),北京大学出版社2016年版,第518页。
[2] 参见王利明:《论合同的相对性》,载《中国法学》1996年第4期。
[3] 参见李锡鹤:《对债权不可侵性和债权物权化的思考——兼论物权与债权之区别》,载《华东政法学院学报》2003年第3期。
[4] 参见隋彭生:《绝对法律关系初论》,载《法学家》2011年第1期。
[5] 关于绝对法律行为,参见于海涌:《论绝对法律行为——透视法律行为理论中的盲点》,载《现代法学》2006年第1期。

债的相对性原理,第三人不负有给付义务,无法介入债权法律关系,当然无法侵害债权。事实上,第三人侵害的或者是债务人的物权、人身权,或者只是诱导了债务人而已。因此,即便债权利益最终受有损害,亦不过是纯粹经济损失罢了。[1] 所以,所谓不特定人不得侵害他人债权之义务,与债权法律关系截然二物。

2.以实现方式为标准,权利可分为支配权、请求权、形成权与抗辩权

一般认为,支配权是权利人得直接支配其标的而具有排他性之权利;请求权是权利人得请求他人为特定行为之权利[2];形成权则是权利人依其行为即可变更法律关系之权利;抗辩权为对抗他人请求权之权利。然则,此种分类的科学性颇令人怀疑。其一,"支配权"强调主体对权利对象(如物)的意志自由,而"请求权"则是对权利客体——债务人给付行为的描述,二者的区分标准并不同一。不唯如此,就体现意志自由而言,不仅物权对象如此,人格权也不例外,但谓人格权亦为支配权难以服人。[3] 其二,形成权、抗辩权虽也符合权利的结构,但因无法独立存在而属于辅助权利,而支配权与请求权则属于基础权利,故此四种权利不能相提并论。

本书认为,支配权的概念过于狭窄,仅以物权、知识产权为典型,不符合其他绝对权的特征。依据权利客体的不同,与请求权并列的应是排他权,包括物权、知识产权、人格权。至于形成权、抗辩权,因其并非独立财产权,"时刻与基础关系相连"[4],不能独立转让,因此与基础权

---

[1] 参见许德风:《不动产一物二卖问题研究》,载《法学研究》2012年第3期。

[2] 一种意见认为,债权并非请求权,只是具有请求力,请求权乃基础权利受侵害后的救济性权利。[参见梅夏英、邹启钊:《请求权:概念结构及理论困境》,载《法学家》2009年第2期;曹治国:《请求权的本质之探析——兼论物上请求权的性质》,载《法律科学(西北政法学院学报)》2005年第1期。]但本书认为,此种类型在区分债与责任时自有其意义,但侵权、违约与合同均为债之发生原因,在认识债权时再作区分并不科学,亦无意义。

[3] 虽然我国不少学者认为人格权具有支配属性,但也有一些学者提出异议。德国法则是支持言论未见反对意见不少。参见温世扬:《人格权"支配"属性辨析》,载《法学》2013年第5期。

[4] [德]卡尔·拉伦茨、[德]曼弗瑞德·沃尔夫:《德国民法中的形成权》,孙宪忠译注,载《环球法律评论》2006年第4期。

利相对。

(三) 为人格权确权奠定基础

《民法总则》最终未规定"权利客体",与多部"学者建议稿"和主流意见相左。塞翁失马,焉知非福。这恰为权利客体理论提供了解释空间。坚持权利客体与对象的区分,可为人格权确权、人格权独立成编提供周全的解释,夯实"人格—财产"的二元格局。

按照客体行为说,人格权的客体是义务人(一切人)的不作为,从而避免了传统客体理论的伦理张力,化解了萨维尼关于人不能对自己享有权利的诘问;人格及其要素作为人格权的对象,旨在彰显权利主体的意志自由。由此,人格权就不是支配权,而是受尊重权。因此,人格权就可以这样定义:权利人要求他人尊重自己人格的权利。与物权、知识产权一样,人格权也是排他性权利,但二者的本质区别在于:前者的权利对象是外在之物,可以自由支配;后者的权利对象是主体的事实存在,只能自由发展、要求他人尊重。这也与《民法典》第109条遥相呼应:"自然人的人身自由、人格尊严受法律保护。"

四、结　语

科学研究有其惯性,社会科学尤其如此。传统客体理论百年来虽批评声不断,但仍然蔚为主流,惯性之稳定可见一斑。不过,科学总是在推陈出新,新的思想若能有益于问题之解决,在逻辑上亦能自洽、有说服力,则惯性原理可以放弃,传统客体理论亦不足惜。传统客体理论不仅无法说明物权、债权,对人格权、股权等更是一筹莫展。作为传统理论的反思成果,客体与对象的区分既有语义学基础,在刑法理论上也得以贯彻,即或不以客体、对象为名,其实质要素亦被包含其中。就权利的事实属性而言,权利对象尚需与权能、权利内容(目的)协作,才能完成权利辨识之重任。关于权能、权利内容(目的)与权利对象的关系,应如此理解:权能是主体作用于权利对象、据以实现权利内容或目的(即利益)的类型化方式,亦即权利对象是权能的载体,权利内容(目的)是权能行使的结果。

《民法典》第2条规定:"民法调整平等主体的自然人、法人和非法人组织之间的人身关系和财产关系。"与《民法通则》相比,该条将"人身关系"前置,学者普遍赋予其人文关怀意义。但本书认为,此种立法安排固然体现了立法者对人身关系的重视,但其规范意义不宜过分解读。就人格权确权而言,合理解释人格权的客体最为重要;否则,无论立法规定如何完美,均属缺乏理论基础的现实选择。只有完成了人格权确权的理论证成,才能开创"人格—财产"的二元格局。

第四编
人格权性质论

General Theory of Personality Rights

第八章 人格权当属受尊重权

一、引 言

人格权在《民法典》中独立成编,既是《民法典》的重要体系创新,也是《民法典》在保障人民权益上的重大亮点。[1]《民法典》由此超越传统民法典,建构起人格—财产的二元体系。但立法上的创新尚待理论基础的夯实:人格权与财产权的体系分立是否意味着权利属性上的差异?人格权具有非财产性、专属性和绝对性无疑,但是否还具有支配属性?《民法典》在"民事权利"章开篇、具体人格权之前规定"自然人的人身自由、人格尊严受法律保护"(第109条),与第114条第2款对物权的定义(物权是权利人依法对特定的物享有直接支配和排他的权利)截然不同,这是否意味着立法者对人格权和物权的属性区别对待?

关于人格权的属性问题,我国学界存在不同意见,主流意见肯认其为支配权,如有学者认为:"人格权是自然人对其自身主体性要素及其整体性结构的专属性支配权","人身权的作用,在于对自身人格和身份的支配,因而属于支配权"[2],或者这样表达:"人格权得直接享受其人

---

[1] 参见王利明:《人格尊严:民法典人格权编的首要价值》,载《当代法学》2021年第1期。
[2] 张俊浩主编:《民法学原理》(上册)(修订第三版),中国政法大学出版社2000年版,第137页。

格利益（支配性），并禁止他人的侵害（排他性），就此点而言，人格权类似于物权。"[1] 也有少数学者持否定意见，主要理由在于：法律设置人格权的目的，旨在保障决定"人之为人"的基本要素不受非法侵害，而非赋予自然人对其人格利益进行支配利用的权利。[2] 或者说，内在于人的利益或人的伦理价值可为权利客体，但并不意味着可以或必然成为支配权的客体，谓人格权为支配权并不妥当。[3] 有学者进而提出人格权为"受尊重权"的主张。[4]

但在近代私权理论的发源地德国，人们却很少谈论人格权的支配属性。[5] 据学者考察，科勒、拉伦茨、梅迪库斯、吕斯特均将支配权分为"对物的支配权"以及"对无体物的支配权"，布洛克斯则将人格权作为与支配权、请求权和形成权并列的私权，但帕夫洛夫斯基将人格权纳入支配权的范围。[6] 其中，拉伦茨的论述可谓鲜明有力："人是一切客体的对立面，也是'物'的对立面。因此，支配权的客体既不能是自己，也不能是他人……人身权根据它的实质是一种受尊重的权利……不是一种支配权。"[7] 此外，也有学者直言，支配权是设立在物上的权利，最重要的是所有权，"人不能在自己的身上设立支配权。人不可以像利用财产一样利用其人格……因为它践踏了人的尊严。"[8]

---

[1] 王泽鉴：《人格权法》，北京大学出版社2013年版，第45页。
[2] 参见尹田：《自然人具体人格权的法律探讨》，载《河南省政法管理干部学院学报》2004年第3期。
[3] 参见温世扬：《人格权"支配"属性辨析》，载《法学》2013年第5期。
[4] 参见龙卫球：《人格权的立法论思考：困惑与对策》，载《法商研究》2012年第1期；张红：《人格权总论》，北京大学出版社2012年版，第69页。
[5] 参见温世扬：《人格权"支配"属性辨析》，载《法学》2013年第5期；李永军主编：《民事权利体系研究》，中国政法大学出版社2008年版，第114页。
[6] 参见金可可：《论支配权概念——以德国民法学为背景》，载《中国法学》2006年第2期；[德]本德·吕特斯、[德]阿斯特丽德·施塔德勒：《德国民法总论（第18版）》，于馨淼、张姝译，法律出版社2017年版，第54—56页。遗憾的是，金可可教授在考察德国法后认为，支配权应包含对物的支配权、对精神产品的支配权以及对自身人格的支配权，这与其考察的德国法的情况明显不同。
[7] [德]卡尔·拉伦茨：《德国民法通论》（上册），王晓晔、邵建东、程建英等译，法律出版社2003年版，第379页。
[8] [德]福尔克尔·博伊廷：《德国人格权法律保护问题及其最新发展》，欧阳芬译，载《中德法学论坛》2002年第1辑。

有趣的是,即便是认为人格权具有支配属性的学者,也往往强调人格支配与物上支配的不同。[1] 因此,大多数学者主张人格权系不同于财产权的支配权。[2] 有的学者早期承认人格权的支配属性,认为"人格权之权利人得直接支配其人格利益,并排除他人之干涉,因此属于支配权",只是同时又认为其与同属支配权、可自由处分的财产权有所不同。[3] 在人格权立法争论日益白热化后,又对人格权的支配属性三缄其口,同时反问道:"人怎么能支配自己的身体、支配自己的健康、支配自己的名誉?健康、名誉之类又怎么支配得了?"[4]明显对人格权支配权说持否定立场。

由此观之,关于人格权支配权说,可能存在理论上的误解,有进一步推敲的必要。在《民法典》专编规定人格权的当下,检讨、夯实人格权的理论基础尤为重要。本书认为,人格权支配权说产生于财产中心主义的近代民法,以人格保护为中心的现代民法应直面其局限,把人格权作为"受尊重权"来对待。关于人格权是否具有支配属性的问题,不仅涉及对人格权特性的认识,也与支配权的概念语境密不可分,而支配权概念又与权利客体问题牵涉在一起。有鉴于此,本章首先分析人格权支配属性与支配语境的关系,进而从权利对象角度论证对物支配与人格自由的分野。

二、支配语境与人格权支配属性

民法上的支配概念是在支配权和客体的双重意义上使用的。如果人格权具有支配属性,那么首先要追问的是,支配权是什么,支配权与请求权、绝对权等权利类型是什么关系。进一步要追问的则是,人格能

---

[1] 参见王利明:《人格权法研究》(第三版),中国人民大学出版社2018年版,第29页;姚辉:《人格权法论》,中国人民大学出版社2011年版,第51页。
[2] 参见李新天:《对人格权几个基本理论问题的认识》,载《法学评论》2009年第1期。
[3] 梁慧星:《民法总论》(第五版),法律出版社2017年版,第92页。
[4] 梁慧星:《民法典编纂中的重大争论——兼评全国人大常委会法工委两个民法典人格权编草案》,载《甘肃政法学院学报》2018年第3期。

否作为支配权的客体,能否外化。

(一)支配权概念与人格权支配属性

关于民事权利的分类,我国民法学界多依其作用方式的不同,划分为支配权、请求权、形成权和抗辩权四种[1],或者支配权、请求权、形成权三种[2]。当然,也有学者认为应分为支配权、请求权和变动权[3],但其虽将形成权、抗辩权和可能权合为变动权,仍将支配权与其他权利并列,对支配权的界定实质上并无差别[4]。因此,至少可以说,将支配权与请求权并列,是我国民法学界的习惯做法。有学者更是直言:"支配权与请求权的区分……是从法技术的角度对于民事权利的基本区分。这也是学习民法一定要掌握的基本技术规则。"[5]

不过,民法学界对支配权概念的阐释并不一致。一种界定是流行的做法,既侧重权利人对客体(又称对象、标的等)的支配,又强调支配权的排他效力。此又存在两种不同的表述:(1)在概念上将权利人对权利对象的支配和权利排他效力并列[6],其典型表达为"支配权是排除他人干涉而权利人仅凭自己的意志对标的物进行处分的权利"[7]。(2)在概念上仅强调权利人对权利对象的支配,但在描述支配权作用

---

[1] 参见王伯琦:《民法总则》,台湾省编译馆1979年版,第26页;李宜琛:《民法总则》,胡骏勘校,中国方正出版社2004年版,第40页;史尚宽:《民法总论》,张谷校,中国政法大学出版社2000年版,第25页;王泽鉴:《民法总则》,北京大学出版社2009年版,第69页;施启扬:《民法总则》,中国法制出版社2010年版,第31—33页;刘得宽:《民法总则》(增订四版),中国政法大学出版社2006年版,第36页;佟柔主编:《中国民法学·民法总则》,中国人民公安大学出版社1990年版,第70页;谢怀栻:《论民事权利体系》,载《法学研究》1996年第2期,第67页;王利明:《民法总则研究》,中国人民大学出版社2018年版,第420页;张俊浩主编:《民法学原理》(上册)(修订第三版),中国政法大学出版社2000年版,第70页。

[2] 参见胡长清:《中国民法总论》,中国政法大学出版社1998年版,第40页。

[3] 参见梁慧星:《民法总论》(第五版),法律出版社2017年版,第72页。

[4] 参见李锡鹤:《民法哲学论稿》(第二版),复旦大学出版社2009年版,第328页。

[5] 孙宪忠:《民事权利基本分类及其分析裁判的法技术问题》,载《法治研究》2018年第2期。

[6] 参见梁慧星:《民法总论》(第五版),法律出版社2017年版,第72页;王利明:《民法总则研究》,中国人民大学出版社2018年版,第421页。

[7] 李永军:《民法总论》(第四版),中国政法大学出版社2018年版,第42页。

时,又明确支配权的排他效力。[1]

另一种界定方式则只强调权利人对客体的支配。与前述定义方式相比,其明显特征是将支配权的排他属性排除在外,如我国台湾地区长期以来的流行意见认为,所谓支配权就是权利人得直接支配客体、使权利发生作用的权利,而所谓直接使权利发生作用,即直接取得权利内容上利益的意思,物权、人格权均为典型支配权。[2] 我国大陆也有学者持相同立场。[3] 值得注意的是,史尚宽先生不仅不赞同将排他性纳入支配权范围,还刻意回避了权利人对客体的支配,认为支配权应这样定义:"支配权者,直接对于权利之标的,得为法律所许范围内之行为之权利也"[4]。

关于上述两种定义的差别,我国学者鲜有关注。但本书认为,第一种定义有混淆支配权与绝对权之嫌,第二种做法更具科学性。固然,支配权同时也是绝对权,但支配权的排他性,即支配权的绝对权属性,并非支配权的"支配"要表达的意义,它也不是支配权区别于其他权利的标准或原因:"如果将绝对性作为支配权的核心要素,容易使人错误地将支配权等同于绝对权。"[5]在人格权是否为支配权的问题上,强调支配权的排他性会造成一种假象:支配权属于绝对权,人格权亦属绝对权,因此人格权亦为支配权,如有学者认为:"民法上的支配权不仅意味着对客体的任意支配,只要是绝对权,就应该具有支配性,只是各种权利的类型不同,因而支配的效力和范围也不同。"[6]"人格权是绝对

---

〔1〕 参见施启扬:《民法总则》(第四版),中国法制出版社 2010 年版,第 32 页;李伟民主编:《法学辞源》(第 1 卷),黑龙江人民出版社 2002 年版,第 284 页。
〔2〕 参见王伯琦:《民法总则》,台湾省编译馆 1979 年版,第 26 页;胡长清:《中国民法总论》,中国政法大学出版社 1998 年版,第 40—41 页;李宜琛:《民法总则》,胡骏勘校,中国方正出版社 2004 年版,第 40 页;刘得宽:《民法总则》(增订四版),中国政法大学出版社 2005 年版,第 36—37 页。
〔3〕 参见张俊浩主编:《民法学原理》(上册)(修订第三版),中国政法大学出版社 2000 年版,第 70 页;龙卫球:《民法总论》,中国法制出版社 2002 年版,第 124 页。
〔4〕 史尚宽:《民法总论》,张谷校,中国政法大学出版社 2000 年版,第 25 页。
〔5〕 汪渊智:《支配权略论》,载《晋阳学刊》2015 年第 2 期。
〔6〕 王利明:《人格权法研究》(第三版),中国人民大学出版社 2018 年版,第 325 页。

权,而绝对权的基本属性就是支配权,人格权在具体权能上体现的正是对权利客体的支配。"[1]但很明显,这个命题除了表达支配权、人格权属于绝对权的范畴外,并未对人格权的特性及其与支配权的关系作出说明,因而不足取。这种错误思维或许与对物权概念的模糊认识有关。据考察,对人权和对物权的区分,源自对人之诉与对物之诉。但由于诉表征人与人之间关系,所以长期以来,对物权概念只在人与人的关系上徜徉,即只有强调排他性的对物之诉才是对物权。后来经过漫长的发展,对物权的本质特征开始向对物的关系倾斜,最终定位在主体对客体的直接支配关系,从而完成了物权性(对物性)和绝对性的区分。[2]

值得注意的是,我国学者对支配权排他性的强调,可能还受到支配权与请求权并列的影响:请求权是请求义务人为特定行为之权利,作为与之并列的权利类型,支配权则为要求所有义务人不为特定行为之权利,二者似乎恰好形成对应。而将支配权与请求权并列的做法,不仅在我国民法学界蔚为主流,在日本法上也不乏市场[3],始作俑者更是可追溯到德国学者艾内克鲁斯,其首创支配权、请求权并列的权利分类模式,并随其《民法教科书》的经久传播产生了深远影响[4]。但本书认为,将支配权与请求权并列并不科学。固然,支配权与请求权均存在义务人行为的面向,但二者并非基于义务人行为的分类。"请求权所指向的客体,是义务人的特定行为,而非此种行为所指向的标的物;其所形成的,是权利人与义务人之间的'人—人'关系,而没有形成权利人与标的物之间的'人—物'关系。这种'人—物'关系,只有等请求权实现之后才能产生。请求权的实现……必须依赖义务人的意思协作。"[5]正因为如此,许多德国学者并不将支配权与请求权并列,而是首先探讨绝

---

[1] 杨立新:《人格权法》,法律出版社2011年版,第67页。
[2] 参见金可可:《论支配权概念——以德国民法学为背景》,载《中国法学》2006年第2期。
[3] 参见[日]我妻荣:《我妻荣民法讲义Ⅰ:新订民法总则》,于敏译,中国法制出版社2008年版,第30页。
[4] 同注[2]。
[5] 金可可:《德国民法上的请求权概念》,载《求索》2007年第3期。

对权和相对权的区分,如施瓦布认为,绝对权与相对权是具有根本意义的划分。[1] 由于未受错误思维的羁绊,吕斯特在把权利分为绝对权和相对权后,将人格权、支配权以及个人家庭权作为绝对权项下的并列类型,并将支配权的范围限定为对物的支配权和对无形财产的支配权。[2] 如前所述,将支配权限定为对物的支配和对无体物的支配,也是科勒、拉伦茨、梅迪库斯的做法,布洛克斯则将人格权作为与支配权、请求权和形成权并列的私权。[3] 由是观之,虽然将支配权与请求权并列的做法同样源自德国法,但将支配权限定为对物支配、使人格权与支配权并列的做法,在德国法上仍然蔚为主流。

一言以蔽之,支配权与绝对权属于不同的概念范畴:前者强调对物的支配,体现了主体对客体的作用;后者强调排他性、与相对权对应。不能因为人格权具有绝对性,就认为人格权属于支配权。正因为如此,许多学者在论述人格权时,只承认其固有性、专属性与绝对性,对支配属性则避而不谈。[4]

(二) 人格权客体与人格权支配属性

在权利客体意义上使用支配一词,与传统权利客体理论的渊源有关。权利客体概念源自本体论哲学,后者研究人与外部世界的关系。哲学上的主体是人的主观意志,客体则是意志之外的客观存在,因此,本体论哲学讲求主体对客体的支配。受此影响,法学界在描述权利客体时,也强调权利客体的受支配性。"民法上对权利的思维似乎存在着以所有权为典型对象的思维幻象……似乎只有通过明确的外在界分

---

[1] 参见〔德〕迪特尔·施瓦布:《民法导论》,郑冲译,法律出版社2006年版,第138—143页。
[2] 参见〔德〕本德·吕特斯、〔德〕阿斯特丽德·施塔德勒:《德国民法总论(第18版)》,于馨淼、张妹译,法律出版社2017年版,第54—56页。
[3] 参见〔德〕汉斯·布洛克斯、〔德〕沃尔夫·迪特里希·瓦尔克:《德国民法总论(第33版)》,张艳译,杨大可校,中国人民大学出版社2014年版,第261—262页。
[4] 持此立场的学者如史尚宽、谢怀栻、五十岚清等。

才能获得民事权利的清晰边界,这可称为'物的实体化思维'。"[1]人格权作为一种民事权利,在此背景下难免被赋予支配权属性。值得注意的是,此种"物的实体化思维"又称"物化思维"或"拟物性思维",现已引起学者的普遍警惕。[2]

由于客体被赋予支配属性,关于人格权能否为一项权利的问题,学界曾有强烈的反对,如法学巨擘萨维尼认为:"一个人不能拥有对自己的身体及其各个组成部分的权利,否则会拥有自杀的权利。即使人拥有对自己及其自身的权利,也不能在实证法上得到确认和规定。"[3]这一主张甚至影响了德国民法典对人格权的态度。即便是在人格权获得广泛认可的今日,要证成人对于自己生命、身体、名誉等的权利,仍然是极富挑战与颠覆性的问题。[4]而新兴民法典对人格权的确立,也只是现实主义的抉择或说政治诉求的反映,并非实证主义、理论学说的逻辑贯彻。[5]正因为如此,拉伦茨虽然肯认人格权,却又认为人格权没有客体:"任何人都不能在他人身上规定一个支配权,即使法律允许他对这个人可以实施某种行为,而他的这种行为也就不违反法律。"[6]我国民国时期的许多学者也都排斥人格权。他们认为:"权利系以对于权利人,赋予权利人本来所无之支配力,为其本质,而生命、身体、自由等,乃吾人所自然享有者,虽得由法律限制其范围,然不须由法律许可其享受。若就生命、身体、自由等人格的利益,认生命权、身体权、自由权等权利,则人为权利之主体,同时为其客体,且吾人即不能不认为各个人

---

[1] 梅夏英:《民法权利客体制度的体系价值及当代反思》,载《法学家》2016年第6期。
[2] 参见何松威、李建华:《民法体系语境下民事客体理论的权利思维》,载《当代法学》2019年第1期;曹相见:《权利客体的概念构造与理论统一》,载《法学论坛》2017年第5期。
[3] 转引自张红:《人格权总论》,北京大学出版社2012年版,第6页。
[4] 参见姚辉、周云涛:《人格权:何以可能》,载《法学杂志》2007年第5期。
[5] 参见龙卫球:《人格权的立法论思考:困惑与对策》,载《法商研究》2012年第1期;马骏驹:《从人格利益到人格要素——人格权法律关系客体之界定》,载《河北法学》2006年第10期。
[6] [德]卡尔·拉伦茨:《德国民法通论》(上册),王晓晔、邵建东、程建英等译,法律出版社2003年版,第380页。

有自杀之权利。"[1]

在人格权的证成上,关于人格权的客体,学界主要有三种学说:人格说、人格利益说和人格要素说。由于传统客体概念的支配语境,上述学说实际上并未解决问题。人格说的特色是,提出法律人格与事实人格的区分,试图避免人格权主体与客体的混同。[2] 其局限在于:其一,人格如果不能从要素上进行分离,则法律与事实之别只是文字游戏。其二,即便其在概念上避免了主客体的混同,却并未回答人格权的支配难题。人格要素说的贡献是,借助本体论哲学的主客体概念,进一步避免了人格权主客体的混同:人格权主体为自由意志,客体为意志之外的人格要素。[3] 但法学毕竟不是哲学,人格具有生物性,自由意志可作为权利主体,却无法独立于其他人格要素存在,如何能将作为主体的意志与作为客体的身体和尊严割裂开来?人格要素客体化,将无法支撑作为主体的自由意志。而该说罔顾人格权客体理论的历史难题,强调人格权主体对客体的独立支配[4],实在令人费解。至于人格利益说,其固然既可避免人格权主客体的混同,又可化解人格权的支配难题,但其混淆了权利客体与权利目的的关系,系对客体概念的误解,实际上等于未有解释,亦不足取。

值得注意的是,传统客体理论强调主体的支配力,因在人格权解释上"水土不服",已为德国近来学说所淡化。本书认为,权利客体概念宜回归法学:权利具有"二象性",即基于法律关系的规范性和基于权利内容的事实性。相应地,应区分权利的客体与对象,使前者表征权利的规

---

[1] 此为民国时期的一种流行见解,出自龙显铭先生的总结,但其本人对人格权持肯定说。龙显铭:《私法上人格权之保护》,中华书局1949年版,第1—2页。
[2] "人格权的主体是人而不是人格,人格只是人之所以作为人的整体性结构,还不是人本身。要素及其整体结构只是人作为人的事实依据,人格与人不是同一概念。"参见张俊浩主编:《民法学原理》(上册)(修订第三版),中国政法大学出版社2000年版,第141页。
[3] 参见马骏驹:《从人格利益到人格要素——人格权法律关系客体之界定》,载《河北法学》2006年第10期。
[4] 同上注;张翔:《民事权利的法律技术与人格保护的民法法典化模式》,载《当代法学》2016年第3期。

范性,体现为权利的生成机制,是法律关系界定的义务人行为;后者表征权利的事实性,其作为主体作用的对象,也是权利的内容和利益的载体。[1] 这样,绝对权与相对权在客体上的区别,就在于前者是不特定义务人的不作为行为,后者则是特定义务人的作为行为。当我们在这个意义上讨论权利客体时,权利客体就不再具有支配属性,因为我们无法支配他人的行为,只能在他人违反义务时追究其法律责任。而所谓的支配权概念,实际上不是主体对客体的支配,而是主体对权利对象的支配。但权利对象作为权利识别的工具,类型丰满、形态各异,是否具有支配属性不可一概而论。这也是德国学者多将支配权限定为对物支配的原因。

由此观之,传统客体理论未意识到权利的二象性,不区分权利的规范性和事实性,从而将本体论哲学的客体等同于法学客体。但法学作为一门实践科学、行为科学,其客体只能从社会关系中寻找。在规范性/客体、事实性/对象与权利的关系上,规范性/客体作为权利的生成机制,是权利的发生原因、决定了权利的范围;事实性/对象作为权利生成的结果,体现为一种自由,法律并不干涉。因此,权利的主体与客体之间并不体现为支配关系。事实上,即便是针对义务人的行为,也不可能构成支配关系,因为不仅权利人是目的的存在,他人的意志与行为同样具有伦理价值。因此,从法律的角度上,只能说违反义务的行为不具有合法性,应当承担民事责任,而不是被支配。对此,施瓦布曾有精辟论断:"一项权利不可能存在于一个人和一个物之间,而是始终存在于人与人的关系之中。'对物的所有权'这个表达方式,是对所有权人和所有的其他人之间存在的综合性权利义务状态的简称。把所有权人的权能表述为'对物的支配',同样只是对所有权人就物而言相对于所有其他人的决定权能的形象描述。同样,人格权,如身体的完好无损权,也并不是'对自己这个人'的权利,而是就个人的生命利益而言相对

---

[1] 参见曹相见:《权利客体的概念构造与理论统一》,载《法学论坛》2017年第5期。

于其他人的权利。"[1]

理顺了权利客体的本来逻辑,人格权的客体难题就迎刃而解:人格权不是人支配己身的权利,而是要求他人尊重己身的权利。我们不妨再来读一读施瓦布的经典论述:"曾有一种说法认为不可能有人格权,因为人本身不能够在法律上对自己享有权利。这种观念源自对权利的错误理解,而权利总是只调整权利主体之间的关系。如果我说:我'对'我自己的私人领域享有权利,那么我只是使用了一个简化了的表达方式。从法律上说我所指的是:我享有这样一项权利,即要求他人对我的以'私人领域'这个词所表达的生活空间予以尊重。"[2]

(三)人格利益外化理论之批判

基于传统客体理论的物化思维,同时为了避免人对自己享有权利,有学者提出了人格利益(伦理价值)的"外化"理论(以下简称人格外化理论)。该理论认为,权利是人与外在事物在法律上的连接,人格权是人的伦理价值范围扩张的结果。[3] 依其考察,自罗马法以降,及至法、德为代表的近代民法,均将人的伦理价值与外在事物相对立,认为人的伦理价值内在于人,不能作为一项权利受到保护,人格权概念因而无从产生。作为例外,德国民法典规定姓名权,是因为"姓名与人的本体的距离要远于生命、身体、健康和自由,因而可以被看成是外在于人的事物"[4]。德国法上经由判例创设的一般人格权,也系"附着于信件、话语等外部的客观载体之上"的外在于人的事物。[5] 人格权之所以为现代社会承认,正是因为人的伦理价值发生了"外化":"随着商品经济关系在整个社会领域的蔓延,越来越多的人的伦理属性,开始具有

---

[1] [德]迪特尔·施瓦布:《民法导论》,郑冲译,法律出版社 2006 年版,第 141 页。
[2] 同上注。
[3] 参见马俊驹、张翔:《人格权的理论基础及其立法体例》,载《法学研究》2004 年第 6 期。
[4] 同上注。
[5] 张翔:《民事权利的法律技术与人格保护的民法法典化模式》,载《当代法学》2016 年第 3 期。

了可以金钱价值衡量的财产属性。一方面,人开始对自身的部分人格价值进行支配,犹如他们当初支配财产那样;另一方面,未经本人同意而支配他人人格要素的现象也出现了。"〔1〕

照此进路,人格权具有支配属性就是题中应有之义:"当人格权作为一项真正的'权利'被引入到民法中时,人的伦理价值就成为人的意志在外部领域作用的对象,被意志看成是'我的'东西。进而,'它归属于我,故我可支配之',即在'归属'的概念之下,'支配'成为可能。换言之,人格权在民事权利体系当中,应当属于'支配权'的范畴。"〔2〕持此立场的学者进而指出,我国未来民法典中的"人格权编"亦应当按照支配权的模式加以构建。〔3〕

但本书认为,人格外化理论难以立足。其一,权利是人与外部事物的法律连接的论断,是基于传统民法的考察得出的结论,在人格—财产的二元格局下,难免以偏概全。由于传统民法主要规定财产权,因此用以形容财产权没有问题,但人格权概念的确立为近代以来的事情,其产生即以与财产的二元区分为前提,因此,套用这一命题有削足适履之嫌。其二,认为权利是人与外部事物的法律连接,根本上还是受哲学主客体关系的影响,误解了法学上主客体的本来含义,以客体的事实性取代客体的规范性。在这一点上,其与传统客体理论没有区别。其三,人格外化理论固然解决了主客体混同的难题,但却与人格权的专属性要求相悖。人格权具有专属性,意味着人格权上的人格利益只能内在于人,不能外在于人。事实上,认为姓名、肖像、隐私、名誉是人格的外化,实为误解。人格利益具有主观性,生命、身体为有形(或称生物)存在,名誉、隐私为无形(或曰精神)存在,但并不意味着其已外化为身外之物。以隐私为例,其不仅体现为特定的私密空间,还可能以信息的形式存在,但空间旨在划定隐私范围,信息则是隐私载体,空间和信息不

---

〔1〕 马俊驹、张翔:《人格权的理论基础及其立法体例》,载《法学研究》2004年第6期。
〔2〕 参见马俊驹:《人格和人格权理论讲稿》,法律出版社2009年版,第158页。
〔3〕 参见张翔:《民事权利的法律技术与人格保护的民法法典化模式》,载《当代法学》2016年第3期。

是隐私本身。而姓名、肖像的使用权能,是具有人格利益的特殊财产权[1],与其说体现的是姓名权、肖像权的人格权属性,不如说体现了其非人格权特性。

此外,按照"人格外化理论",势必导致人格保护的二元模式:如果说姓名、肖像、隐私、名誉等可以外化的话,生命、身体、健康和自由是无论如何也不能外化的,否则,人格利益将无从依附、伦理属性将荡然无存。人格外化理论的论者对此也有觉察,但其给出的解决方案是:大陆法系民法作为启蒙运动的产物,经过了自然法思想和理性哲学的洗礼,因此,生命、身体、健康、自由被认为是内在于人的事物。但我国民法缺乏伦理哲学的注释,因此,人除权利能力之外的一切均为身外之物。"如果说大陆法系民法是启蒙的产物,那么我国民法则肩负着启蒙的使命,即在独立成编的人格权法典化模式之下,通过'人格权'这一实在法上的权利,来塑造人的伦理价值。"[2]这一论断可谓强词夺理、似是而非。固然,文化上的洗礼会影响人们对事物的法律判断,此在不同的历史阶段尤其如此,但当我们接受"人格权"这一概念之时,即意味着我们以人为目的而非手段,这就决定了人的伦理价值不可能外化为客体。事实上,在同一历史时期,人们对事物的法律认知往往趋同,在对人的伦理价值的基本认知,中西之间亦不可能存在古今上的质的差别。

三、对物支配与人格自由的二分

在权利对象的意义上,绝对权项下的财产权和人格权有何本质不同?对此,法教义学的规范分析无法提供满意答案,必须建构作为权利对象的人格的特殊性。事实上,同为绝对权的财产权和人格权在权利对象上存在对物支配和人格自由的本质区别。正因为如此,人格权习

---

[1] 参见房绍坤、曹相见:《标表型人格权的构造与人格权商品化批判》,载《中国社会科学》2018年第7期。
[2] 张翔:《民事权利的法律技术与人格保护的民法法典化模式》,载《当代法学》2016年第3期。

惯被称为"受尊重权"。当然,人格自由的特殊性建构,须从人格权主体与对象的联系、人格的主客观一体性以及伦理人格与事实行为的区分三个层面次第展开。

(一)人格权主体与对象的联系

以《法国民法典》和《德国民法典》为代表的传统民法,系以财产权(尤其是所有权)为中心构建起来的。谓其"重物轻人"一点也不为过,《法国民法典》甚至被讥讽为"财产法典"。[1] 即便在英美法上,人格概念的理论阐释也比财产薄弱太多。[2] 在此历史背景下,人格权被误认为具有支配属性在所难免。但只要我们理清了民法上的支配语境,把支配概念限定为对权利对象(而非法律关系或权利客体)的描述,则传统民法所谓的支配就只能是对物支配。这就是为什么德国学者普遍把支配权限定为对物(有体物和无体物)的权利的原因。事实上,我国学界也不乏将支配权限定为物权的做法,如有学者在其新作中写道:"'支配'在民法上有特定含义,指人按照自己的意思把控特定物的事实状态。"[3]另有学者指出:"支配权在中国话语中显得有些抽象,但是在德文中是很通俗的。它的基本含义,相当于汉语的'归属你了''随你用'。"[4]由是观之,在人格权主体与人格权对象(人格要素)的关系上,传统民法除了基于财产权的误解外,实际上并未作出有意义的说明。

关于主体与人格关系的特性,即便持人格权支配权说的学者,也都承认主体人格与对物支配存在区别,已如前述。我妻荣教授更进一步

---

[1] 参见石佳友:《人格权立法的历史演进及其趋势》,载《中国政法大学学报》2018年第4期。

[2] See M Davies and N Naffine, Are Persons Propety? Legal Debates about Property and Personality, Ashgate Press (2001), p.51.

[3] 梁慧星:《民法典编纂中的重大争论——兼评全国人大常委会法工委两个民法典人格权编草案》,载《甘肃政法学院学报》2018年第3期。

[4] 孙宪忠:《民事权利基本分类及其分析裁判的法技术问题》,载《法治研究》2018年第2期。

地指出:"在近代法中,人常不失自己意思主体的地位,因此,没有对其他权利主体意思的绝对服从。在这一点上,人与物是不同的。"[1]人格权独立成编的反对论者更是认为,二者在支配这一属性上存在根本性区分。[2] 但此种阐释仍未直接说明主体与人格关系的特性。

  本书认为,在权利主体与权利对象的关系上,物权、知识产权体现为支配权,同为绝对权的人格权则为自由权或曰受尊重权。物乃身外之物,因此对物支配不存在伦理问题,物权、知识产权因而具有占有、使用、收益、处分等权能,此即所谓的积极权能。人格与之不同。虽然理性主义哲学将主体限定为自由意志,而把意志之外含肉体在内的一切视为客体,但人格作为一个源自伦理学的概念,必须在伦理学的意义上理解才是准确的。而人之所以为人,就因为它是道德的存在、社会的存在、精神的存在,否则,将无异于禽兽。[3] 作为道德的存在,人格秉承善的理念,旨在维护和发展人自身,反对把人及其组成部分作为手段来对待。作为社会的存在,人格须在交往中获得维持和发展,因此,人格具有社会关系的维度(如隐私)。作为精神的存在,人格在很大程度上体现为一种尊严,精神之损害亦为人格之损害。基于这三个属性,人的意志与其他人格要素都是目的的存在,不可能存在意志对人格要素的支配。这表明,除了为识别权利而在法律上对人格要素进行功能划分外,意志与其他人格要素在事实(伦理)上结为一体、不可分割。[4] 亦即,意志与其他人格要素具有意思和行为上的一致性:身体的行为体现了

---

[1] [日]我妻荣:《我妻荣民法讲义Ⅰ:新订民法总则》,于敏译,中国法制出版社2008年版,第187—188页。

[2] 参见中国社会科学院民法典工作项目组:《民法典分则编纂中的人格权立法争议问题》,载《法治研究》2018年第3期。

[3] "无恻隐之心,非人也;无羞恶之心,非人也;无辞让之心,非人也;无是非之心,非人也。"(《孟子·公孙丑上》)这实际上是说,人在生物性上与禽兽无异,但在道德上却有本质区别,即能否具有"知义"的道德属性。参见曹喜博、关健英:《孟子"人禽之别"命题中关于人存在的三个维度》,载《伦理学研究》2018年第3期。

[4] 或称人的全体价值。参见孟勤国:《民法典人格权编(草案)的重大疑难问题》,载中国民商法律网微信公众号(https://mp.weixin.qq.com/s/H6pm_VEzt4JdWXz0aPzntw),访问日期:2022年4月9日。

意思的自由,意思的自由也符合身体行为的目的。关于人格上主体与对象的这一关系,本书用"人格自由"来描述。这样,在人格—财产的二元格局下,同为绝对权项下的两种权利,形成了对物支配与人格自由的分野。

关于对物支配与人格自由的本质区别,民法学界其实早有认识,如民国时期的学者龙显铭先生指出:"……将吾人自然享有之生命、身体、自由与法律所保护之生命、身体、自由相混同,将自然的能力与法律上之力相混同,实属错误……生命权、身体权、自由权等人格权,非直接支配自己之生命、身体、自由等人格之全体或一部之权利,此等权利之内容,在不被他人侵害,而享受生命、身体之安全、活动之自由。"[1]佟柔先生亦认为:"人身权不同于所有权,它不是支配权,如果是支配权的话,法律就应该承认人人都有自杀的人身权利。"[2]

有意见认为,与物权的积极性不同,人格权具有"防御性",即法律规定或者认可人格权的目的,是将侵害人格权的加害行为纳入侵权责任法的适用范围,以便对加害人追究侵权责任。[3] "人格权之本质不在于使用、收益或处分人格利益,而在于防御、补救对人格尊严的侵害;法律规范的重心不在于确认权利,而是在于救济权利。"[4]或者说,人格权关系只有发生与消灭,而无移转和变更的积极权能。[5] 此种意见值得商榷。其一,认为人格权系防御权的观点,与罗马法、《法国民法典》等传统民法的立场一样,实际上是用财产权的思维来理解人格权,本质上是否认人格权为一项民事权利。其二,一旦我们将人格权定位为自由权或受尊重权,则自由本身就是一种积极权能。诚如学者所

---

[1] 龙显铭:《私法上人格权之保护》,中华书局1949年版,第2页。
[2] 佟柔:《中国民法学·民法总则》,中国人民公安大学出版社1990年版,第109页。
[3] 参见梁慧星:《民法典编纂中的重大争论——兼评全国人大常委会法工委两个民法典人格权编草案》,载《甘肃政法学院学报》2018年第3期。
[4] 中国社会科学院民法典工作项目组:《民法典分则编纂中的人格权立法争议问题》,载《法治研究》2018年第3期。
[5] 参见钟瑞栋:《人格权法不能独立成编的五点理由》,载《太平洋学报》2008年第2期。

言:"人格权……是有自己的积极性的权利。第一个积极性权利……是决定权,人格要素的决定权,你比如说我能不能安乐死……这种自我决定权不是一个防御权可以解决的问题,是积极的权利。"[1]五十岚清教授把自我决定的自主权理解为主动人格权。[2]

(二)人格的主客观一体性

与物不同,人格作为道德、社会及精神的存在,具有主客观一体性。人首先是物质的存在,由血肉、骨骼构成,但这只是人的外在形式。人的特殊性在于具有自由意志、有道德性,人因而成为伦理的目的、法律上的主体,拥有高贵的灵魂。人的主客观一体性在伦理上的表现有二:一是肉体与精神的互相依存性,二是自由意志与行为的一致性。不过,作为受法律保护的权利对象,物质性人格容易确定和识别,但精神性人格具有极强的主观性,空灵而又变动不羁。[3] 以隐私利益为例,其不仅涉及个人行为与信息,甚至还涉及个人之外的隐私空间。有学者因而认为人格权具有不可定义性,查阅各国和地区民法典也未见有对人格权下定义的。[4] 还有学者认为:"人格权系以人格为内容的权利,由于人格的开放性,难以作具体的定义,应作诠释性的理解,以适应未来的发展。"[5]本书认为,人格具有主观性毋庸置疑,但基于主客观一体性的特质,其并不丧失作为权利对象的确定性。

其一,人格利益有明确的归属。在法律上,具有绝对性的利益如果不存在归属主体,亦不受法律保护。因此,任何人均可基于先占取得无

---

[1] 孟勤国:《民法典人格权编(草案)的重大疑难问题》,载中国民商法律网微信公众号(https://mp.weixin.qq.com/s/H6pm_VEzt4JdWXz0aPzntw),访问日期:2022年4月9日。

[2] 参见[日]五十岚清:《人格权法》,[日]铃木贤、葛敏译,北京大学出版社2009年版,第15页。

[3] 参见江平:《民法的回顾与展望》,载《比较法研究》2006年第2期,苏永钦教授评议部分;房绍坤、曹相见:《论人格权一般条款的立法表达》,载《江汉论坛》2018年第1期;叶金强:《〈民法总则〉"民事权利章"的得与失》,载《中外法学》2017年第3期。

[4] 参见梁慧星:《民法典编纂中的重大争论——兼评全国人大常委会法工委两个民法典人格权编草案》,载《甘肃政法学院学报》2018年第3期。

[5] 王泽鉴:《人格权法》,北京大学出版社2013年版,第43页。

主物,超出法律或行为预先设想、不具有明确归属的反射利益则不受法律保护。但人格利益虽然具有主观性,却专属于以物质性人格为依托的特定主体,并且,每个人的人格均不与他人发生混同。

其二,人格利益存在特定的范围。人的精神自由不羁,但不是所有的主观精神利益都受法律保护。首先是不切实际的幻想、无法支配的利益不受法律保护。例如,对太阳的渴望、对星星的向往之情不受法律保护,除非此种渴望、向往之情仅体现为内在于人的人格自由。其次是对他人以及他人的物的精神利益不受法律保护。例如,觊觎他人容貌或财产不受法律保护,但在仅体现为人格自由时除外。最后,受法律保护的人格利益主要体现为三种类型:(1)内在于人的人格利益,即(法定或非法定)人格权的权利对象;(2)对特定亲属的人格利益,如父母在尽到监护职责时同样享受子女快乐成长的利益、探望子女的利益等;(3)外在于自己所有的特定物或自己参加特定仪式的人格利益。

其三,人格利益的保护虽然须经利益衡量才能确定,但这不是否认其具有确定性的理由。通常,侵权法对绝对权的保护采"损害—赔偿"模式,即按照侵权责任构成来判断是否需要担责。但基于人格利益的主观性,似乎无法适用这一保护模式。本书认为,这是一种误解。任何权利的行使均包含两部分内容:一是权利内含的自由;二是权利行使的限制。前者自不待言,后者则包含禁止权利滥用、公序良俗、诚实信用等基本原则的约束。就人格权而言,不是因为权利本身不确定,实是因为基于其社会性、精神性,需要在权利行使方面考量与他人的关系,即对人格权利的冲突作出抉择。因此,表面看来,人格利益的保护无法适用"损害—赔偿"的绝对权模式,实际上只是在权利行使上更受基本原则的限制。

值得注意的是,基于人格在法律上的主客观一体性,不仅物质性人格对精神性人格具有确定性功能,精神性人格也对物质性人格存在伦理化功能。这又表现为两种情形:一是使外在之物在与人体结合后,成为身体的一部分,如安装的假牙、心脏支架等。此时,虽然假牙、心脏支架非与生俱来,但因其与身体结为不可分割的整体,仍应认为其具有固有性。二是与身体分离的人体组织,若承载了主体继续维持的意思,则仍具有伦理属性,不能作为物对待[1],如在德国储存精子灭失案中,德国联邦法院即否认储存之精子为物[2]。美国法院也认为,死者在决定其精子如何使用时存在自主利益:若死者明确要求其精子于其死后用于孕育孩子,即便其近亲属反对,其妻子也可行使这项权利;若死者不存在类似特殊要求,则其精子甚至胚胎只能被损毁。[3]

(三)伦理人格与事实行为

即便人格权不具有支配属性,但其权利对象作为一种自由,仍有可能导向自杀、献身等行为,如同支配物的自由包含抛弃一样。而在谈论自杀、献身和安乐死等问题时,似乎也存在一对不可克服的矛盾:如果人无法支配自己的生命,为何人可以献身、可以进行安乐死？如果人可以支配自己的生命,那就会拥有自杀的权利！或有人认为,只要辅以法律、公序良俗的外部限制,承认人对自己生命的支配亦无问题。就实践效果而言,此方案当然可行,但其以牺牲生命、人格的伦理价值为前提,并不可取。

本书认为,破解这一难题应区分伦理人格与事实行为:人格具有道德性,以维护人之尊严、自由发展为己任。并且,此种尊严和发展已经超越肉身的形式,只要法律认为有意义,即便失去生命也体现了生命的价值。[4] 此种包含法律肯定性评价的人格即伦理人格。但实践中,人作为一种有血有肉、精神丰富的生物,完全可能存在痛苦、轻生等想法,从而做出自残、自杀等行为,此即事实行为。对此,法律虽然无从避

---

[1] 也有学者认为,脱离人体的器官或组织具有物的属性。参见杨立新、曹艳春:《脱离人体的器官或组织的法律属性及其支配规则》,载《中国法学》2006年第1期。
[2] 参见王泽鉴:《侵权行为》,北京大学出版社2009年版,第105页。
[3] 参见[美]柯尔斯登·R.斯莫伦斯基:《死者的权利》,张平华、曹相见译,载《法学论坛》2014年第1期。
[4] 献身行为的实质在于人们对于生命价值的评判。参见翟滨:《生命权内容和地位之检讨》,载《法学》2003年第3期。

免,但也从不鼓励和弘扬,因而对其持否定态度。但即便如此,也并非自由意志支配了生命,意志与行为无法分割,亦不可能矛盾,二者的目的具有一致性。因此,生命权的意义即在于尊重和维持生命,既包含生命存在的尊重和维持,也包含生命丧失的舍生取义。自杀属于事实行为范畴,法律无法禁止亦不认可,但阻止自杀或无谓牺牲的行为受法律称赞,即便给被救助人造成人身损害,只要符合比例原则、生命得以存续,也无须承担法律责任。法律也不禁止为保全生命而伤及自身的行为,如严重受伤、中毒后截肢。安乐死本质上是一个伦理问题,当社会伦理达到一定高度并统一后,安乐死合法化就不再是问题,因为它体现了人对死亡的尊严要求。

值得注意的是,作为侵权法上违法阻却事由的受害人同意也涉及伦理人格问题。人在事实上可能放弃对自己人格的维持与发展,但在法律上却不被认可,已如前述。因此,受害人同意限于对财产的处分,应系人格伦理价值保护的内在需求。遗憾的是,虽然通说认可受害人同意不适用人身损害,但在理论基础上却援引"社会利益""公共秩序"等外部因素。[1]

通过揭示人格权主体与对象的联系,凝练人格权的主客观一体性,区分伦理人格与事实行为,我们终于论证了人格自由的完整体系。值得注意的,是在描述人格权的属性时,学者通常使用"受尊重权"一词。从法律关系上看,"受尊重"意指他人(义务人)应尊重权利人的人格,描述的是权利主体与权利客体的关系,即人格权的排他效力。而就排他性而言,物权、知识产权显然也有此内涵。显然,所谓的受尊重权,不是指人格权的排他效力,而是专从权利对象的意义上说的。称人格权为受尊重权,主要是基于用语习惯的考虑:人们通常在描述人格时才使用尊重一词,反对人格权为支配权的学者也都使用了受尊重权的概念。同时,这也符合《民法

---

[1] 参见程啸:《论侵权行为法中受害人的同意》,载《中国人民大学学报》2004年第4期;周友军:《民法典中的违法阻却事由立法研究》,载《四川大学学报(哲学社会科学版)》2018年第5期;叶知年:《受害人同意与侵权损害赔偿》,载《山东法学》1999年第1期;曹琦:《受害人同意之阻却违法性初探》,载《政治与法律》1993年第2期。

典》第 109 条"人身自由、人格尊严受法律保护"的文义。

四、结　语

　　现代人格权理论的创设,以人格与财产的二分为前提。但由于传统民法主要是财产法,其人格权理论以财产权为模型。人格权支配权说即诞生于此种背景下。但考究支配的语境可知,支配权概念并不必然涵摄人格权;相反,认为人格权为支配权的意见,系对人格权绝对性的误解。权利客体源自哲学,但二者并不等同,其作为权利生成机制,并不具有支配的内涵。可供支配的是权利对象,即承受主体自由作用的载体,但这也仅限于物权、知识产权。在权利对象的意义上,与对物支配对应的是具有主客观一体性的人格自由。相应地,人格权的内在属性应定性为"受尊重权"。

　　把人格权界定为"受尊重权"的意义在于,使人格权从传统的财产权单一角度走向人格—财产的二元视野,立足于人格权自身来说明人格权的特性。就《民法典》而言,虽然人格权独立成编彰显了人的尊严,但由于该编被置于财产之后、身份和侵权之前,人格—财产的二元格局并不明显。当然,《民法典》对法定人格权的具体规定,并未因循人格权支配权说的进路,而是尊重了人格权的受尊重权属性,如第 992 条规定人格权不得放弃、转让或继承,第 995 条规定人格权请求权不适用诉讼时效,第 997 条规定了人格权禁令,第 1002 规定了生命尊严等。但也有个别不符合受尊重权属性的财产性规定,如第 993 条、第 1021—1023 条就分别规定了人格标识的商业利用和许可使用制度。未来,如何完成人格权受尊重权属性的体系贯彻,既依赖学界的共同努力,也有待实践的进一步检验。

第九章　人格权为基本权利

一、引　言

人格权是宪法权利还是民事权利,抑或兼有宪法权利与民事权利的属性？这一问题必须放在民法、宪法关系的宏观视野下进行分析。就民法、宪法的关系而言,自2014年重启民法典编纂以来,它就是学术界的焦点。但这也只是先前讨论的延续和深化。按照宪法学界的说法,早在20世纪90年代,民法学界的"私法优位主义""民法宪法同位论"就吹响了民法学的进攻号角。[1] 而宪法学界对这一问题的普遍关注始于2001年的"齐玉苓诉陈晓琪案"[2],2005年的"物权法(草案)"违宪之争则架起了两大学科的对话桥梁。此后,虽然讨论一直在持续,但问题至今未解决。

关于民法、宪法关系的讨论,涉及基本权利等诸多理论层面,但首要任务是理清两者关系使命之所在。与先前的讨论不同,新近研究出现了一个颠覆19世纪传统立宪主义的新背景,即所谓20世纪中期以

---

[1] 参见林来梵：《从宪法规范到规范宪法：规范宪法学的一种前言》,法律出版社2001年版,第294页。
[2] 最高人民法院关于以侵犯姓名权的手段侵犯宪法保护的公民受教育的基本权利是否应承担民事责任的批复(法释〔2001〕第25号)指出："……根据本案事实,陈晓琪等以侵犯姓名权的手段,侵犯了齐玉苓依据宪法规定所享有的受教育的基本权利……",载《最高人民法院公报》2001年第5期。

后"民法典的衰落"和"宪法的兴起"[1],"私法对宪法的实质性优先的终结""私法被公法原则所'压倒'""一个统一的法律系统(私法)的自主架构的解体"[2]。但这一判断值得警惕:宪法具有最高效力并不意味着宪法价值必然具有私法效力,因为人们并不知道,"宪法对私法的效力"究竟为规范效力抑或非规范效力。该命题同时还涉及公私法划分、基本权利属性等理论或法教义学问题。不唯如此,"民法典的衰弱"不同于"民法的衰弱",前者是民法的解法典化现象,是民法自身的一种发展,而后者则涉及民法与其他法律的兴衰。此外,"民法典衰弱"与"宪法兴起"是否具有因果关系也值得怀疑。此又分为两个问题:民法、宪法关系的当代使命如何,基本权利的私法介入是否可能。

(一)民法、宪法关系的当代使命

我国宪法学通说认为,宪法作为国家的根本大法,当然也是社会的基本法。[3] 照此思路,基本权利当然可适用于私法。[4] 然则,虽然自清末以来,我国宪法学的主流观点就主张国家、社会一元化[5],但在规范效力上,这种判断既与立宪主义理论相悖,也与20世纪以来的法律发展不符。不仅民法学者坚辞不受,也受到了宪法学内部的批评。而改革开放以来的学术思潮、法治改革,正预示着国家、社会"二元论"的回归。[6] 虽然民法学通说认为,民法是市民社会基本法,但这绝非我国民法学者独创。例如,德国学者诺伯特·霍恩就认为《德国民法典》

---

[1] 薛军:《"民法—宪法"关系的演变与民法的转型——以欧洲近现代民法的发展轨迹为中心》,载《中国法学》2010年第1期。
[2] 〔德〕哈贝马斯:《在事实与规范之间:关于法律和民主法治国的商谈理论》,童世骏译,生活·读书·新知三联书店2003年版,第493—494页。
[3] 参见张翔、韩大元、林来梵等:《行宪以法,驭法以宪:再谈宪法与部门法的关系》,载《中国法律评论》2016年第2期。
[4] 其实,说宪法是国家的根本大法本来没有错,但它有自己的特定语境,即从政治效力,而非规范效力的角度,强调宪法规定的制度乃根本大法,其他部门法均不得与之相悖。
[5] 参见韩大元:《宪法与民法关系在中国的演变——一种学说史的梳理》,载《清华法学》2016年第6期。
[6] 参见张翔:《基本权利在私法上效力的展开——以当代中国为背景》,载《中外法学》2003年第5期。

是"市民社会的基本法"。[1] 第二次世界大战以前,日本学者梅谦次郎即以公、私法划分为依据,主张宪法与民法为不同层次之规范,二者具有不同的调整对象;当代学者广中俊雄也认为,民法为"基本秩序之实体法基准",当然也是市民社会之基本法。[2] 民法为社会基本法的立场,也得到了我国一众民国时期学者的支持。[3]

民法学界与宪法学界的上述对立表明,近代以来两大学科话语平台的缺失,是比较法上的普遍问题。既然如此,"民法典的衰弱""宪法的兴起""私法对宪法的实质性优先的终结"等命题难免过于武断。知识背景作为理论的立足点,对理论的影响不言而喻,错误的命题会将讨论引入歧途。事实上,比较法上关于民法、宪法关系的理论,亦与此种知识背景的描述不符。而我国的制宪背景和宪法实施状况,则使理论超出了比较法的语境。由此,反思民法、宪法关系的知识背景,还原民法、宪法关系的当代使命,对民法、宪法关系的理性讨论意义重大。

(二) 基本权利私法介入何以不能

卡纳里斯曾言,基本权利与私法、私法自治的关系,理论上经过了旷日持久的争论,却似乎永远无法得到解决。[4] 但民法、宪法关系的实质不在于宪法是否具有最高性,而是基本权利能否适用于私法。而这一问题又颇具迷惑性:与其他部门法不同,宪法作为国家最高法,对部门法立法也具有约束力,而在立法机关行使立法职权时,除应遵守的

---

[1] 参见〔德〕诺伯特·霍恩:《百年民法典》,申卫星译,米健校,载《中外法学》2001年第1期。
[2] 参见〔日〕濑川信久:《"宪法与民法论"在经济秩序中所面临的课题》,其木提译,载《交大法学》2012年第1期。
[3] 如李祖荫认为:"民法者,人民生活之宪章也,社会生活之基本法也,人民权利义务之准据法也……无宪法不能构成国家,无民法不能保护人民。"[李祖荫:《中华民国新民法概评》,载何勤华、李秀清主编:《民国法学论文精萃》(第3卷),法律出版社2004年版,第11页] 黄右昌认为:"民法者,规定人类私权关系的根本法也,根本法有二,一为宪法,一为民法,其他非宪法的附属法,即民法的附属法。"(转引自韩大元:《宪法与民法关系在中国的演变》,载《清华法学》2016年第6期。)
[4] 参见〔德〕克劳斯-威尔海姆·卡纳里斯:《基本权利与私法》,曾韬、曹昱晨译,载《比较法研究》2015年第1期。

原则属于宪法规范效力外,立法行为本身已是超越宪法规范的政治行为。这样,观察宪法就有规范—政治两个维度:前者研究宪法规范,属于规范法学;后者研究宪法事实,属于社会法学。观察角度不同必然导致法律效果差异,研究基本权利与私法关系不注意到这点将难有突破。

遗憾的是,这一问题尚未为学界普遍觉察,不少理论与主张将二者混为一谈,不当地扩张了宪法效力及影响,此又以国家保护义务理论、民法的"宪法化"、民法承担"宪法性功能"等为典型。[1] 事实上,从政治宪法(社会法学)角度探讨基本权利的私法介入意义寥寥:一则,若将立法视为宪法的效力,则所有合宪之行为均为宪法效力之体现,这将导致民法、宪法关系的命题无意义。二则,民事立法作为国家行为,虽然会对个人权利造成影响,但也不过是一种外部限制,无法从价值秩序上打通民法、宪法的鸿沟。

不过,规范宪法(规范论)与政治宪法(事实论)既以宪法为研究对象,二者实难予以截然区分。例如,规范宪法以研究宪法规范效力为己任,但宪法规范效力内在地包含两大部分:有明确行为模式与法律后果、司法机关得予适用的规范效力;无明确行为模式和法律后果、仅要求立法机关实现相应目标价值的规范效力。前者是一般意义上的规范效力,后者虽也体现了宪法对立法机关的拘束力,但由于缺乏明确行为模式与法律后果,及至立法机关作出行为时,已过渡到政治宪法的范畴。即便在违宪审查,也只是排除违宪法律的适用,而非法律体系的内在构成。

也有学者注意到了上述区别,同时区分其与私法的不同关系,如卡纳里斯认为,民事立法本身属于公法行为,当然"直接"受到宪法制约,但民事关系则不直接受宪法规范。[2] "保护命令功能仅以国家为其相对人……立法者或者代替立法者履行职能的法官必须针对由私法

---

[1] 参见曹相见:《论民法与宪法关系的当代使命》,载《南海法学》2019年第2期。
[2] 参见苏永钦:《体系为纲,总分相宜——从民法典理论看大陆新制定的〈民法总则〉》,载《中国法律评论》2017年第3期。

自治造成的基本权利的威胁有所作为……如果保护命令的功能得以发挥,那么,人们一般不再直接从基本权利中推导结论,且将保护任务的履行主要视为普通法律的事务。"[1]我国学者李海平教授也认为,基本权利对社会公权力有直接效力,但并不意味着基本权利可适用于私人之间。[2]

本书赞同规范宪法与政治宪法的基本区分,亦认可宪法规范效力因针对立法机关或司法机关而有不同,前者最终要过渡到政治宪法的范畴;后者则因公法、私法而有区别:宪法价值与公法具有内在一致性,从而对公法具有最高效力,所以刑法可以"宪法化",但宪法价值与私法不具有内在一致性,故无法介入私法。本章还将在理清民法、宪法关系使命的基础上,试从法教义学的角度分析基本权利的私法介入何以不能。

二、民法、宪法关系的历史演进

从发生学上讲,民事权利为基本权利的原型,已成为学界少有的共识。但权利中的价值分野与变迁、形式法律规范地位的形成,才是作为对话前提的基础性问题。由于不同学科知识各异,所持立场往往大相径庭,故有必要抛开学科前见,进行历史考察。为研究的便利,同时考虑立宪主义对民法、宪法关系的影响,下文分前立宪主义时期、立宪主义的自由国家时期和社会国家时期三个阶段进行分析。

(一) 前立宪主义时期

所谓立宪主义,即强调私权保障和公权限制的宪法理念。立宪主义宪法也称为近代意义上的宪法,其作为一种宪法类型,或被归为实质

---

[1] [德]克劳斯-威尔海姆·卡纳里斯:《基本权利与私法》,曾韬、曹昱晨译,载《比较法研究》2015年第1期。
[2] 参见李海平:《基本权利间接效力理论批判》,载《当代法学》2016年第4期。

宪法中与固有宪法相对的一种,或独立于实质宪法、形式宪法。[1] 不过,正如芦部信喜教授所言,在宪法的各种观念中,宪法最优异的特质便是其立宪意义上的含义。[2] 由于近代宪法通常为形式宪法,所以立宪主义宪法通常也是形式宪法。因此,本书所谓前立宪主义时期,大致上等同于形式宪法诞生之前的阶段。

就历史发展而言,"宪法"一词源自拉丁文 Constitutio,但古希腊并无 Constitutio 的该当用语,相近的是表示统治形态的 Politeia,后者被译为国制[3],实际上就是现代的政体概念。西塞罗首先使用 Constitutio 一词,其在完成宪法概念拉丁化的同时,把宪法客观化为处理公共事务的规则。[4] Constitutio 由此具有了组织、确立的意思,古罗马帝国用以表示皇帝的诏令、谕旨,以区别于市民会议通过的法律文件;欧洲封建时代用以表示日常立法对国家制度基本原则的确认,含有组织法的意思;英国中世纪建立的代议制确立国王未经议会同意不得征税和立法的原则,后来代议制普及于欧美各国,人们就把规定代议制的法律称为宪法,指确认立宪体制的法律。[5]

显然,在近代形式宪法以前,宪法是作为实质意义存在的。其作为关于组织的公法规范,被称为"固有意义的宪法"。就此而言,无论在什么时代、何种地域,只要有国家即存在宪法。部分宪法学者据此认为,宪法的历史甚至要早于古希腊、古罗马。[6] 这种意见看似无可挑剔,实

---

[1] 参见〔日〕芦部信喜:《宪法》,林来梵、凌维慈、龙绚丽译,北京大学出版社 2006 年版,第 4—5 页;〔日〕阿部照哉、〔日〕池田政章、〔日〕初宿正典等编著:《宪法》(上),周宗宪译,许志雄审订,中国政法大学出版社 2006 年版,第 34—35 页。
[2] 参见〔日〕芦部信喜:《宪法》,林来梵、凌维慈、龙绚丽译,北京大学出版社 2006 年版,第 5 页。
[3] 参见〔日〕阿部照哉、〔日〕池田政章、〔日〕初宿正典等编著:《宪法》(上),周宗宪译,许志雄审订,中国政法大学出版社 2006 年版,第 3 页。
[4] 参见徐国栋:《宪法一词的西文起源及其演进考》,载《法学家》2011 年第 4 期。
[5] 参见中国大百科全书总编辑委员会《法学》编委员会、中国大百科全书出版社编辑部编:《中国大百科全书·法学》,中国大百科全书出版社 1984 年版,第 638 页。
[6] 参见林来梵:《民法典编纂的宪法学透析》,载《法学研究》2016 年第 4 期;郑贤君:《作为宪法实施法的民法——兼议龙卫球教授所谓的"民法典判定的宪法陷阱"》,载《法学评论》2016 年第 1 期。

则有偷换概念之嫌。因为我们通常所谓的宪法,是立宪主义意义上的宪法,也即具有限制公权、保障私权功能的宪法。宪法一旦缺乏限制公权、保障私权的功能,将很难建立起最高法的规范地位,从而也不会与民法存在交集。因此,固有意义的宪法与立宪主义宪法不仅有形式之别,亦有实质之差,二者不可相提并论。所以说,立宪主义宪法最能体现宪法的特质,我们讨论宪法也通常从近代宪法说起。

民法的情形恰好与之相反。民法虽也有形式与实质之分,但二者均承载了权利保护的基本功能,实质民法还可追溯到习惯法阶段。古代法虽然多属诸法合一,但民法构成主要规范应无疑问。例如,《十二表法》分为传唤、审判、求偿、家父权、继承与监护、所有权及占有、房屋及土地、私犯、公法、宗教法、前五表的补充、后五表的补充十二篇,私法所占范围一枝独大。据考察,民法一词源自罗马法上的"市民法",大陆法系各国皆沿用"市民法"概念,指作用于市民社会之法。只是日本学者转译为"民法",并于清末传入我国。[1] 若该说得以成立,则优士丁尼的《民法大全》可为形式民法的雏形。其中的《学说汇纂》《法学阶梯》的体例,分别为《德国民法典》《法国民法典》继受,对大陆法系的民法发展产生了深厚影响。正是在这个意义上,我们说民法早于宪法。

在形式民法诞生之前,民事权利即已存在。但在形式宪法诞生之前,宪法权利(基本权利)并未产生。这表明,固有宪法发挥的是法的秩序功能,权利价值主要存在于民法之中。所以说,民事权利早于宪法权利,并为其提供了蓝本。[2] "私法来源于生活,其本身就是生活、最富有生活的品格,它是'生活的百科全书',它告诉人们为人处世之方、待人接物之法、安身立命之术。私法配称人间指南、人生向导。""私法制度,包括主体制度、意思自治制度、物权制度和责任制度,构成了促进社

---

〔1〕 参见徐国栋:《市民社会与市民法——民法的调整对象研究》,载《法学研究》1994年第4期。
〔2〕 参见童之伟:《宪法民法关系之实像与幻影——民法根本说的法理评析》,载《中国法学》2006年第6期。

会发展所需要的基本法律机制。"[1] "在民法慈母般的眼里,每一个个人就是整个的国家"[2]。民法因之成为"维护人权、解放人性的法律"[3]。

前立宪主义时期的法律缺乏凯尔森意义上的规范体系,也不存在严格的公、私法类型划分,尽管罗马法学家乌尔比安已对公私法进行区分。同样,虽然亚里士多德提出了市民社会的概念,但它意指政治共同体或城邦国家,实质上是一种政治社会[4],与近代意义上的市民社会相差甚远。因此,在古代法中,权利的价值决定了法的地位。所以有学者说:"从私法与人们生活的关切度来看,私法是最高的法。""在宪法产生之前,私法就是宪法。"[5]

(二) 自由国家时期

立宪主义有两个分期:一是近代立宪主义,其视国家为必要之恶,禁止国家介入国民生活,是为自由国家的时代;二是20世纪以后发展起来的、主张国家积极介入的社会国家时代。近代立宪主义的宪法可追溯到1215年的英国《自由大宪章》,其虽以契约形式存在于特定领域,并未形成整体意义上的宪法价值体系[6],但已具备立宪主义宪法的基本内容。一般认为,形式宪法发端于18世纪末美国和法国的民主革命。但宪法最高法地位的形成,需要以相关配套制度为前提。19世纪的欧洲因缺乏宪法审查制度,人们无法在现代的意义上谈论"宪法优位",基本权利也不能对抗立法者。为了约束行政,基本权利毋宁是以

---

[1] 邱本、崔建远:《论私法制度与社会发展》,载《天津社会科学》1995年第3期。
[2] [法]孟德斯鸠:《论法的精神》(下册),张雁深译,商务印书馆1994年版,第190页。
[3] 申卫星:《中国民法典的品性》,载《法学研究》2006年第3期。
[4] 参见刘志刚:《立宪主义语境下宪法与民法的关系》,复旦大学出版社2009年版,第20页。
[5] 邱本、崔建远:《论私法制度与社会发展》,载《天津社会科学》1995年第3期。
[6] 参见徐秀义、韩大元主编:《现代宪法学基本原理》,中国人民公安大学出版社2001年版,第12页。

法律的形式在政治上被实施。[1] 只有在概念法学的意义上,宪法才确立了它的最高权威。

但就权利保护及其价值维系而言,此时的民法、宪法关系呈"泾渭分明"状。[2] 申言之,宪法的最高性体现在法律体系的位阶上,任何部门法均不能与之相冲突,民法也不例外;但除此之外,基本权利不能对民法产生影响,民法留有私法自治空间,继续发挥价值引领的功能。所以德国学者说:"《德国民法典》表达了法治国家的基本价值:所有的人在法律统治下的自由与平等,对私有财产的保护和自由处分,每个人都可以自由地签订合同来处分其财产。"[3] 法国在第五共和国以前宪法变动频繁,甚至连《人权宣言》也不断修正,但民法典却连续保存下来,并发挥市民社会基本法的功能。"宪法消逝,民法长存",《法国民法典》被认为是"法国的真正宪典"(让·卡波尼埃语)。[4] 在2004年的法国民法典纪念大会上,法国总统希拉克也强调民法是真正的宪法,此语并为宪法委员会多次援引。[5]

应当指出的是,这种权利保护上的平行关系有其发生学基础。"几乎所有欧洲国家,像法国、奥地利、意大利等国,其私法秩序在生成阶段都没有受到民主宪法秩序的影响。如果将民法典编纂视为一个国家私法秩序建构的最显著的标志,可以发现,欧洲主要国家的民法典编纂都不是在民主宪法体制之下完成的。"[6] 经由此种生成上的"封闭性",民法进而获得"中立性"。所以德国、法国、瑞士的民法典,超越后来的各种对立体制,成为各国民事立法的主要参考:从远东的日本、中国,到近

---

[1] 参见〔德〕克里斯托夫·默勒斯:《德国基本法:历史与内容》,赵真译,中国法制出版社2014年版,第6—7页。
[2] 参见薛军:《"民法—宪法"关系的演变与民法的转型——以欧洲近现代民法的发展轨迹为中心》,载《中国法学》2010年第1期。
[3] 〔德〕诺伯特·霍恩:《百年民法典》,申卫星译,米健校,载《中外法学》2001年第1期。
[4] 参见李玲:《论法国民法典的宪法化》,载《北方法学》2013年第6期。
[5] 参见夏正林整理:《"民法学与宪法学学术对话"纪要》,载《法学》2006年第6期。
[6] 薛军:《"民法—宪法"关系的演变与民法的转型——以欧洲近现代民法的发展轨迹为中心》,载《中国法学》2010年第1期。

东的土耳其、南美的智利、非洲的埃塞俄比亚,从20世纪30年代的苏联民法到80年代的中国民法,以其文化、历史和体制差异之大,较于民法内容的差异之小,令人叹为观止。[1]

此外,市民社会理论与公、私法划分也功不可没。与市民社会的古义不同,现代市民社会理论完成了与政治国家的分野,强调市民社会的非政治性成分。[2] 它所孕育的公民自由,是"不受国家干涉的自由",与古代市民社会的自由截然不同:"在古代,个人系为国家服务,在国家的幸福中找到其目的之满足。但在近代,国家系为一切个人而存在,国家是在市民的幸福中找到自己的名声。"[3] 此种自由构成私法自治的前提,也是公、私法划分的基础,后者的目的亦旨在划定政治国家不能介入的领域,以防范市民社会遭受外来干扰。由于宪法属于公法、对抗公权力,民法属于私法、调整私主体关系,所以二者分属不同阵营,自然井水不能犯河水。

值得警惕的是,在公、私法关系上,存在一个"公法优先"的误区,如哈耶克所言,"私法"与"公法"虽然人所共知,但因与"私益"和"公益"的相似性,很容易示人以此种错误印象:私法只服务于特定的个人利益,唯有公法服务于普遍利益。[4] 这其实也是罗马法给出的定义,乌尔比安在《学说汇纂》中写道:"它们有的造福于公共利益,有的造福于私人。"[5] 但事实上,公法作为限制必要的恶的法,虽有其重要地位和独立价值,但相对于私法还是其次的。[6] 可惜我国公法学者多未留意这一问题,因此,当民法学者喊出"私法优位"时,公法学界以为是民法

---

[1] 参见苏永钦:《私法自治中的国家强制》,中国法制出版社2005年版,第4—5页。
[2] 参见何增科:《市民社会概念的历史演变》,载《中国社会科学》1994年第5期。
[3] [日]阿部照哉、[日]池田政章、[日]初宿正典等编著:《宪法》(上),周宗宪译,许志雄审订,中国政法大学出版社2006年版,第7页。
[4] 参见[英]弗里德利希·冯·哈耶克:《法律、立法与自由》(第1卷),邓正来、张守东、李静冰译,中国大百科全书出版社2000年版,第209页。
[5] [意]彼得罗·彭梵得:《罗马法教科书》,黄风译,中国政法大学出版社1992年版,第9页。
[6] 参见张文显、于宁:《当代中国法哲学研究范式的转换——从阶级斗争范式到权利本位范式》,载《中国法学》2001年第1期。

对宪法的挑战,进而提出了"公法优位论"。[1] 事实上,我国民法学者提出"私法优位论"有其特殊背景——对我国长期实行计划经济的"矫枉过正"等原因,既非否认公法的意义也未触及宪法的地位。

公法优位主义的另一个表现,就是否认民法的限权功能。民法是否具有限权功能?两大学科的立场截然不同,民法学者持肯定意见,宪法学界则持否定立场。[2] 本书认为,依据立宪主义理念,市民社会孕育了排除国家干涉的自由,其属于消极意义上的限权无疑。不能因为公法限权积极、直接,就否定民法的消极、间接限权,所以新近有学者指出,社会治理需要公权与私权"合作进行"。[3] 事实上,跳出法律的视野就会发现,一旦缺乏尊重法律的政治环境,即便宪法也会沦为摆设;相反,只要具备法律至上的制度保障,即便缺乏公法规定,也能做到"风能进,雨能进,国王不能进"。

(三)社会国家时代

自由国家发展到20世纪,即到了社会国家的时代。国家开始全面介入经济领域,积极国家由此取代了消极国家。与此同时,民法与宪法的关系出现了新的变化,薛军教授称为"民法典的衰落"和"宪法的兴起"。依其解释,20世纪欧洲国家的民主化趋势,打破了资产阶级在法典编纂中的主导地位,使得其他社会阶层也可寻求与民法典的联系,并对民法典进行审视和修正。其结果就是,民事特别法大量兴起,民法典地位日益衰落,宪法成为法律体系的中心。[4] 哈贝马斯谓之"私法对

---

[1] 参见汪习根:《公法法治论——公、私法定位的反思》,载《中国法学》2002年第5期;谢晖:《价值重建与规范选择:中国法制现代化沉思》,山东人民出版社1998年版,第274页。

[2] 学者的代表性意见参见徐国栋:《民法典与权力控制》,载《法学研究》1995年第1期;谢鸿飞:《中国民法典的宪法功能——超越宪法施行法与民法帝国主义》,载《国家检察官学院学报》2016年第6期;林来梵:《民法典编纂的宪法学透析》,载《法学研究》2016年第4期;苗连营、程雪阳:《"民法帝国主义"的虚幻与宪法学的迷思——第三只眼看"根据宪法,判定本法"的争论》,载《四川大学学报(哲学社会科学版)》2008年第2期。

[3] 参见唐清利:《公权与私权共治的法律机制》,载《中国社会科学》2016年第11期。

[4] 参见薛军:《"民法—宪法"关系的演变与民法的转型——以欧洲近现代民法的发展轨迹为中心》,载《中国法学》2010年第1期。

宪法的实质性优先的终结"。[1] 但本书认为,此种见解误解了社会国家时代的民法、宪法关系,不足以揭示民法、宪法关系的当代使命。

(1)以民主化趋势和特别法兴起为依据,推导出宪法的兴起和民法的衰弱,混淆了规范法学与社会法学的分野。一般而言,规范法学主要考察规范的效力和法律后果,社会法学则考察规范的生成与运行机制。以时下流行的规范宪法学和政治宪法学为例,虽然二者均拿不出区别于彼此的学科体系,政治宪法学亦有其规范性的问题,但前者为"真正宪法",后者"外在于宪法、超越宪法"[2];前者属于法教义学,后者属于法理学/法哲学[3];前者关注宪法的"平常时刻"[4],后者关注"非常时刻"却是不争的事实。一言以蔽之,规范法学是"规范论",社会法学则为"事实论"。由于民主化、特别法对民法、宪法关系的影响,须假手立法权才能实现,而立法行为显然是一种事实行为,超出了规范法学的范畴。"宪法在许多方面影响着政治,其中大部分影响是间接的,我们不应过高估计其影响"[5];否则,任何政治行为均属于宪法行为,任何立法行为亦属于宪法适用。

令人遗憾的是,包括德、日在内的多数学者均未留意到此种区别,如德国学者认为:"基本权利已辐射至德国的法律秩序、政治及社会生活的方方面面。"[6] 日本学者也认为,在新的社会情势下,宪法将保

---

[1] [德]哈贝马斯:《在事实与规范之间:关于法律和民主法治国的商谈理论》,童世骏译,生活·读书·新知三联书店 2003 年版,第 493—494 页。
[2] 周林刚:《"政治宪法"的概念——从"政治宪法学"与"规范宪法学"之争切入》,载《天府新论》2016 年第 1 期。
[3] 廖奕:《"知识界碑"的"乾坤大挪移"?——"政治宪法学"与"规范宪法学"论争反思》,载《中国图书评论》2010 年第 12 期。
[4] 郑磊:《我们处于什么时代——简析规范宪法学与政治宪法学之根本分歧》,载《苏州大学学报(哲学社会科学版)》2011 年第 3 期。
[5] [美]马克·图什内特:《宪法为何重要》,田飞龙译,中国政法大学出版社 2012 年版,第 13 页。
[6] [德]迪特·格林:《基本权利在德国的地位——宪法裁判 65 年实践后的考察》,林彦译,载《华东政法大学学报》2017 年第 1 期。

障弱势群体的具体决定委由立法者,是基本权利私人效力的体现。[1]

(2)社会国家并非对立宪主义的全盘否定,毋宁是立宪主义的新表现,不宜过分解读国家干预的意义。"立宪主义本来的目的,就在于保障个人的自由和权利,而社会国家思想的目的亦在于使立宪主义的这种目的在现实生活中得到实现,为此应认为两者之间基本上是一致的。"[2]同样的道理,民事特别法虽然存在政策因素,但其功能不过是从另一个角度来支撑私法自治[3],并不因此丧失其私法性质。因此,社会国家给民法与宪法关系带来的影响,难以使其发生根本性改变。哈贝马斯在论述"私法对宪法的实质性优先的终结"时,援引了德国私法学者 Hesse 的论述[4],但后者所述经过了立法权的"转译",也即私法所受影响并非源自宪法规范本身,其本人也恰恰反对宪法适用于私法[5]。

(3)此阶段民法与宪法的新发展,系各自独立进行,相互间无因果关系,只是存在法律价值上的"暗合"。就民法而言,19世纪、20世纪的社会生活,分别构成近代民法、现代民法的物质基础。[6] 近代民法有两个基本判断:平等性和互换性。前者是指在当时经济条件下,民事主体主要由农民、手工业者、小业主、小作坊主等平等主体构成;后者意味着民事主体在民事活动中频繁地互换位置,于此交易中为出卖人,于彼交易中则为买受人。[7] 因此,近代民法追求形式正义,民法上的人是

---

[1] 参见[日]阿部照哉、[日]池田政章、[日]初宿正典等编著:《宪法》(上),周宗宪译,许志雄审订,中国政法大学出版社2006年版,第56页。

[2] [日]芦部信喜:《宪法》,林来梵、凌维慈、龙绚丽译,北京大学出版社2006年版,第4页。

[3] 参见苏永钦:《私法自治中的国家强制》,中国法制出版社2005年版,第28页。

[4] "私法的立法者在宪法上具有了这样的任务:以分化和具体化的方式把基本权利的规范转译为一种对于私法关系参与者具有直接约束力的法律。立法者原则上有义务关注为实现基本权利对私法之影响所必需的那些各种各样修改。"[德]哈贝马斯:《在事实与规范之间:关于法律和民主法治国的商谈理论》,童世骏译,生活·读书·新知三联书店2003年版,第494页。

[5] 参见陈新民:《德国公法学基础理论》(上册),法律出版社2010年版,第356—357页。

[6] 参见梁慧星:《从近代民法到现代民法——二十世纪民法回顾》,载《中外法学》1997年第2期。

[7] 参见梁慧星:《从近代民法到现代民法——二十世纪民法回顾》,载《中外法学》1997年第2期。

抽象的理性人。但是,20世纪的世界大战、科技革命一方面导致了"人的再发现或复归"(星野英一语),人格权随之确立;另一方面侵蚀了近代民法的平等性和互换性,导致民法"人"的具体化,形成了"消费者/生产者、劳动者/雇佣者"二元模式[1],进而导致了民法内在体系的"激烈震荡"[2]。值得注意的是,此种民法内在体系的"激烈震荡"即便导致了"民法典的衰弱",也只是民法内部的"解法典化"现象,绝不等同于"民法的衰弱",更无法以此证成"宪法的兴起"。

在宪法上,经历了战争和独裁的惨痛教训之后,在尊严哲学的发源地欧洲,立宪者提出了人之尊严受保护的思想。这首先为《意大利宪法》和《德国基本法》规定,并引领了后来南欧、中欧的民主化潮流。此外,北美和社会主义国家的宪法也受此影响。[3] 这是康德哲学的复兴,工具主义、结果论或功利主义则同期衰落。[4] 现在,人之尊严已成为世界范围内的最高宪法价值[5],它重塑了个人和国家的关系,构成战后宪法国家的基石。它也被视为人权的基础,人类有权利因其有尊严。[6] 它既是对反人性时代的回应,同时也承载了如此期待:宪法制度使人过上体面生活、形塑其个人和政治命运。因此,人之尊严既导向"善的生活",又树立了民主的宪法基础。[7] 这表明,宪法的兴起自有其内在原因,与"民法典衰弱"无关。

虽然民法与宪法的演变路径各不相同,但这并不妨碍二者在价值

---

[1] 参见谢鸿飞:《现代民法中的"人"》,载《北大法律评论》2000年第2辑。
[2] 参见朱岩:《社会基础变迁与民法双重体系建构》,载《中国社会科学》2010年第6期。
[3] See Vodinelic, Vladimir, The Right to Human Dignity, 39 Zbornik Pravnog Fakulteta u Zagrebu. 743(1989).
[4] See G. P. Fletcher, Human Dignity As a Constitutional Value, 22 University of Western Ontario Law Review 171(1984).
[5] See Henk Botha, Human Dignity in Comparative Perspective, 20 Stellenbosch Law Review 217 (2009).
[6] See Marcus Düwell, The Future of Human Dignity, 31 Netherlands Quarterly of Human Rights 400 (2013).
[7] See Catherine Dupre, Human Dignity in Europe: A Foundational Constitutional Principle, 19 European Public Law. 325(2013).

上的暗合:民法存在价值的需求,宪法则提供了价值基础。但这也仅仅是一种"暗合",因为私法自有其价值基础。私法对生命、健康、财产等的保护,至少可追溯至罗马法。只不过,私法对人的保护最先是以自然法为基础,此种状况直至近代才被伦理人取代,人因而被具体化,人格权理论也应运而生。星野英一因而称为私法上"人的再发现或复归"。而宪法人权的产生乃是近代以来的事,最初也以自然法为基础,第二次世界大战以后才回归人性,被"人之尊严"所替代,后者超越战后和独裁的语境,成为19世纪90年代以来新宪法的典型特征。[1] 正因为如此,龙卫球教授称宪法是私法的回音。[2] 由此可见,民法、宪法的价值暗合不过是"貌合神离"。

本书认为,社会国家时代比较法上民法、宪法关系的新课题,既非"私法对宪法的实质性优先的终结",也不是"民法典的衰弱"和"宪法的兴起",而是如何在社会新形势下解读民法与宪法的"价值暗合"。申言之,如同近代立宪主义时期一样,虽然宪法仍属于公法,基本权利对抗公权力、民事权利对抗私主体,但是,面对社会国家时代的社会变迁,如何从法体系的高度整合民法与宪法价值,乃民法、宪法关系的当代使命。

三、民法、宪法关系的理论流变

关于民法、宪法关系的理论探索,滥觞于以德、美为代表的比较法。但其理论展开或是对民法、宪法价值暗合的体系解释,或者属于国家行为的扩大解释,既未动摇宪法的公法属性,也未偏离基本权利对抗公权的立场,与所谓"私法对宪法的实质性优先的终结"的论断不符。这就使理论探讨偏离了问题本身。

---

[1] See Catherine Dupre, Human Dignity in Europe: A Foundational Constitutional Principle, 19 European Public Law. 323(2013).
[2] 参见龙卫球:《民法依据的独特性——兼论民法与宪法的关系》,载《国家检察官学院学报》2016年第6期。

(一) 宪法价值直接介入私法的理论

比较法上属于此类理论的,有德国法上的基本权利第三人直接效力说、美国法上的国家行为理论,我国法上的宪法司法化理论也属于这一范畴。此类理论或者存在法教义学难题,或者有其特殊的历史背景,或者背离了立宪主义语境,无法解释民法、宪法的"价值暗合"命题。

1. 基本权利第三人直接效力说

该说出现于20世纪50年代的德国,由尼帕代等学者在前倡导,联邦劳工法院于后呼应。其主要立论为:20世纪以来市民社会的变迁,使团体及个人可能以优势力量,妨碍处于劣势地位的他人;为维护宪法上的人之尊严,基本权利有必要介入私人关系;若不,基本权利条文将仅具宣示性质。同时,为顾及宪法的公法属性及基本权利对抗公权的功能,该说对基本权利的私法介入作了转译,即基本权利在作为主观权利的同时,亦构成宪法价值秩序,后者亦得约束私人行为。[1] 可见,基本权利第三人直接效力说沿袭了立宪主义的基本理念,同时围绕新的社会情势展开宪法价值的体系化,只是其以为宪法与私法在价值上具有一贯性,宪法价值因之得直接介入私法。

不过,宪法与私法具有价值一贯性的主张,使第三人直接效力说遭到了广泛批评,首先,该说是对私法自治的戕害:从国家行为的应为性中推出私人行为的应为性,对私法而言极为危险,因为基本权利违法性与私法违法性并不相同。[2] 其次,基本权利对抗公权力之属性,在现代仍是其本质性取向。如若使其适用于私人,必然导致私人间的"基本权利冲突"。此时会导致教义学上难题:法官如何决定保护谁与限制谁、又如何适用比例原则?而无论如何判决与适用,均会丧失基本权利的刚性、弱化基本权利的效力、动摇基本权利的根基。[3] 因此,第三人

---

[1] 参见陈新民:《德国公法学基础理论》(上册),法律出版社2010年版,第336—338页。
[2] 同上注,第349—386页。
[3] 参见于飞:《基本权利与民事权利的区分及宪法对民法的影响》,载《法学研究》2008年第5期。

直接效力说从未成为通说,并为联邦宪法法院所否认。[1] 联邦劳工法院亦于1984年起予以废止。[2]

2. 美国法上的国家行为理论

美国的政党在国家选举中发挥着关键作用,但长期以来,政党在美国被视为"私人"组织,从而游离于宪法的管制之外。为规范政党的选举行为,美国联邦最高法院创设了国家行为理论。依其主张,"私人行为"如果具有政治色彩,也应当承担国家义务。[3] 由于政党在国家选举中的角色具有政治色彩,所以其选举行为应纳入国家行为之列,政党由此须承担国家义务。保障选举权的美国宪法第15修正案由此具有了"私人效力"。由于该理论涉及公法规范的私人效力问题,所以,常被拿来与基本权利第三人效力说一并讨论。

然则,国家行为理论本质上是对国家行为的扩大解释,与20世纪的社会变迁和民法、宪法的价值暗合并不相关。事实上,它是美国社会的特定产物,不具有理论上的普遍性:依其旨趣,私人行为在具有政治功能时,才能纳入国家行为的范围,但无论市民社会如何变更,民事主体如何分化,都难以具备此种政治色彩。因此,在国家行为理论中,宪法价值直接介入私法只是一种表象,它其实并未介入私法,其效力仍限于公法范畴。这也是学界关于民法与宪法关系的探讨较少涉及国家行为理论的原因。

3. 我国的宪法司法化理论

宪法司法化主要是指私人间的宪法诉讼。但宪法要作为私人诉讼的判决依据,需要解决两个理论前提:一是宪法适用不涉及宪法解释;二是宪法可以调整私人关系。就前者而言,宪法司法化论者认为,解释宪法要阐明宪法规范的具体内涵或基本原则,但"齐玉苓诉陈晓琪案"

---

[1] 参见陈新民:《德国公法学基础理论》(上册),法律出版社2010年版,第349、365页。
[2] 参见张巍:《德国基本权第三人效力问题》,载《浙江社会科学》2007年第1期。
[3] 参见张千帆:《论宪法效力的界定及其对私法的影响》,载《比较法研究》2004年第2期。

只是援引了宪法规范,因此,不构成宪法解释。[1] 但这种个案不具有普遍性。任何法律欲为裁判之依据,必然存在解释之可能,这是法学方法论的公设。事实上,就"齐玉苓诉陈晓琪案"而言,关于宪法解释的对象,宪法学界存在整体宪法说、宪法规范说和宪法原则说三种学说,因此"齐玉苓诉陈晓琪案"批复已构成宪法解释无疑。[2] 所以主流意见认为,宪法司法化的提法,违背了宪法适用的特定性与法定性[3],与我国政治体制不符[4]。也正因为如此,"齐玉苓诉陈晓琪案"批复最终为最高人民法院废止(法释〔2008〕15 号)。

关于宪法调整私人关系的看法,宪法司法化与基本权利第三人直接效力说存在内在关联,即都属于对 20 世纪以来社会变迁的理论回应。实际上,宪法司法化理论虽为我国学者所创,但其理论养分源自基本权利第三人直接效力说,只不过在宪法属性和基本权利属性上有所改造。

(1)对宪法"公法"属性的改造。为使宪法介入私法,"司法化"论者选择从宪法属性入手。其认为,20 世纪以来,强大团体和组织的兴起,改变了公、私法划分的基础,认为宪法仅仅是公法的时代早已结束。现在的宪法是公法也是私法。或者说,宪法既不属于公法也不属于私法,而是处于两者之上的法律。唯此,才符合其最高法的地位。或者说,宪法是公法并不排斥其调整私法关系,虽然后者不是宪法的主要任务。[5] 此种立场显然超越了立宪主义的宪法理论:无论是在自由国家

---

[1] 参见王磊:《宪法实施的新探索——齐玉苓案的几个宪法问题》,载《中国社会科学》2003 年第 2 期。
[2] 参见秦前红:《关于"宪法司法化第一案"的几点法理思考》,载《法商研究(中南政法学院学报)》2002 年第 1 期。
[3] 参见童之伟:《宪法适用应依循宪法本身规定的路径》,载《中国法学》2008 年第 6 期;董和平:《废止齐案"批复"是宪法适用的理性回归——兼论"宪法司法化"的理论之非与实践之误》,载《法学》2009 年第 3 期。
[4] 参见许崇德:《"宪法司法化"质疑》,载《中国人大》2006 年第 11 期;张心向:《我国"宪法司法化"路径问题之思考——基于刑法裁判规范建构立法源视域》,载《政治与法律》2011 年第 2 期。
[5] 参见蔡定剑:《关于什么是宪法》,载《中外法学》2002 年第 1 期;王磊:《宪法实施的新探索——齐玉苓案的几个宪法问题》,载《中国社会科学》2003 年第 2 期。

时代,还是社会国家时代,宪法作为公法的认识从未动摇。而基本权利第三人直接效力说虽然承认基本权利可对第三人发生效力,但从未否认宪法的公法属性。"司法化"论者的革命性主张因而也未取得其他宪法学者的赞同。[1]

(2)对基本权利对抗属性的改造。基本权利对抗公权力、民事权利对抗私主体,此认识不仅作为传统理论存在,亦为基本权利第三人直接效力说尊重。依据该说,对私法产生效力的,不是基本权利本身,而是宪法价值秩序。但宪法司法化理论的提出,本身即未考虑基本权利的对抗属性,仅仅强调宪法作为"法"一样适用。其当然也未顾及宪法直接介入导致的私法自治的破坏,以及私人间"基本权利冲突"的教义学问题。所以,即便是宪法学者亦认为,令宪法全面介入民事领域,存在巨大的社会风险,是对宪法效力的"扩大化"。[2]

(二)宪法价值间接介入私法的理论

作为基本权利第三人直接效力说的改进版,同样滥觞于德国法的基本权利第三人间接效力说,已成为各国关于宪法与民法关系的基本理论。为避免基本权利的直接作用危及私法自治,该说以私法之概括条款作为基本权利实现之媒介。依其旨趣,基本权利条款同时亦是客观价值规范,当私人违反他人基本权利时,可借助民法中公序良俗等原则进入民事裁判,发挥其维护人之尊严的功能。"该说具有极缜密的逻辑,它既与《德国基本法》第1条第3款规定'基本权利是直接有效的法律'相契合,又避免了直接运用宪法可能对'私法自治'的威胁……"[3]

---

[1] 参见秦前红:《关于"宪法司法化第一案"的几点法理思考》,载《法商研究(中南政法学院学报)》2002年第1期;刘志刚:《立宪主义语境下宪法与民法的关系》,复旦大学出版社2009年版,第91页。
[2] 参见秦前红:《关于"宪法司法化第一案"的几点法理思考》,载《法商研究(中南政法学院学报)》2002年第1期;张千帆:《论宪法效力的界定及其对私法的影响》,载《比较法研究》2004年第2期。
[3] 张翔:《基本权利在私法上效力的展开——以当代中国为背景》,载《中外法学》2003年第5期。

基本权利第三人间接效力说不仅为德国通说,亦为日、韩等国照搬照抄,也为众多欧盟成员国、欧洲人权法院、欧盟法院所接受。"它是每一个宪法国家都要面对的问题。"[1]

就学术传统而言,基本权利第三人间接效力说仍系宪法价值的体系展开,并未变更宪法的公法属性和基本权利的对抗属性,可惜我国学界对其存在多重误读。事实上,第三人间接效力说从未成为德国通说,我国学界在引进该说时,甚至连代表人物都搞错了。陈新民教授为引进该说最有力者,其相关论著最为完备、亦广为引用,但对第三人间接效力说的误解亦由其开始。

1. 基本权利第三人间接效力说并非德国通说

依陈新民所述,杜立希的理论服务于"直接效力说"的否认,但杜立希本人并未称其理论为"间接效力说"。只因杜立希提出以私法概括条款来满足基本权利的价值,陈新民即判定其目的在于"使基本权利对私法有直接效力",认为其"强调私法应直接受宪法基本权利之拘束",因此,"间接效力说"的首创头衔被安在杜立希头上。但陈新民此论存在自相矛盾之处:宪法价值通过概括条款对私法产生拘束力,前提仍是宪法与私法存在价值(法秩序)的一贯性。但杜立希恰恰强调基本权利对抗国家,认为从"国家行为应为性"推出"私人行为应为性",对私法而言极为危险。而陈新民所列一众与杜立希同立场的学者,皆强调私法违法性与基本权利违法性的不同,认为宪法价值对私法的拘束应通过立法来实现。[2] 就后者而言,基本权利的私法介入超出了司法领域,显非规范效力问题,而是属于事实论范畴。

按陈新民所述,杜立希理论为学界通说,但其实非"间接效力说",而是"直接效力说"的"否认说"。那么,如何理解其所谓私法概括条款对基本权利价值的满足呢?(1)关于通常情形下的"价值分辨"与

---

[1] 张巍:《德国基本权第三人效力问题》,载《浙江社会科学》2007年第1期。
[2] 以上见解详见陈新民:《德国公法学基础理论》(上册),法律出版社2010年版,第349—386页。

"价值澄清",与其说是宪法价值的私法渗透,不如说是民法与宪法的价值联想,即因为宪法上存在某种基本权利价值,进而联想到类似但未被权利化的民事利益值得保护。[1] (2)关于较少见的"价值强调"与"价值强化",私法价值系因宪法观念的改变而改变,并非因为宪法价值的规范效力改变而改变,因宪法观念的变迁属于事实论的范畴,社会事实同时影响私法理所当然。(3)关于最少见的"防卫价值之漏洞填补",杜立希虽认为《德国基本法》未许可私法免除某些宪法价值取向(如人之尊严)的权力,但也只是让私法在自己的概念世界内解决问题[2],因此,无所谓宪法价值的私法效力。

陈新民还论及部分学者对通说的批评,以其为少数意见。[3]事实上,莱斯纳(Leisner)的主张更接近于间接效力说,因其主张法秩序具有一致性,私法概括条款应独自实践基本权利价值。只是在处理基本权利的私法适用时,提出了"基本权利保障可放弃性""基本权利冲突"概念,有混淆立法与司法(事实论与规范论)之嫌,亦与基本权利的性质与目的相悖,因而被认为是无意义的。[4]施瓦布(Schwabe)虽然强调基本权利效力的一贯性,但又认为其适用应交由立法者进行利益均衡[5],也已超出宪法规范效力的范畴,进入到事实论的领地。

2. 基本权利第三人间接效力说早已束之高阁

基本权利第三人间接效力说因1958年的lüth案广为人知,但该案判决饱受学者批评,联邦宪法法院亦早已将基本权利第三人间接效力说束之高阁。在lüth案中,联邦宪法法院虽认为直接效力说失之过宽,但亦认为私法不能与基本权利(价值)相悖,诸如善良风俗的概括条款可用以实现基本权利对私法之影响。此种表述显与杜立希学说有别,是真正的第三人间接效力说,陈新民却认为"明显支持杜立希等的

---

[1] 参见于飞:《基本权利与民事权利的区分及宪法对民法的影响》,载《法学研究》2008年第5期。
[2] 参见陈新民:《德国公法学基础理论》(上册),法律出版社2010年版,第352—354页。
[3][4][5]同上注,第375—383页。

看法"。不过该案亦备受批评:施瓦布指其仍为基本权利的直接适用,质问为何只有民法概括条款来维护基本权利;布莱克曼(Bleckmann)则怀疑基本权利冲突时的权衡标准何在以及私法效果如何。有趣的是,联邦宪法法院在此案后驻足不前,在处理类似案件时绝口不提该理论,认为其纯为民事或刑事问题。[1]

3. 基本权利第三人间接效力说在中国的异化

基本权利第三人间接效力说流传至我国之后,在传述中,又丧失了原本的意蕴味道:(1)宪法的公法属性被否认。如同宪法司法化论者一样,基本权利第三人间接效力说论者亦认为,20世纪社会情势的变更,导致传统私法自我决定的基础不复存在,私法主体之间的平衡也无法维持,宪法因之不再是纯粹的公法,而在某种程度上具备了私法的性质。[2] 实际上,基本权利第三人间接效力说并不认为是基本权利本身具有第三人效力,而是认为宪法价值秩序可以通过概括条款对民法产生效力。宪法为公、私属性兼备之法的意见,系深受误解宪法根本法观念特定语境的影响,但在我国宪法学界颇有市场,基本权利第三人间接效力说论者亦不例外。(2)在德国法上,基本权利第三人直接效力说、间接效力说均因会破坏私法自治而成为被批评对象。我国宪法学者则多以为,间接效力在维持私法自治的同时,实现了基本权利与民事权利的贯通。[3] 只有个别学者认为,该说忽视了私人间权利侵害的国家责任及其归责根据。[4] 事实上,第三人基本权利直接效力说与间接效力说的区分,形式意义大于实质意义[5],二者在司法效果上相差无

---

[1] 参见陈新民:《德国公法学基础理论》(上册),法律出版社2010年版,第362—374页。
[2] 参见张翔:《基本权利在私法上效力的展开——以当代中国为背景》,载《中外法学》2003年第5期。
[3] 参见秦前红:《民法典编纂中的宪法学难题》,载《国家检察官学院学报》2016年第6期。
[4] 参见林来梵:《民法典编纂的宪法学透析》,载《法学研究》2016年第4期。
[5] 参见于飞:《基本权利与民事权利的区分及宪法对民法的影响》,载《法学研究》2008年第5期。

几[1]。因为法律适用是将法律规范适用于案件事实的过程,这一认定和评价的过程只能是直接适用。[2] (3)与直接效力说一样,间接效力说同样存在教义学上的难题,但我国宪法学者对此集体沉默。

(三)立法层面超越规范效力的理论

前述基本权利第三人效力说、宪法司法化理论,是基于法律适用的私法介入,表达的是基本权利的规范效力。在此之外,还存在一些不表达基本权利规范效力的理论,即立法层面超越宪法规范效力的理论,如国家保护义务理论、民法的"宪法化"理论以及民法的"宪法性功能"理论。上述理论虽属立法范畴,但因其颇具迷惑性,所以本书一并予以探讨。

1. 德国法上的国家保护义务理论

该理论创设于德国联邦宪法法院1975年的一个堕胎判决,该理论一反基本权利为防御权的传统理念,赋予基本权利以积极功能。依此理论,当公民基本权利遭私人侵害时,国家有义务采取有效的保护措施。[3] 依据林来梵教授的考察,到20世纪80年代,国家保护义务理论成为民法与宪法关系的支配学说。[4] 然则,国家保护义务的主体是什么?是限于立法机关,还是包含行政与司法机关?如果是前者,其属于超越规范效力的政治过程无疑,不会引起异议。但如果是后者,必然导致法律适用的无所适从,从而侵蚀法律的确定性和权威性。事实上,在德国,由法院来明确具体的保护方式的做法,在法院内外引发了强烈的批评。"大家认为,作为保护义务面向的基本权利可以通过多种合宪的方式加以保护。因此,究竟选择哪一种方式应当交由政治过程

---

[1] 参见张巍:《德国基本权第三人效力问题》,载《浙江社会科学》2007年第1期。
[2] 参见谢维雁:《"宪法间接适用论"质疑》,载《法商研究》2011年第2期。
[3] 参见陈征:《基本权利的国家保护义务功能》,载《法学研究》2008年第1期。
[4] 参见林来梵:《民法典编纂的宪法学透析》,载《法学研究》2016年第4期。

去决定。"[1]卡纳里斯也认为,就基本权利与私法立法者的关系而言,基本权利的效力是直接的,立法者(或者代替立法者履行职能的法官)必须针对由私法自治造成的基本权利威胁有所作为;但在私主体的关系之中,基本权利主要通过保护命令的形式发挥作用,保护命令功能仅以国家而非私法主体为其相对人。[2]一言以蔽之,民事立法属于公法行为,直接受宪法约束,民事法律关系则不受宪法规范[3],前者为社会法学命题,后者为规范法学结论。

2. 所谓"民法的宪法化"

大约在20世纪80年代,法国宪法学者法沃赫提出了"法国法的宪法化"命题,用以指代宪法人权规范经由宪法审查整合其他法律的现象。基于人格规范对民法典的影响,于是有了"民法典的宪法化"概念[4],林来梵教授进一步发展了该概念。他认为,"民法的宪法化"有两种类型:一是民法规范进入了宪法层面;二是民法中引入了宪法规范,前者谓之"强民法"现象,后者属于"强宪法"现象。[5] 在我国学界,与"民法的宪法化"相近的,还有"宪法私法化"的说法,也包含两重含义:一是指宪法规范适用于私人之间,即所谓宪法司法化;二是指宪法规范在私法中的具体化。不过,"民法宪法化"也好,"宪法私法化"也罢,由于其均非严谨的法学概念,故常为不同学者混淆或一词多用。

所谓"强民法"现象,实为特定历史时期的个别做法,或特殊制宪背景导致的文本表述,现在(已)不具备规范意义,如美国宪法少数条款的历史表现[6],以及《德国基本法》、我国宪法对私人关系的规定。而所

---

[1] 参见[德]迪特·格林:《基本权利在德国的地位——宪法裁判65年实践后的考察》,林彦译,载《华东政法大学学报》2017年第1期。
[2] 参见[德]克劳斯-威尔海姆·卡纳里斯:《基本权利与私法》,曾韬、曹昱晨译,载《比较法研究》2015年第1期。
[3] 参见苏永钦:《体系为纲,总分相宜——从民法典理论看大陆新制定的〈民法总则〉》,载《中国法律评论》2017年第3期。
[4] 参见李玲:《论法国民法典的宪法化》,载《北方法学》2013年第6期。
[5] 参见林来梵:《民法典编纂的宪法学透析》,载《法学研究》2016年第4期。
[6] 参见张千帆:《论宪法效力的界定及其对私法的影响》,载《比较法研究》2004年第2期。

谓"强宪法"又包含"解法典化"时代的民事特别法、违宪审查对宪法精神或原则的贯彻,以及宪法规范(基本权利)的第三人效力三层含义。其中,违宪审查是宪法效力的体现,本无疑议,再设新名词描述之,并无意义;基本权利的私法效力也已如前述。唯需注意的是,林来梵教授在论及其第一层含义时强调,宪法明定了各种基本权利,但对其类型与内容仅作了概括规定,其如何在私人间具体化和特定化的问题,为民法的第一任务。[1]

至此可以发现,"民法宪法化""宪法私法化"的概念,除了描述基本权利的"具体化"外,并无其他规范意义。因其具体所指,在规范法学中早有对应概念。实际上,宪法学界对此类概念的倚重,是对宪法实施不理想的过度反应。而法沃赫在提出"法国法的宪法化"命题时,不过是欲与卡波尼埃"《法国民法典》是'法国真正宪典'"的说法抗衡,难免有争风吃醋之嫌疑。

论者以为,民法的宪法化体现了宪法与民法在规范上对向互化、彼此交融的现象。[2] 但如前所述,基本权利的第三人效力说、宪法司法化均存在路径障碍。那么,基本权利的具体化又如何呢?在部分学者看来,基本权利的具体化是一个"中外公认"的命题,大意是作为宪法实施法的民事立法应细化、落实基本权利,同时民事立法也可形成基本权利并为宪法采纳。[3] 例如,我国《宪法》第13条确立了公民私有财产受保障的权利,但其第2款规定:"国家依照法律规定保护公民的私有财产权和继承权。"这就意味着,宪法对私有财产权如何类型化、如何构成的问题,已明示授权民法等部门法形成具体规范。[4] 按照这种说法,民法作为宪法的实施法,不仅在立法权上源自宪法,在其制度内容上也必须依据宪法。

---

[1] 参见林来梵:《民法典编纂的宪法学透析》,载《法学研究》2016年第4期。
[2] 同上注。
[3] 参见郑贤君:《作为宪法实施法的民法——兼论龙卫球教授所谓的"民法典制度的宪法陷阱"》,载《法学评论》2016年第1期。
[4] 同注[2]。

但本书认为,论者混淆了"基本权利"的具体化与"宪法制度"的具体化。与基本权利对抗公权力不同,宪法制度构成一国政治与社会生活的基础,无论国家与私人均应给予充分尊重,其作为一个中外公认的命题,也常常出现于法学方法论的著述中。宪法作为"根本大法"就是在这个意义上说的。即便如此,宪法制度必须经过立法"转译"才能实现具体化之目的。[1] 就宪法价值而言,除非是作为一切权利基础的人之尊严、人权,否则,基本权利上的价值因与私法价值不一致而无从具体化,前者也同样要经过立法的转译,而这已超越规范论的范畴。基本权利"具体化"既背离了 19 世纪的立宪主义传统,也与 20 世纪以来宪法、民法的新发展不符。若该说得以实践,将极大地抑制我国民法自改革开放以来形成的自治传统。[2]

事实上,基本权利"具体化"之说反映了对基本权利的"拿来主义"做法。受误解"根本法"特定语境的影响,宪法学界流行的意见认为,民事权利因基本权利而生、受基本权利制约。即便承认民法早于宪法、私权为宪法权利原型者,也认为宪法产生后担当了保障人权和市民社会的重任,并为之提供最全面和最有力的保护。[3] 所以,当我们说民法是私法基本法时,宪法学者普遍难以接受,非得强调民法是宪法的"实施法"。这种观点有害无利。其一,若认为民事权利是基本权利的具体化,则基本权利将丧失对抗的功能,这有悖于基本权利的初衷。其二,若以民法为宪法实施法,则表明宪法权利规范是不完整法条,因而只在具体化后才能得以适用。宪法规范因之仅具价值宣示意义,基本权利将不幸成为具文。[4]

---

[1] 参见黄茂荣:《法学方法与现代民法》(第五版),法律出版社 2007 年版,第 321 页。
[2] 参见龙卫球:《民法依据的独特性——兼论民法与宪法的关系》,载《国家检察官学院学报》2016 年第 6 期。
[3] 参见苗连营、程雪阳:《"民法帝国主义"的虚幻与宪法学的迷思——第三只眼看"根据宪法,判定本法"的争论》,载《四川大学学报(哲学社会科学版)》2008 年第 2 期。
[4] 张平华、曹相见:《人格权的"上天"与"下凡"——兼论宪法权利与民事权利的关系》,载《江淮论坛》2013 年第 2 期。

由此可见,所谓宪法与民法在规范上的"对象互化、彼此交融"、基本权利的"具体化"不过是水中月、镜中花。

3.民法的"宪法性功能"理论

关于民法的"宪法性功能",我国学界存在三种不同语境:一是指民法作为一国法制体系之基础,体现了法律体系的核心价值判断,可称为某种意义上的"宪法"。[1] 在此意义上,宪法性功能等同于"宪法性地位",民法因而被称为"实质宪法"或"私法的'实质性优先'"。二是指民法作为市民社会的基本法,发挥其塑造和建构市民社会的功能。[2] 三是指在民法中规定乃至改进宪法制度,从而发挥"宪法的"功能。其中,第一重语境主要是历史描述,在此不赘;第二种、第三种语境为当前学界热议,不可不察。

(1)关于"宪法性功能"的第二重语境,林来梵教授认为带有通假的修辞色彩:一方面,民法对市民社会的建构虽不可小觑,但只是辅助宪法实现国家统合功能而已,至多可称为"准宪法功能";另一方面,此种功能主要源自《法国民法典》的历史功能,如同莱茵河不可能流经神州大地一样,此种历史源流也无法为中国民法典分享。因此,在社会建构的功能上,民法典与宪法狭路相逢,彼此存在竞合关系。[3] 但此种立场与前述基本权利具体化之说一致,认为民法作为市民社会民法基本法的时代早已过去,现在的民法只是宪法的"实施法"。因此,只能起辅助作用,发挥"准宪法功能",因而不可取。

与林来梵教授对民法功能的看低不同,谢鸿飞教授认为,民法作为市民社会的基本法,具有超越时空的限权与护权功能,这是民法典最核

---

[1] 参见薛军:《"民法—宪法"关系的演变与民法的转型——以欧洲近现代民法的发展轨迹为中心》,载《中国法学》2010年第1期。

[2] 参见林来梵:《民法典编纂的宪法学透析》,载《法学研究》2016年第4期;谢鸿飞:《中国民法典的宪法功能——超越宪法施行法与民法帝国主义》,载《国家检察官学院学报》2016年第6期。

[3] 参见林来梵:《民法典编纂的宪法学透析》,载《法学研究》2016年第4期。

心、固有的宪法功能。[1] 依其主张,晚近以来,民法典虽遭遇了特别法的侵蚀,但并未动摇其作为市民社会基本法的地位,民法典通过确认和保护民事权利,依然可以保有其内生的宪法功能。鉴于宪法对社会生活的过度介入,中国民法典应发挥"建构统一、公平市场,赋予市场主体平等地位"的宪法功能。显然,这一判断最符合立宪主义思想,也与20世纪以来民法与宪法关系的发展一致。但民法学界并不甘心如此,民法(典)功能也由此走向了扩张之路。

(2)"宪法性功能"的第三重语境:中国民法典的功能扩张。历史上,我国曾五次编纂民法典,民法学者因之而带有理想情结。同时,民法典编纂被提高到"实现国家治理体系和治理能力现代化"的高度,要为实现"两个一百年"奋斗目标、实现民族复兴提供法治保障。[2] 于此情况下,有学者认为,应从国家治理的基本法角度理解民法典:民法典不仅是民商法的基本法,也是改革开放的基本法;民法对公共权力的界定和运用有重大意义;民法建立的社会秩序是国家的基础秩序。"中国民法典编纂的基本任务,就是通过具体制度和法律关系逻辑,完成国家治理的宏伟目标,实现社会主义法治思想所追求的从形式正义到实质正义的制度目标。"[3]

显然,上述关于民法功能的意见,已僭越市民社会基本法的界限,带有政治修辞的色彩。不过,其现实考虑是:要寄予民法典更大期望,这可以说是民法学者期待民法典发挥"宪法性功能"的初衷。在此思想引导下,有民法学者进一步认为,从保护义务角度出发,民法典编纂可以理解为立法者受宪法委托,通过民法典实现民事基本权利的保障。亦即,民事权利是基本权利在民事领域的形成、展开和具体化。此外,对立法者有意留白或不明确的宪法内容,民法典通过确认这些领域

---

[1] 参见谢鸿飞:《中国民法典的宪法功能——超越宪法施行法与民法帝国主义》,载《国家检察官学院学报》2016年第6期。

[2] 参见王比学:《切实担当起编纂民法典的历史使命》,载《人民日报》2016年10月11日,第1版。

[3] 孙宪忠:《从基本法视角看民法典编纂》,载《中国经济报告》2016年第8期。

的基本原则和规范,可形成"民事宪法",作为"部门宪法"的重要内容。[1] 如果民法典能被起草成"半部宪法",这或许是21世纪立法史上的绝唱。[2] 因此,民法典不仅要发挥"宪法性"功能,还要发挥"宪法的"功能。

民法学者的这一理论改造,可谓雄心万丈:一是通过使民事权利与基本权利同源的方式,令民事权利获得对抗公权力的正当性;二是在宪法缺位之时赋予民法典发展宪法的权力。但此种做法疑难重重,其成功的可能性令人生疑:其一,视民事权利为基本权利的具体化,恰好是前述基本权利"具体化"说的主张,民法因之有完全成为宪法实施法的危险。其二,使民法兼有对抗公权力的权能,会导致民法私法属性的消融,反过来危及其市民社会基本法的地位。其三,期待民法典来对抗公权力、发展宪法,是对民法典的过度政治化,超出了民法典的能力。[3]

实际上,缺乏合理的政治安排,不仅宪法得不到实施,民法典也不会受到尊重,民法的"宪法性功能"也只能是空中楼阁。

四、基本权利私法介入的教义学分析

那么,从教义学的角度,基本权利为何不能介入私法呢?我们可以从人之尊严的规范地位、基本权利的属性以及合宪性解释三个层面展开分析。

(一)人之尊严的规范地位

人之尊严,又称人格尊严,特指第二次世界大战以后居于各国宪法

---

[1] 参见谢鸿飞:《中国民法典的宪法功能——超越宪法施行法与民法帝国主义》,载《国家检察官学院学报》2016年第6期。
[2] 参见王涌:《民法典编纂的雄心、野心与平常心》,载财新网(http://opinion.caixin.com/2015-04-16/100800899.html),访问日期:2016年11月20日。
[3] 参见纪海龙:《理想与现实的距离——对中国民法典编纂的冷观察》,载《华东政法大学学报》2016年第6期。

之首的价值。[1] 由于人之尊严规定于宪法,现代民法又以之为基础,很多人就此认为宪法价值当然得介入私法。但本书认为,这只是一个"美丽"的误会。

1. 民法与宪法的"价值暗合"

通过考察民法、宪法的发展历史即可发现,人之尊严在民法、宪法上的发展系各自独立进行,因而只是一种"价值暗合"。我们先看宪法。在近代形式宪法(即立宪主义宪法)诞生以前,宪法是以实质意义的形式存在的,主要是一些关于组织的公法规范,被称为"固有意义上的宪法"。立宪主义宪法诞生之后,虽然奠定了宪法在规范上的最高地位,但基本权利与民事权利泾渭分明、平行存在。第二次世界大战以后,鉴于战争和独裁的惨痛教训,欧洲的立宪者提出了人之尊严受保护的思想,并影响了北美和社会主义国家的宪法。[2] 但人之尊严入宪的意义,是重塑个人和国家的关系,以为战后宪法国家的基石[3],而不是规范私人生活。所以有学者说,人之尊严入宪"既是对反人性时代的回应,同时也承载了如此期待:宪法制度使人过上体面生活、形塑其个人和政治命运……人之尊严既导向'善的生活',又树立了民主的宪法基础"[4]。

民法的情形则与之不同,其自习惯法开始即承担了权利保障之功能。而民事权利为宪法权利之蓝本,也为民法学界、宪法学界少有的共识。就理论基础而言,无论是自然法还是伦理人,都系民法体系之内部生成。这在形式宪法诞生之前自不待言,即便是立宪主义宪法以来亦不例外,不能因为某一思想为宪法所用,就将其剥离出民法的范围。人之尊严的意义尤其如此:差不多与宪法同时期,民法上也发生了人的伦

---

[1] 在我国,人格尊严是与人身自由等基本权利并列的权利,居于价值统帅地位的是人权。《宪法》第33条第3款规定:"国家尊重和保障人权。"
[2] 参见曹相见:《论民法与宪法关系的当代使命》,载《南海法学》2019年第2期。
[3] See Marcus Düwell, The Future of Human Dignity, 31 Netherlands Quarterly of Human Rights 400-401(2013).
[4] Catherine Dupre, Human Dignity in Europe: A Foundational Constitutional Principle, 19 European Public Law. 325(2013).

理价值的具体化,或者说伦理人思想、人本主义的复归,但这不是受宪法影响,而是由于社会经济的发展,催生了很多大企业、跨国公司,它们的出现打破了传统民法的平等性和互换性,使作为劳动者、消费者的一方显得弱势而又愚昧,打破了传统民法中人的平等、理性形象,由此存在区分对待、保护弱者的需要。

值得注意的是,民法上的这种变化与其说是破坏私法自治,毋宁说是从另一个角度来支撑私法自治。[1] 因为私法自治不是一味地放任,而是存在形成自由秩序的条件,主体间赢弱有别时尤其如此。可供参考的是,商法崇尚自治和营业自由,却常常运用连带责任来构建商事信用。所以有学者说:"私法已经在私人之间界定了一个公平社会的价值。"[2] 遗憾的是,许多学者把民法、宪法的"价值暗合"理解成了宪法对民法的统治。还有学者从民事特别法的兴起出发,得出"宪法兴起""民法典衰弱"的结论:"随着特别法现象的发展,民法典在法律体系中的中心地位日益衰落。取代民法典,在法律体系的建构中日益强化其中心地位的则是宪法。"[3] 此种见解值得警惕:特别法的兴起不等于民法典的衰弱,因为民事特别法本质上属于特别私法[4],其兴起固然会冲击到民法典的地位,但仍系民法体系的内部发展,不等于"民法的衰弱",当然也不意味着"宪法的兴起"。

2. 人之尊严作为实证权利基础

应如何解释民法宪法的此种"价值暗合",或者说,宪法上的人之尊严究竟具有何种规范意义?如果限缩一下范围,这一问题也可以转化为:人之尊严是否不独属于宪法,不同于人权和基本权利?对此,比较

---

[1] 参见苏永钦:《私法自治中的国家强制》,中国法制出版社2005版,第28页。

[2] 杨斯密:《私法和基本权利——一个怀疑的视角》,程雪阳译,载章剑生主编:《公法研究》,浙江大学出版社2009年版,第489页。

[3] 薛军:《"民法—宪法"关系的演变与民法的转型——以欧洲近现代民法的发展轨迹为中心》,载《中国法学》2010年第1期。

[4] 详细论述请参见谢鸿飞:《民法典与特别民法关系的建构》,载《中国社会科学》2013年第2期;沈建峰:《劳动法作为特别私法——〈民法典〉制定背景下的劳动法定位》,载《中外法学》2017年第6期。

法上存在两种不同的规范模式:一是最高价值模式,即认为人之尊严不同于人权和基本权利,而将其视为人权、基本权利的价值基础,典型如《德国基本法》;二是基本权利模式,即将人之尊严作为基本权利的一种类型,虽然此种权利本身可能具有特殊性,《南非宪法》是其代表。[1] 认为宪法价值可当然介入私法的意见以基本权利模式为前提,这也是我国宪法学界的普遍立场。但随着研究的不断深入,对传统立场的反思渐多,最高价值模式呈现出"星星之火,可以燎原"之势。[2]

本书认为,最高价值模式通过阶层式的规范结构,完成了民法宪法"价值暗合"的教义学化,更具合理性。在德国学者看来,《德国基本法》第1条存在三个不同层级:第1款的人之尊严是最高的原则,构成整个价值体系的基础;第2款的人权来自于人之尊严;第3款的基本权利则是前者的实证化和具体化。[3] 据此,人之尊严、人权与基本权利的最大区别,就是前者为先验概念,后者为实证权利,前者的功能在于为后者提供权利的基础。"人之尊严并非一个具有清楚规范内容的概念,而是一个对整个权利体系给予规范倾向的概念。"[4] 当然,人权概念还完成了人之尊严国家化的任务,即使国家负有保障人之尊严的义务。[5] 这种理解也与法国革命时期的理论一致,后者认为介入私法一般条款的应该是自然权这样的伦理价值,当然,对于习惯于法实证主

---

[1] See Henk Botha, Human Dignity in Comparative Perspective, 20 Stellenbosch Law Review 218(2009).

[2] 相关文献请参见胡玉鸿:《人的尊严的法律属性辨析》,载《中国社会科学》2016年第5期;[日]高桥和之:《"宪法上人权"的效力不及于私人间——对人权第三人效力上的"无效力说"的再评价》,陈道英译,载《财经法学》2018年第5期;李海平:《基本权利间接效力理论批判》,载《当代法学》2016年第4期;黄宇骁:《论宪法基本权利对第三人无效力》,载《清华法学》2018年第3期;陈道英:《从德国法上的一般人格权看宪法权利与民事权利的协调》,载《法学评论》2011年第5期;窦衍瑞:《宪法基本权利和民事权利的连接与互动——以人格权为例》,载《政法论丛》2018年第3期;曹治国:《宪法权利与民事权利关系辨》,载《河北法学》2008年第5期,第79页。

[3] 参见周云涛:《论宪法人格权与民法人格权——以德国法为中心的考察》,中国人民大学出版社2010年版,第31—32页。

[4] Marcus Düwell, The Future of Human Dignity, 31 Netherlands Quarterly of Human Rights 400-401(2013).

[5] 参见郭道晖:《人权的国家保障义务》,载《河北法学》2009年第8期。

义的思考方法的人来说,以自然权为视点重建保障自然权的法律体系的想法会比较困难。[1]

据此推论,既然民事权利同样作为实证权利而存在,其权利基础亦应溯及人之尊严。因此,基本权利与民事权利的关系,就各有其独立价值、各自平行存在。以人格权为例,宪法人格权属于基本权利,民法人格权则是私法权利,二者在不同体系下各司其职、分工协同,不可混同亦不可替代。[2] 这就意味着规定于宪法上的价值,不一定就是基本权利条款。换言之,宪法规范存在不同的结构,应当予以区分。所以有学者说:"人的尊严一方面可以纳入法律之中,直接成为法律的相关条款,但另一方面,人的尊严又不受制于法律,而是超越于实在法又指导着实在法的伦理总纲。"[3] "当……以基于规范伦理学的道德权利、道德价值为整个法律体系背后的价值基础时,近代立宪主义各国的宪法与普通法律的基本关系和构造的确是可以统一的。"[4] 当然,从我国的宪法文本上看,由于人格尊严(第38条)被作为具体的基本权利,与比较法上人之尊严地位相当的实际上是第33条。

(二) 基本权利的属性辨析

传统理论认为,基本权利对抗公权力,民事权利对抗私主体。但基本权利第三人效力说、宪法司法化等理论兴起之后,一种流行的意见认为,经过20世纪的社会变迁后,公、私法的界限不再分明,宪法也具备了某种程度上的私法性质,其作为纯粹公法的时代早已结束。[5] 然则,20世纪强大团体对民法、宪法关系的影响,只是一种"价值暗合",

---

[1] 参见[日]高桥和之:《"宪法上人权"的效力不及于私人间——对人权第三人效力上的"无效力说"的再评价》,陈道英译,载《财经法学》2018年第5期。
[2] 参见张善斌:《民法人格权和宪法人格权的独立与互动》,载《法学评论》2016年第6期。
[3] 胡玉鸿:《人的尊严的法律属性辨析》,载《中国社会科学》2016年第5期。
[4] 黄宇骁:《论宪法基本权利对第三人无效力》,载《清华法学》2018年第3期。
[5] 详细论述请参见蔡定剑:《关于什么是宪法》,载《中外法学》2002年第1期;王磊:《宪法实施的新探索——齐玉苓案的几个宪法问题》,载《中国社会科学》2003年第2期。

由其催生的"人之尊严"实为实证权利的价值基础。接下来的问题是,基本权利是否从性质上具备产生私法效力的可能?答案也是否定的。

1. 公法与私法在违法性上的区别

从保护权益的归属角度上讲,公民才是目的,国家则是手段。在权利、义务的分配上,就民法而言,公民既享有权利也承担义务。基于权利、义务的交互性,承担义务是实现权利的一种代价:一般来说,一个人享有权利即意味着他人负有相应义务,一个人负担义务也意味着他人享有相应权利。但国家不同,公民与国家的关系是单向的,公民是权利主体,国家则是义务主体;即便在公民对国家负有义务的情形,也不意味着国家是权利主体,因为公民的此种义务为的是公共利益,国家则只是公共利益的管理人。这样,在权利义务的法律结构上,公民与公民、公民与国家就形成了"和谐共生""手段/目的"的分立:公法中的国家义务要高于私法中的公民义务,唯此才能保障公民权利,限制国家公权力;私法中的公民义务要低于公法中的国家义务,否则,就会限制个人自由、侵害个人权利。[1] 如果换算成权利,就可以表述为:"公权力具有侵害公民权利的天然倾向,民法则内在地趋向于维护个人权利和自由。"[2]

义务结构不同,违法性自然也相异。"基本权利在私人关系中被强制性适用找不到正当性,因为基本权利可以被强制性地适用于国家的理由对其并不适用。"[3] 德国学者由于具有法教义学的传统,在讨论基本权利的私法效力时,多注意到公、私法违法性上的区别,或者说国家义务与私人义务的不同,认为从国家行为的应为性中推出私人行为的

---

[1] "国家不过是人民为了自己利益而创造的一种器物,因此,人民当然可以以主人的姿态,对自己的缔造物提出超道德要求。"参见于飞:《基本权利与民事权利的区分及宪法对民法的影响》,载《法学研究》2008年第5期。

[2] 龙卫球:《民法依据的独特性——兼论民法与宪法的关系》,载《国家检察官学院学报》2016年第6期。

[3] 陈新民:《德国公法学基础理论》(上册),法律出版社2010年版,第349—386页。

应为性,对私法而言极为危险。[1] 而在我国,除个别民法学者外,即便是力倡法教义学的宪法学者,也没有关注到这一问题。例如,平等权要求国家平等地对待所有公民,国家机关在招录工作人员、招投标过程中,应为所有符合条件的人提供公平竞争的机会,不得有歧视女性、患有疾病的考生等行为。但这种"超道德"要求完全无法适用于私人关系,因为过高的道德要求会严重限制个人的行为自由。[2] 平等权的私法意义,是指公民人格平等,人人都享有权利能力,但同时,每个人都有自己的亲疏好恶,人们有权选择自己的交易、合作伙伴以及婚姻伴侣。漠视公法、私法上义务的区别,将导致平等权范围的急剧扩大,催生了众多子虚乌有的权利内容和义务主体。[3] 又如,宪法赋予公民批评、建议、监督权,国家机关对此负有容忍义务,而非主张名誉权侵权。[4]

或有人谓,近代民法以来,作为私主体的生产者、用人单位所承担的特殊义务难道不是一种"超道德"要求?答案是否定的。因为法律对生产者、用人单位进行特别规制,并不改变后者的私主体性质,即生产者、用人单位仍是目的而非手段;此种特别规制也不是一种整体性的义务,"对于私人,即使是强者之间,具体程度也千差万别。对基本权利的义务和对民事权利的义务差异又如此巨大,任何私人一旦被加诸类似于国家的义务,都不啻为一场灾难"[5]。换言之,此种"不平等"不是法律地位上的不平等,而是对事实不平等的法律纠正。[6] 这也是前文将民事特别法的发展理解为民法体系内部变迁的原因。

---

[1] 陈新民:《德国公法学基础理论》(上册),法律出版社2010年版,第349—386页。

[2] 参见于飞:《基本权利与民事权利的区分及宪法对民法的影响》,载《法学研究》2008年第5期。

[3] 于飞:《基本权利与民事权利的区分及宪法对民法的影响》,载《法学研究》2008年第5期。

[4] 参见房绍坤、曹相见:《法人人格权的立法论分析》,载《山东社会科学》2016年第12期。

[5] 同注[3]。

[6] 高矮胖瘦、智愚美丑,本无法避免。因此,人在事实上的不平等是必然、普遍的存在。只是形成结构性不平等才有可能受到法律的特殊规制。

2. 宪法规定公民义务的个别化及意义

值得注意的是,虽然公、私法存在违法性上的不同,国家义务不同于公民义务,但实践中,宪法不尽然只规定国家义务,某些条款也可能涉及公民义务,如《魏玛宪法》第118条规定的言论自由、第159条规定的结社自由,均不受私法关系限制。美国宪法第13修正案对蓄奴制的废除、第14修正案对种族歧视的禁止、第15修正案对选举权的保障,也同样适用于私人。我国宪法更是专章规定"公民的基本权利与义务"。上述例外规定能否作为基本权利私法介入的事实根据?

(1)《魏玛宪法》的私法介入有其特殊背景,也没有得到《德国基本法》的肯定。《魏玛宪法》的起草者认为,仅凭民法典的规定不足以保障基本权利,故在宪法中也规定言论自由、结社自由不受私人侵犯,使之同时可成为私法判决的依据。不唯如此,《魏玛宪法》甚至规定了婚姻亲子关系。这在当时显然也是一种前沿的实践。但是,《魏玛宪法》的上述规定,并不意味着基本权利公权性质的沦丧。在当时的宪法学者看来,除了言论自由和结社自由之外,其他基本权利仍然无法排除私人侵害。[1] 第二次世界大战以后,《德国基本法》赓续《魏玛宪法》关于结社自由的规定,删除了关于言论自由的相关规定。但在审议之时,基本法的立宪者并未提及扩充基本权利之适用问题,也未提及基本权利之功能,只是谓其"针对国家"。这表明,基本法的立宪者对基本权利的私法适用并无多大体认。[2]

(2)美国宪法第13修正案虽然适用于私人,但早已失去适用的社会基础,在今天至多只有历史意义。第14修正案的私法介入则面临双重限制:一是若联邦或州未通过禁止种族歧视的法律,那么私人歧视的受害者不能提起宪法诉讼[3];二是联邦最高法院认为,第14修正案所

---

[1] 王涌:《宪法与私法关系的两个基本问题》,载吴汉东主编:《私法研究》,中国政法大学出版社2002年版,第4页。

[2] 参见陈新民:《德国公法学基础理论》(上册),法律出版社2010年版,第334页。

[3] 参见张千帆:《论宪法效力的界定及其对私法的影响》,载《比较法研究》2004年第2期。

禁止的是政府行为,来自私人的侵犯并非其管辖内容[1]。而第15修正案之所以适用于私人,是因为政党对选举发挥了关键作用,但政党在美国却被视为"私人"组织。联邦最高法院为调控政党的选举行为,创设了国家行为理论,认为"私人行为"如果具有政治色彩,也应承担国家义务。[2]

值得注意的是,国家行为理论也引起了我国学者的广泛关注,后者试图以之解决民事主体的强弱分化问题。不过,二者显然存在本质区别:国家行为理论虽然适用于特定私人,但毕竟需要私人承担政治功能;民事主体强弱分化再对立,也很难具有国家行为色彩。换言之,国家行为理论不具有普适性。

(3)一旦承认公、私法违法性(国家义务与公民义务)的不同,则宪法规定公民义务也并不意味着在国家与公民之间存在权利义务的对应关系,国家无论如何也无法成为权利主体。那么,宪法规定公民义务有何意义呢?本书认为,其意义有二:一是起到价值宣示意义,如宪法规定公民负有劳动的义务,只是引导公民从事劳动,公民不参加劳动也无须承担法律责任。二是规定公民的公法义务,如宪法规定公民负有服兵役和纳税的义务,这仍然属于一种公法关系,而不是宪法介入私法。

3.基本权利冲突实为民事权利冲突

在我国,"权利冲突"命题最早在法理、民法学者之间展开。后来,宪法学者也加入到讨论中来,于是,"基本权利冲突"也成了耳熟能详的概念。值得注意的是,有学者虽然认为私人不得违宪、宪法不应规定公民义务,但也主张"一个人的言论自由可能与他人的名誉权发生冲

---

〔1〕 联邦最高法院进一步指出:"若个人不受州府之法律、习惯、司法或执法程序支持,则宪法防止各州侵犯的公民权利无法被个人违法行为侵害。在不受任何此类权力的支持时,个人违法行为不过是私人过错或个人罪行。个人不可能剥夺他人的选举权、所有权、买卖权、上告法院或成为证人、陪审员的权利;他可能攻击或谋杀他人,或在选举地点动用暴力,或玷污公民的名誉。但除非州法或州的权力保护这些违法行为,违法者不可能摧毁或损害宪法权利;他将仅使自身受到报复或州法的惩罚。"109 U.S.3 (1883)。

〔2〕 参见张千帆:《论宪法效力的界定及其对私法的影响》,载《比较法研究》2004年第2期。

突""为了彰显宪法的首要目的,宪法应仍然仅限于规定权利,并在不同的宪法权利发生冲突时界定权利的范围"[1]。事实上,基本权利冲突之说在比较法上也很流行,如日本学者阿部照哉、池田政章认为,在私人的场合,相互间皆是人权的享有主体,私人间的人权侵害,亦是人权与人权或权利的冲突。[2] 更有学者认为:"基本权利的冲突涵盖了法领域的一切权利冲突,不同法律领域的各种权利冲突,归根结底都是宪法上不同基本权利在保障范围上的相互重叠和碰撞所致。"[3]

但诡异的是,"基本权利冲突"却是基本权利主体(即公民)之间的相互主张,其与基本权利调整国家与公民关系的性质明显不符。对此,"基本权利冲突"论者的解释是,基本权利冲突并非"加害人—被害人"的二元关系,而是内在地包含"加害人—国家—被害人"的三角关系。[4] 然则,这一解释经不起法教义学的推敲:如前所述,国家义务与公民义务、公法违法性与私法违法性并不相同,或者说基本权利与私法并不存在价值上的一致性,这决定基本权利只能是"国家—公民"的二元关系,而非包含"加害人—国家—被害人"的三角关系。正因为如此,杜立希、盖格(Geiger)、黑塞丹宁格(Denninger)、施拉姆(Schramm)等一众德国学者在讨论基本权利第三人效力时,皆强调基本权利违法性与私法违法性的不同,认为宪法价值对私法的拘束应通过立法来实现。[5] 我国宪法学者马岭教授也认为,"个人之间可能发生的权利冲突应当是一种具体的法律权利冲突,而不是抽象的宪法权利冲突"[6]。

---

[1] 张千帆教授曾如此主张。
[2] 参见〔日〕阿部照哉、〔日〕池田政章、〔日〕初宿正典等编著:《宪法》(上册),周宗宪译,许志雄审订,中国政法大学出版社2006年版,第56页。
[3] 在讨论的过程中,张翔教授的文章起了重要作用。参见张翔:《基本权利冲突的规范结构与解决模式》,载《法商研究》2006年第4期。
[4] 参见张翔:《基本权利冲突的规范结构与解决模式》,载《法商研究》2006年第4期。
[5] 参见陈新民:《德国公法学基础理论》(上册),法律出版社2010年版,第349—386页。
[6] 马岭:《宪法权利冲突与法律权利冲突之区别——兼与张翔博士商榷》,载《法商研究》2006年第6期。

事实上,基本权利冲突论的支持者之所以产生这样的误解,实为受德国法上基本权利双重性质理论、国家保护义务理论的不当影响所致。基本权利的双重性质理论认为,基本权利既是个人对抗公权力的主观权利,又构成国家权力必须遵守的"客观价值秩序",由此衍生出国家机关对基本权利的保护义务。但此种保护义务若经由立法权来实现,则已过渡到政治宪法(社会法学)的范畴;若通过司法来实现,则势必侵蚀法律的确定性和权威性。事实也确实如此。在德国,由法院来明确具体的保护方式的做法,在法院内外引发了强烈的批评。"大家认为,作为保护义务面向的基本权利可以通过多种合宪的方式加以保护。因此,究竟选择哪一种方式应当交由政治过程去决定。"[1]

此外,从基本权利的刚性和民事权益的结构上看,"基本权利冲突"实为民事权益冲突。

(1)基本权利的刚性决定其不可能发生冲突。基本权利既然是公民对抗公权力的权利,则立宪者在价值判断上应具有明显的倾向性:保护公民不受国家公权力的侵害。但国家虽然不是目的,其作为一种必要的恶,亦有其存在的必要。为此,基本权利本身亦受限制。不过,基本权利作为主观权利,为体现其防御权功能,对基本权利的限制应具有合"宪"性,即"国家"对基本权利的限制亦应受有限制(即基本权利限制的限制),或者说对基本权利的限制须有阻却违"宪"事由的正当理由。[2] 此即基本权利的刚性,其构成有二:一为形式刚性,指对基本权利的限制须以法律为之;二是实质刚性,指对基本权利的限制须运用比例原则。[3] 由于基本权利的对象是国家,依上述原则即可确定公权力与公民自由之范围,二者不会发生冲突。例如,德国联邦宪法法院对基本权利侵权行为的认定采用了"双阶方法":首先,法院须判定某项基本

---

[1] 〔德〕迪特·格林:《基本权利在德国的地位——宪法裁判65年实践后的考察》,林彦译,载《华东政法大学学报》2017年第1期。
[2] 王泽鉴:《人格权法》,北京大学出版社2013年版,第62页。
[3] 参见陈新民:《德国公法学基础理论》(上册),法律出版社2010年版,第397—442页。

权利是否受到国家行为的侵犯。其次,法院将判定究竟该侵犯行为是否合法。[1] 在此过程中,并无基本权利冲突的可能性。

(2)"基本权利冲突"是未权利化或类型化的民事权益冲突。民法为权利法,法不禁止即自由,因此,民法既保护权利也保护利益,民事权益既有广度又有深度。与基本权利的公民、国家二维性不同,民事权利法律关系具有多维性:绝对权对抗权利人以外的所有人;相对权的义务人虽然是相对的,但亦可能由多数人构成。为此,有必要界定民事权利的边界。民法因之产生了公序良俗、禁止权利滥用、诚实信用等基本原则。民事权利也经历了从绝对化到相对化、从自由化到社会化的变迁。并且,随着社会的发展,主体的注意义务、民事责任日趋严格和繁重。因此,与基本权利的刚性不同,民事权利具有弹性。民事权利因之常常发生冲突,利益平衡也就成为必不可少的裁判工具。

基于内在结构存在不同,基本权利无法与民事权利发生冲突:抽离公法这一背景,基本权利立刻化为乌有;私人拥有的、又能被他人侵犯的,只能是民事权益。[2] 以言论自由为例,其向国家主张时为基本权利,但若系对其他公民主张,则不过是民法上的一种自由。依第三人间接效力说,宪法价值通过公序良俗、诚实信用原则等概括条款进入私法,但其不过是界定民事权益边界的私法工具!事实上,宪法上也存在"行使权利不得损害他人利益"的规定[3],论者为何不选择其为基本权利介入私法的路径?正因为"基本权利冲突"实为民事权益冲突,所以德国宪法法院在 Lüth 案后处理类似案件时三缄其口,认为其纯属民事或刑事问题。[4] 在我国的"狼牙山五壮士名誉权纠纷案"中,原告诉求

---

[1] 参见〔德〕迪特·格林:《基本权利在德国的地位——宪法裁判65年实践后的考察》,林彦译,载《华东政法大学学报》2017年第1期。
[2] 参见于飞:《基本权利与民事权利的区分及宪法对民法的影响》,载《法学研究》2008年第5期。
[3] 如我国《宪法》第51条规定:"中华人民共和国公民在行使自由和权利的时候,不得损害国家的、社会的、集体的利益和其他公民的合法的自由和权利。"
[4] 参见陈新民:《德国公法学基础理论》(上册),法律出版社2010年版,第362—374页。

涉及宪法关于人格尊严不受侵犯的规定,被告则以宪法赋予学术自由、言论自由进行答辩,但两审法院均只针对被告是否构成民事侵权进行判决,全然无关宪法权利是否受保障的问题。[1]"私法可以按照基本权利来解释,但是在最后却并不被这些权利所吸收,私法规则仍然决定着案件的裁决。"[2]因此,所谓基本权利的第三人间接效力,不过是借概括条款之名,行民事权益保护之实。宪法价值的作用不过是"引导"私法保护某种民事权益。

那么,为何人们会把民事权益误认为基本权利?原因在于基本权利与民事权利的划分标准不同,那些在民法中未被权利化或类型化、但在宪法中存在相似类型的民事利益,就容易被误认为是基本权利。由于基本权利具有刚性,各国宪法多采法定主义,存在三个基本类型:一是消极法律地位,即保护公民特定的自由与空间不受国家干预的权利;二是积极法律地位,指赋予国家有所行为和要求国家履行给付的权利;三是主动法律地位,指保证公民可以积极参与国家政治生活的权利。[3]民事权益则与之不同。其一,除债权外,民事权益具有自由权性质,其大体对应于宪法上的消极法律地位,即义务人不得干涉权利人的自由。其二,民事权益的保护存在确权式和禁止式两种模式,就后者而言,只要不侵害他人利益行为人即可自由为之,这也正是私法的精义所在。基于划分标准的差异,如下情形势不可免:

1. 宪法中具有的基本权利类型,民法中却不存在对应的类型,未类型化的民事利益因之被替代为直观的基本权利。例如,在"齐玉苓诉陈晓琪案"中,被告侵犯了原告的姓名权并导致其机会损失。但因为受教育权更具直观性,最高人民法院也认为是"以侵害姓名权的方式侵害受教育权"。而如果受侵害的真的是基本权利,则原告可以要求被告提供

---

[1] 参见葛长生诉洪振快名誉权、荣誉权纠纷案,最高人民法院指导案例99号(2018年)。

[2] 杨斯密:《私法和基本权利——一个怀疑的视角》,程雪阳译,载章剑生:《公法研究》,浙江大学出版社2009年版,第488页。

[3] 参见[德]伯阳:《德国公法导论》,北京大学出版社2008年版,第86页。

受教育的机会,但本案中原告却仅可请求损害赔偿,后者只是民事权益的救济方式。又如,在"粗粮王红光店侵害平等权案"中,针对"每位 18 元,国家公务员每位 16 元;1.3 米以下儿童 9 元;当天生日者凭身份证免费就餐一次"的审查,本质上是对经营者是否尽到合理注意义务——不得针对特定对象而选择是否提供服务——的判断,根本不涉及所谓的平等权。[1] 因为在程式性服务合同中,服务提供者负有不得拒绝提供服务的义务。例如,《民法典》第 810 条规定:"从事公共运输的承运人不得拒绝旅客、托运人通常、合理的运输要求。"正因为被告行为并未违反该义务,而仅仅是一种流行的营销策略,所以原告一、二审均败诉。再如,某人不欲他人当选某岗位,采用诽谤或拘禁方式致其选票减少或不能参加选举。此种情形看似是被选举权受到侵害,实则为名誉权和人身自由受到侵害,未当选则是后者的机会损失。

2. 宪法中具有的基本权利类型,民法中也存在对应的利益,未权利化的民事利益被替换为直观的基本权利。例如,在 Lüth 案中,原告的拍摄并放映电影的自由与被告发表言论的自由,虽不在财产权和人格权的范围之内,但只要未侵害他人权益,即属于"法不禁止即自由"的范围,因此是一种未被权利化但受民法保护的私法自由。但由于基本权利对自由进行了更为细致的划分,又具有直观性,因此,未被权利化的私法自由即被替换为基本权利。常被讨论的"言论自由"与名誉权的冲突也是如此:二者均为私人之间的民事权益,前者虽被冠以"言论自由"之名,但与宪法上的基本权利截然二物。[2]

值得注意的是,民法对人身和财产进行确权式保护,而对广泛的自由却不予权利化,仅以禁止权利滥用原则、公序良俗原则、诚实信用原则进行外部限制,这是由其权利法属性决定的。若依"基本权利冲突"之本质,基于对基本权利的联想,对私法自由再行权利化和类

---

[1] 具体案情请参见"王勇等诉粗粮王红光店区分不同消费者收费违反法律面前人人平等原则应退还多收费用案",成都市中级人民法院民事判决书(2000)成民终字第 913 号。
[2] 参见于飞:《基本权利与民事权利的区分及宪法对民法的影响》,载《法学研究》2008 年第 5 期。

型化,不仅没有必要,而且也不科学:"它打破了既有的民事权利体系的平衡,增加了利益衡量中不必要的变量,实质上是对民事权利的过度确认。"[1]

(三)合宪性解释的名与实

法律适用是一种对向交流的过程,于规范与事实的来回穿梭中,法律解释势不可免。由此,作为法律解释之一的合宪性解释,能否作为沟通宪法与民法的桥梁?这在法教义学上似乎是顺理成章的事,时下的流行意见亦认为:法律解释的价值和规则并非由部门法创造的,必须回到宪法解释学上寻找其价值指导和规范依据,"如不回归宪法,就无法完成解释的功能"[2]。由此,合宪性解释被理解为:为贯彻宪法位阶结构的要求,法律的解释应与"宪法"意旨相符。[3] 据此,基本权利(宪法价值)仍可经由法律解释之路贯彻于民法。

但问题并没有这么简单。宪法学界对合宪性解释的关注始于2008年。在这一年,最高人民法院"齐玉苓诉陈晓琪案"的批复被废止,宪法司法化失败。不过,有学者很快发现,合宪性解释"其实就是'间接适用'的代名词"[4]。合宪解释因之被寄予"宪法影响司法的唯一可能性"[5]"现行体制下宪法司法化的最佳路径"[6]等厚望。在理论阐述之外,还有学者抛开概念界定,从司法实践的角度解读所谓的合宪性解释案例。[7] 但与此同时,宪法学内部也形成了一股反思力量,认为学

---

[1] 参见于飞:《基本权利与民事权利的区分及宪法对民法的影响》,载《法学研究》2008年第5期。
[2] 张翔、韩大元、林来梵等:《行宪以法,驭法以宪:再谈宪法与部门法的关系》,载《中国法律评论》2016年第2期。
[3] 参见黄茂荣:《法学方法与现代民法》(第五版),法律出版社2007年版,第322页。
[4] 黄卉:《合宪性解释及其理论检讨》,载《中国法学》2014年第1期。
[5] 张翔:《两种宪法案件:从合宪性解释看宪法对司法的可能影响》,载《中国法学》2008年第3期。
[6] 上官丕亮:《当下中国宪法司法化的路径与方法》,载《现代法学》2008年第2期。
[7] 参见杜强强:《合宪性解释在我国法院的实践》,载《法学研究》2016年第6期。

界对合宪性解释存在严重的误读。[1]

本书认为,合宪性解释虽然属于法教义学范畴,但其本身并非一种独立的解释方法。在法律适用中,合宪性解释或者难以避免,但就私法而言,由于宪法与民法不具有价值上的一致性,除违宪审查的意义之外,仅具有形式意义。除通过立法途径影响私法之外,宪法价值不具有私法上的规范效力。

1. 合宪性解释是规范控制手段,而非独立解释方法

关于合宪性解释的概念,经由苏永钦教授的介绍,瑞士学者的"三元说"在我国影响甚广,其谓合宪性解释包含单纯解释规则、冲突规则、保全规则,分别指代宪法价值对法律解释的直接影响、于数种解释中优先选择与宪法价值相符者、在数种解释中有违宪疑虑时选择不违宪者。苏永钦教授自己则将保全规则并入冲突规则,提出"解析规则/冲突规则"的二分法[2],弱化了合宪性解释的违宪审查意义。我国学者也多忽视保全规则,虽然叫法可能不同,但实质仍是仅强调解析规则[3],或兼而强调冲突规则[4]。不过,学界目前尚不能有效地区分解析规则与冲突规则的内在机理,而是将冲突规则的功能混淆于单纯解释规则之中。[5]

然则,如此理解合宪性解释有悖其初衷。据考证,合宪性解释最早起源于美国,作为回避宪法问题原则的子方法,意指"若国会立法的有效性受到质疑,即便其合宪性存在相当疑问,法院的基本任务仍是首先

---

[1] 相关文献参见柳建龙:《合宪性解释原则的本相与争论》,载《清华法学》2011年第1期;王锴:《合宪性解释之反思》,载《法学家》2015年第1期;王书成:《论合宪性解释方法》,载《法学研究》2012年第5期;夏引业:《合宪性解释是宪法司法适用的一条蹊径吗——合宪性解释及其相关概念的梳理与辨析》,载《政治与法律》2015年第8期。

[2] 苏永钦:《合宪性控制的理论与实际》,月旦出版社股份有限公司1994年版,第84页。

[3] 如有学者将宪法案件分为违宪审查意义和合宪性解释意义两种类型,事实上是将合宪性解释限定于解析规则。参见张翔:《两种宪法案件:从合宪性解释看宪法对司法的可能影响》,载《中国法学》2008年第3期。

[4] 如有学者认为合宪性解释分为文义转换、择一适用两种,本质上与苏永钦教授的二分法无区别。参见杜强强:《合宪性解释在我国法院的实践》,载《法学研究》2016年第6期。

[5] 参见王书成:《论合宪性解释方法》,载《法学研究》2012年第5期。

确定,是否存在一种可能避免其违宪的法律解释"[1]。该方法于20世纪50年代从美国法上消失后,却发展为德国法上的宪法裁判原则,其含义与美国法并无二致[2],亦均体现了司法权对立法权的谦抑[3]。易言之,合宪性解释于其诞生时始,就一直被当作保全规则来使用。此种状况直到Lüth案后才有所改变,该案对基本权利第三人间接效力的运用,"使宪法秩序整个成为一个价值秩序"[4],宪法价值由此对普通法律产生辐射效应,德国学者称为"基于宪法的解释",也即瑞士学者所谓的纯粹解释规则、我国学者口中的解析规则。[5]

关键是,如此理解合宪性解释在方法上行不通。其一,就美国与德国法的早期实践而言,合宪性解释作为一种规范控制手段,体现的是司法权对立法权的谦抑原则。而我国学者却反其道而行之,不但对此谦抑原则视而不见,还以之为独立的解释方法。其二,"基于宪法的解释"为德国学者的创造,其以第三人间接效力说为基础,但该说不仅未成为德国通说,还为德国联邦宪法法院束之高阁。该说以贯彻法秩序的一贯性为宗旨,如适用于刑法等公法当然没有疑问[6],但适用于私法就将面临违法性不同、基本权利冲突等教义学难题。其三,就瑞士学者的三分法而言,如王锴教授所言,合宪性解释是一个多面体,同时具有解释规则、冲突规则、保全规则的属性,只不过不同规则发生于不同的阶段而已。[7] 事实上,瑞士未设宪法司法机关,亦不承认违宪审查,只能通过"单纯解释规则"来实现合宪性控制。不过,瑞士学者显然对此缺乏方法上的思考。

---

[1] See Ashwander v. Tennessee Valley Auth. 297 U. S. 288(1936).
[2] 参见王书成:《论合宪性解释方法》,载《法学研究》2012年第5期。
[3] 参见柳建龙:《合宪性解释原则的本相与争论》,载《清华法学》2011年第1期。
[4] 王锴:《合宪性解释之反思》,载《法学家》2015年第1期。
[5] 详情请参见王书成:《论合宪性解释方法》,载《法学研究》2012年第5期。
[6] 关于其刑法适用参见姜涛:《法秩序一致性与合宪性解释的实体性论证》,载《环球法律评论》2015年第2期。
[7] 参见王锴:《合宪性解释之反思》,载《法学家》2015年第1期。

2. 合宪性解释涉及宪法解释，与我国现行体制相悖

现行体制确立了全国人大及其常委会作为合宪性审查的有权主体[1]；法院无宪法解释权，其援引宪法作为裁判依据或解释宪法，均属越权行为[2]。关于合宪性解释于其讨论之初，论者多以为只是解释法律的方法，而非解释宪法的方法，因此法院可在个案裁判中运用。[3] 不过，人们很快发现，解释宪法是合宪性解释无法绕开的环节，于是转而论证宪法解释权的规范性质和结构问题。[4] 其思路或者主张全国人大常委会的宪法解释权等同于违宪审查，因此不排除法院的合宪性解释权[5]；或者认为全国人大常委会享有抽象的宪法解释权，不妨碍法院在个案裁判中的具体的宪法解释权。[6]

本书认为，以上思路初衷可嘉，但在理论上行不通。法律适用必然伴随法律解释，解释法律也当然存在解释宪法的需要。但问题是，宪法与私法违法性不同，宪法秩序的一贯性无法贯彻于私法，合宪性解释的私法适用也就无从谈起。于此情况下，苦心孤诣地限缩解释全国人大常委会的宪法解释权，不仅使合宪性解释缺失司法谦抑的本来目的、"颠倒了思维方向"[7]，而且此种解释本身即已构成对宪法解释权的僭越。如若私法的合宪性解释并不涉及宪法，只是对宪法价值的一种意义联想[8]，则已

---

[1] 参见黄明涛：《两种"宪法解释"的概念分野与合宪性解释的可能性》，载《中国法学》2014年第6期。

[2] 参见童之伟：《宪法适用如何走出"司法化"的歧路》，载《政治与法律》2009年第1期。

[3] 详细论述请参见张翔：《两种宪法案件：从合宪性解释看宪法对司法的可能影响》，载《中国法学》2008年第3期；上官丕亮：《当下中国宪法司法化的路径与方法》，载《现代法学》2008年第2期；王书成：《论合宪性解释方法》，载《法学研究》2012年第5期。

[4] 参见杜强强：《合宪性解释在我国法院的实践》，载《法学研究》2016年第6期。

[5] 详细论述请参见张红：《基本权利与私法》，法律出版社2010年版，第274—276页；黄卉：《合宪性解释及其理论检讨》，载《中国法学》2014年第1期。

[6] 同注[1]。

[7] 夏引业：《合宪性解释是宪法司法适用的一条蹊径吗——合宪性解释及其相关概念的梳理与辨析》，载《政治与法律》2015年第8期。

[8] 还有学者对基本权利对私法的此种形式意义进行了类型化：一是可以为"何为一个公正的社会"这样的问题提供一种启发的源泉，也即为私人间纠纷的解决提供一种灵感；二是提醒法院注意人格尊严是处于危险中的。参见杨斯密：《私法和基本权利——一个怀疑的视角》，程雪阳译，载章剑生主编：《公法研究》第18卷，浙江大学出版社2009年版，第495页。

超出法教义学的范围。那么,其对私法仅仅具有形式意义。当然,就宪法上的人之尊严和人权规定而言,其作为基本权利的源泉和基础,自然也可作为现代私法的基础;问题是此种价值基础民法中早已存在,运用民法解释学即足以解决问题[1],又何苦舍近求远借道于宪法?

五、结　语

宪法的最高法地位为民法与宪法关系、基本权利与私法关系披上了幻衣。人们一般认为,基于宪法的最高法地位,宪法对部门法具有统率作用,基本权利也当然得介入私法。尤其是人之尊严入宪以来,民法、宪法发生了"价值暗合"后,此种立场得到了人们普遍的认可。但民法与宪法的关系究竟是一个什么问题,或者说什么是它的使命,是民法、宪法关系其他问题进一步讨论的前提。遗憾的是,我国学界虽然高度关注民法、宪法关系,但对民法、宪法关系本身是个什么问题却缺乏深入探讨。事实上,民法学界无意否认宪法的最高地位,只是对基本权利(宪法价值)的私法介入心存疑问。就民法、宪法关系的问题背景而言,以"民法的衰弱""宪法的兴起"或"私法对宪法的实质性优先的终结"来描述显然过于武断:基本权利的产生深受私法影响,但并非民事权利的高级替代品;相反,自近代立宪主义以来,基本权利和民事权利各司其职:前者对抗公权力、后者对抗私人主体。社会国家时代也从未改变此种现状。只不过市民社会的变迁导致了民法内部体系的激荡,与此同时,基于战争、独裁等教训,宪法规定了人之尊严、人权等条款,二者由此出现了价值上的"暗合"。

而民法、宪法关系的理论流变,从反面印证了上述结论的合理性。一方面,以民法、宪法具有价值上的一贯性为理论前提,认为宪法对民法具有规范效力的"基本权利第三人直接/间接效力说",因欠缺理论说

---

[1] 参见于飞:《基本权利与民事权利的区分及宪法对民法的影响》,载《法学研究》2008年第5期。

服力,无一例外地成为明日黄花;宪法司法化理论不仅理论前提上存在同样问题,也是对宪法属性、基本权利属性的误判;国家行为理论虽然关涉私人,但系对国家行为的扩大解释,并不涉及宪法对民法的规范效力问题。另一方面,只要我们正确区分规范法学/社会法学、规范效力/非规范效力,就会发现,经由政治过程的立法行为已僭越宪法规范效力的范畴,但这一问题并未引起学界普遍重视,国家保护义务理论为其直接产物。民法的"宪法化"或民法承担"宪法性功能"之说,还误将实证权利的价值基础视为基本权利,从而得出民事权利是基本权利具体化的荒谬结论。学界对基本权利第三人间接效力说的诸多误解也由此而来。

就法教义学的角度而言,只要区分规范宪法与政治宪法,了解人之尊严的规范地位,以及公法违法性与私法违法性的不同,就会得出不同的结论:人之尊严是基本权利和民事权利共同的价值基础,基本权利与民事权利仍然泾渭分明;基本权利违法性与私法违法性不同,二者无从发生冲突,从而排除基本权利介入私法的可能,这也与司法实践在处理所谓"基本权利冲突"时,认为其纯属民法或刑法问题一致;合宪性解释只是一种规范控制手段,由于宪法与私法不具有价值秩序的一致性,其对私法仅有价值联想的形式意义。

余论　人格权法定及其立法评析[*]

经由人格权概念、人格权主体、人格权客体、人格权性质四部分的分析,本书终于完成了人格权的伦理建构。一个遗留的问题是,即便人格权被证成为一项独立的民事权利,但在立法技术上,人格权法定是否可能?人格权在《民法典》上独立成编有何时代价值?《民法典》人格权编的体系布局和对法定人格权的规定是否合理?

一、人格权法定的语境与技术

关于人格权法定原则,学界存在正反两种不同看法,但由于各自语境不同,二者的观点对立更像是关公战秦琼。事实上,只要我们仔细甄别其概念语境,正确理解民法、宪法的关系,则可认识到人格权法定原则自有其基础和必要性。

(一) 人格权法定的语境识别

按照人格权法定肯定立场的理解,所谓人格权法定原则,是指人格权的类型、内容、效力等都由法律作出规定,而不能通过当事人的约定

---

[*] 本章部分收录了由作者与房绍坤教授合著的《〈民法典人格权编(草案)〉的贡献与使命》(载《山东大学学报(哲学社会科学版)》2019年第6期)一文的内容。感谢老师的慷慨授权。

自由创设。[1] 就其理由而言,又有两种不同主张:(1)主流意见着眼于人格权法定原则对人格权内容与边界的明确方面。如王利明教授认为,人格权作为绝对权可对抗所有人,其类型、内容、冲突规则、责任方式等应有明确规定,人格权法定化可通过明确人格权内容、界定权利间的界限等方式满足这一要求。[2] 曹险峰教授认为,人格权法定的重点在于,将人格权的内涵与外延清晰地在民法中揭示出来,以绝对权的姿态明晰人们行动自由的界限。[3] 张平华教授也强调:"在化解人格权边界模糊性上,立法比法律解释更具基础意义"。[4] 薛军教授则从权利性质出发,认为与私人主体存在直接联系的权利往往通过法定方法来配置,典型例子就是人格权。[5] (2)少数意见还强调人格权法的赋权属性,认为其与明确人格权内容和边界的要求共同构成人格权法定的理由。[6] 王利明教授在其早期论述中亦有此主张。[7]

有趣的是,人格权法定否定立场的反对理由也存在相似的两个层面,但重心截然不同:(1)主流意见聚焦于人格权的权利基础上,即人格权是否由法律赋予,或者说是否只有法律规定的人格权才受法律保护。例如,江平先生认为:"物权法可以是法定主义,企业法可以是法定主义,但是人格权应当是非法定主义,不能说法律规定的才保护。"[8] 梁慧

---

[1] 参见王利明:《人格权法研究》(第二版),中国人民大学出版社2012年版,第91页。
[2] 同上注,第91—92页。
[3] 参见曹险峰:《论人格权的法定化——人格权法独立成编之前提性论证》,载《吉林大学社会科学学报》2006年第2期。
[4] 张平华:《人格权的利益结构与人格权法定》,载《中国法学》2013年第2期。
[5] 参见薛军:《私法立宪主义论》,载《法学研究》2008年第4期。
[6] 如许中缘教授认为:"人格权法的性质也决定了该法应该设计强行性规范类型。一方面,人格权法作为赋权法,人格权的种类与类型必须由法律明确规定。另一方面,人格权法同时也是作为规范人格权行使和解决相应冲突的法律,这种权利的边界规则以及冲突规则都应该以强行性规范的形式出现。"许中缘:《民法强行性规范研究》,法律出版社2010年版,第276页。
[7] 在"人格权是法定的权利"部分,王利明教授写道:"……但人格权并不是'天赋人权',也不是自然权利,而是由法律所确认的权利。人格权的法定性表现在:一方面,人格利益尽管是客观存在的,但如果法律不予以确认和保护,则人格利益不能够成为主体所实际享有的权利,即使在人格利益受到侵害以后,也不能够获得法律上的救济……"参见王利明、杨立新、姚辉:《人格权法》,法律出版社1997年版,第6页。
[8] 江平:《民法的回顾与展望》,载《比较法研究》2006年第2期。

星教授强调:"即使法律没有规定人格权、没有规定人格权概念,也绝对不影响人们享有人格权……法律规定的人格权类型的多少,也不影响人民享有人格权。"[1]沈云樵博士也认为,人格权不是由法律规定的,或者说人格权不仅仅是由法律规定的;人格权多元化的属性,包括权利来源的多元、表现方式的多元以及救济路径的多元等,决定其"法定"身份的不可能。[2] (2)少数意见从立法技术上否定人格权法定,如朱庆育教授援引德国法上一般人格权之创设,认为一般人格权的突出特点是"不确定性",法律不可以也不可能像物权法定一样对人格权作穷尽列举。[3]

由此可见,学界通常在权利基础(赋权与否)、技术必要性(明确内容与边界)两个意义上使用人格权法定,并且肯定论与否定论的着重点各不相同。由于人格权在性质上是否由法律赋予,并非人格权法定技术必要性的必要条件,此种使用语境的混乱导致了认识上的难题:否定论批评人格权并非法律所赋予,肯定论虽未过多着墨却压根就没有否认;肯定论强调人格权法定的技术必要性,否定论未予充分关注但也不等于反对。这种争论可能导致立场不同但并行不悖的后果。例如,江平先生反对人格权法定,却赞同立法对人格权的类型化和独立成编:"《民法通则》……把人格权作为一种独立的权利类型给确定下来。这应该说本身就是一个很重要的突破,解决了人格利益是不是可以上升为权利的问题。""当然,我们也必须注意对人格的保护不是法定主义的,不是说只有类型化的人格权才受到法律保护。我这里讲要类型化一些人格权,主要是要把一些已经有了比较多经验和实践规则的人格利益化为权利,方便以后的裁判。"[4]

关于人格权法定两个语境的关系,有意见指出:"人格权法定论者

---

[1] 梁慧星:《民法典编纂中的重大争论——兼评全国人大常委会法工委两个民法典人格权编草案》,载《甘肃政法学院学报》2018年第3期。

[2] 参见沈云樵:《质疑人格权法定》,载《环球法律评论》2013年第6期。

[3] 参见朱庆育:《权利的非伦理化:客观权利理论及其在中国的命运》,载《比较法研究》2001年第3期。

[4] 江平、王泽鉴:《问道民法——江平、王泽鉴对话中国民法法典化》,朱庆育主持,元照出版有限公司2019年版,第45、47页。

论证乏力,根本原因是他们人为切断了将人格权往上溯及时可能追踪到的哲学源流,迫其停留在实在法层面,就'法定'论'法定'。"[1]这种批评不无道理。申言之,要论证人格权法定的可行性,一是在权利基础上要有可能;二是在实定法上要行得通。就第一个问题而言,本书业已说明人格权、财产权均由人格尊严衍生,人格权作为一项独立权利乃属当然,故此不再赘述。后一个问题又包含两个方面:一方面实证法上人格权法定要有必要;另一方面,立法技术上人格权法定要有可能。

(二) 人格权法定的必要性

人格权并非由实证法赋予,是否意味着法律无须规定?在民法典编纂过程中,虽然学界对人格权立法存在争议,但大家的共识是,人格权是非常重要的,民法典应当进行规定,只是对规定于何处产生了分歧。民法典为何要规定人格权?"作为绝对权的人格权是一种制约他人行为自由的权利,它不仅有关权益享有者的自身利益,而且与他人(社会大众)的利益息息相关。"[2]因此,在民法典中明确人格权的内容与边界,既有利于保护权利人的权益,也可以兼顾行为人的自由。

1. 人格保护的权利模式具有利益模式不具备的引导性功能

不可否认,传统民法典虽然没有正面规定人格权,但经由侵权法的规制和判例发展,人格利益也得到了较好的保护。事实上,人格的保护远早于人格权理论,虽然当时还不是基于权利的保护。例如,罗马《十二表法》规定:"用手或木棍打断自由人骨头者,必须赔偿300阿斯,打断奴隶骨头者,必须赔偿150阿斯。"[3]罗马法后期更是形成了对物私犯和对人私犯的区分,前者适用阿奎利亚法之诉,后者适用侵辱

---

[1] 沈云樵:《质疑人格权法定》,载《环球法律评论》2013年第6期。
[2] 易军:《论人格权法定、一般人格权与侵权责任构成》,载《法学》2011年第8期。
[3] [德]孟文理:《罗马法史》,迟颖、周梅译,商务印书馆2016年版,第41页。

之诉。[1] 令人吃惊的是，罗马法上的侵辱之诉与当代人格权的保护范围几无二致。[2] 正因为如此，有学者直言："即使法律没有规定人格权，没有规定人格权概念，也绝对不影响人们享有人格权。""法律规定的人格权类型的多少，也不影响人民享有人格权。"[3]

但值得注意的是，依请求权基础的不同，罗马法上的人格保护存在市民法之诉与裁判官法之诉（又称事实之诉）的区别：市民法之诉的保护对象是已被类型化的利益，其类型既包含观念上的类型，也包含法律上的类型；而就事实之诉而言，由于缺乏明确的法律依据（市民法），判决完全由裁判官根据具体案情进行衡平。[4] 因此，市民法之诉具有事实之诉无法具备的前瞻性特征和引导性功能。"用现代法律语言来表述，市民法之诉保护的诉讼利益表现为权利，事实之诉保护的诉讼利益表现为法益。"[5] 这被认为是后世权利、利益区分理论的历史渊源。事实上，德国法上关于权益区分的归属效能、排除效能、典型公开性标准[6]，本质上也能起到一定的引导性功能：归属效能要求利益有明确的归属主体；排除效能则要求所保护的利益具有绝对性，可以排除他人的非法干涉；社会典型公开性更是从社会角度直面权利的引导性功能。

由此可见，那种认为人格权确权与否都一样的观念是错误的。"人格权单独成编的主要价值就是把司法实践中存在的、须受保护的重要的人格利益直接规定为权利，从而使此类利益在侵权法中得到更强的

---

[1] 大约公元前3世纪和公元前2世纪之交时，罗马颁布了一项侵辱谕令。在这项谕令中，"侵辱"除了被理解为身体伤害外，还被理解为人格侵害，即任何蓄意无视他人人格和因此而抬高自身的行为。针对上述事实的诉讼即为侵辱之诉。参见〔德〕马克斯·卡泽尔、〔德〕罗尔夫·克努特尔：《罗马私法》，田士永译，法律出版社2018年版，第548—549页。
[2] 侵辱在罗马法上的内涵十分广泛，不仅包含对身体和人格的侵害，攻击死者尸体、坟墓、葬礼和名誉也被认为是对死者继承人的侵犯。参见周枏：《罗马法原论》（下册），商务印书馆2014年版，第875页。
[3] 梁慧星：《民法典编纂中的重大争论——兼评全国人大常委会法工委两个民法典人格权编草案》，载《甘肃政法学院学报》2018年第3期。
[4] 参见张礼洪：《人格权的民法保护及其理论的历史发展——兼议我国的立法模式选择》，载《中国政法大学学报》2018年第4期。
[5] 同上注。
[6] 参见于飞：《侵权法中权利与利益的区分方法》，载《法学研究》2011年第4期。

保护,其利益归属者在侵害还没有发生时,可以事先确定其利益归属并且排除妨碍。"[1]而我国的立法与实务也充分说明了这一点。以人身自由权为例,由于《民法通则》没有作出规定,司法实践也基本上不予保护,直至《最高人民法院关于审理人身损害赔偿案件适用法律若干问题的解释》(法释[2003]20号)(2020年修订)发布之后,人身自由的保护才有据可循。

2. 人格保护的权利模式比利益模式更有利于明晰人格权边界

在侵权法上,权利(主要是绝对权)可直接按照构成要件判断是否构成侵权,其法律适用是"损害—赔偿"模式,但利益保护则非如此。某种利益是否具有保护的必要性,如何处理其与他人权益的冲突,端视法官依据生活经验的自由裁量而定,因而具有高度的不确定性。由于未权利化的人格法益不完全具备人格权的归属性、排他性及社会典型公开性特征,这就使二者虽然在保护的依据上同一,但在侵权要件的判断上存在实质的不同。[2] 当然,基于人格利益的主观性,法律很难对物质性人格权、精神性人格权和非典型人格利益实行一体保护[3],但这不是人格权确权的反对理由。恰恰相反,我们应通过人格权确权的方式,尽量明确人格权(尤其是精神性人格权)的边界,以强化人格权的保护。当然,有些不具备归属效能、典型公开性的人格利益无法上升为法定权利,而只能一直作为利益获得保护。

就历史演进而言,人格保护的历史就是人格利益不断类型化、法定化的过程。基于人格利益的主观性,人格利益具有多样化存在:一是立法规定的人格权;二是可能上升为法定权利的人格利益;三是不可能上升为法定权利(即不可能完全具备归属效能、排除效能以及典型公开性)的人格利益;四是权利内在的自由(如支配特定物的自由)。在这些

---

[1] 张礼洪:《人格权的民法保护及其理论的历史发展——兼议我国的立法模式选择》,载《中国政法大学学报》2018年第4期。

[2] 参见徐涤宇、张路:《我国人格法益保护模式之选择与完善——基于比较法模式评析视角》,载《湖南大学学报(社会科学版)》2018年第6期。

[3] 参见房绍坤、曹相见:《论人格权一般条款的立法表达》,载《江汉论坛》2018年第1期。

人格利益的存在类型中,只有前三种为人格权法意义上的人格利益,第四种则被归为物权等内容。人格保护的任务,就是不断发掘具备归属效能、排除效能以及典型公开性的人格利益,将其上升为法定人格权;不断发掘不可能上升为法定权利但值得保护的人格利益并予以类型化。如果认为人格保护与人格权确权与否没有关系,就无法解释现代法上人格权益类型多样化的进步意义。事实上,人格权之所以未能在《德国民法典》中占据独特位置,主要原因是人格权在当时欠缺实践基础,司法实践未出现大量传统侵权法不能解决的人格权案件。[1]但在人格利益复杂化的今天,再坚持传统民法典的做法已无意义。

值得注意的是,与其他绝对权益不同,人格利益具有主观性。如何将人格利益具体化或者说法定化,苏永钦教授立有高见:"人格法益其实是非常主观的东西,它必然是经过很长的相互主观过程,在这个社会中形成的一种权利。比方在一个不重视隐私的社会,其实没有隐私权,可是慢慢形成这个价值观念,通过很多的讨论、宣扬,然后慢慢形成,它是自然形成的,它是广义的法定的,应该讲不是国家的法去制定的,是社会习惯法形成的。这在我的观念来讲,是这种意义的法定的东西。"[2]这其实是说,与物权通过交付、登记获得公示和社会典型公开性不同,人格权的公示和社会典型公开性建立在某种普遍的社会认知上,是一种具有主观性的客观认识。因此,从权利特点上看,人格权的法定化也是可能的。

(三)人格权法定的类型技术

1.人格权法定在民法、宪法上的差别

《民法典》规定的人格权有如下类型:生命权、身体权、健康权、行动自由权(第2章);姓名权和名称权(第3章);肖像权(第4章);名誉权

---

[1] 参见杨代雄:《古典私权一般理论及其对民法体系构造的影响》,北京大学出版社2009年版,第165页。
[2] 江平:《民法的回顾与展望》,载《比较法研究》2006年第2期,苏永钦教授评议部分。

和荣誉权(第5章);隐私权和个人信息保护(第6章)。在宪法上,人格权属于政治权、社会权之外的消极权,即一般情况下,只需要排除国家的干预和侵害即可,财产权也属于此种类型。当然,人格权与政治权之间的边界并非泾渭分明,有时候,政治立场是通过某种自由的方式来表达的,这其实也是人格自由的实现方式,本书因而将其作为人格权来对待。照此标准,《宪法》上的法定人格权就有如下类型:(1)言论、出版、集会、结社、游行、示威的自由(第35条);(2)宗教信仰自由(第36条);(3)人身自由权(第37条);(4)人格尊严权(第38条);(5)住宅不受侵犯权(第39条);(6)通信自由和通信秘密权(第40条);(7)进行科学研究、文学艺术创作和其他文化活动的自由(第47条)。

为了更好地进行比较,我们不妨按照生物型人格权、自由型人格权、尊严型人格权、标表型人格权的分类[1]对民法、宪法人格权进行重新排列,如下表1所示:

表1 民法、宪法上的人格权类型

法律 类型	民法	宪法
生物型人格权	生命权、身体权、健康权	
自由型人格权	行动自由 禁止性骚扰	言论、出版、集会、结社、游行、示威的自由
		宗教信仰自由
		人身自由权
		通信自由权
		科学研究、文艺创作和其他文化活动的自由

---

[1] 参见房绍坤、曹相见:《〈民法典人格权编(草案)〉的贡献与使命》,载《山东大学学报(哲学社会科学版)》2019年第6期。原文将生物型人格权称为存在型人格权,在此予以修正。

(续表)

法律 类型	民法	宪法
尊严型人格权	名誉权和荣誉权	人格尊严权
	隐私权和个人信息保护	住宅不受侵犯权
		通信秘密权
标表型人格权	姓名权和名称权	
	肖像权	

应当指出的是,由于存在未列举权利的问题,因此上表中的人格权类型并不完整。不过,从中仍可管窥人格权在民法、宪法上的不同类型技术。

第一,生命权、身体权、健康权等生物型人格权在民法、宪法上的适用条件不同。虽然我国《宪法》未规定生命权、身体权、健康权,但考虑到宪法权利在公法领域的具体化现象,这并不意味着这些权利不是宪法权利。[1] 不过,与民法上的生命权、身体权、健康权适用条件很普遍不同,作为宪法权利的生命权、身体权、健康权的适用条件十分有限,狭义上限于国家机关工作人员在执行工作任务的过程中侵害公民生命权、身体权、健康权时提供国家赔偿;广义上还包括通过刑罚惩罚罪犯的方式予以保障,但这必须以罪刑法定为前提并经过了正当审判程序,此种救济、保护方式仅存在于刑法。

第二,自由型人格权在民法上的内涵十分丰富,但宪法则将其细化为特定的几种情形。从文义上看,《民法典》第1011条规定的行动自由范围较窄,应限于排除非法拘禁、非法控制人身的自由,但由于民法施行"法不禁止即自由"的原则,其他的诸多自由虽未获得法定权利的地位,但其受法律保护不言而喻。例如,虽然民法未规定唱歌、思考抑或

---

[1] 但即便在公法领域,宪法权利具体化的说法也应当谨慎,因为"之所以把某些权利写入宪法,恰恰是为了防止普通法律通过具体化方式加以限缩、侵害。"(姜峰:《权利宪法化的隐忧——以社会权为中心的思考》,载《清华法学》2010年第5期)因此,必须明确,刑法对宪法权利的保护和限制必须遵循宪法权利的基本逻辑。

沉默的权利,但只要未害及他人权益及损害公序良俗,行为人当有此自由。宪法的态度则与之不同,自由在宪法上规定为言论、出版、集会、结社、游行、示威、宗教信仰、通信、科学研究、文艺创作、人身等具体自由。

第三,就尊严型人格权而言,由于《宪法》第33条第3款规定了"国家尊重和保障人权",因此,在规范地位上,与比较法上的人之尊严不同,我国《宪法》中的人格尊严条款作为一项独立的宪法权利,着重于个人的名誉与荣誉保护。[1] 在这一点上,民法与宪法没有不同。但隐私权不一样,民法上的隐私包含隐私空间、隐私活动和隐私信息,宪法上的隐私则被类型化为住宅不受侵犯和通信秘密等具体自由。

第四,标表型人格权在民法中有规定,在宪法中却难觅踪影。应当说明的是,姓名权可能因被认为是相对不重要的权利所以没有为宪法规定,但由于姓名确定、变更主要是针对国家,故理论与实务多将其作为宪法权利来对待。[2] 不过,肖像权不存在此种问题。

那么,为何民法、宪法对人格权采取了不同的类型技术?有观点认为,宪法列举权利的实质在于表明宪法负有促使这些权利实现的义务。[3] 本书认为,这种意见并未揭示宪法列举权利的特性,也无从解释宪法权利类型与民事权利类型的差异:如果说宪法列举权利是宪法负有保障这些权利实现的义务的话,民法列举权利难道就不意味着民法负有保护这些权利的义务吗?答案仍应从权利的(对抗)属性上探寻:由于宪法权利旨在对抗公权力,因此,宪法人格权的类型依据就是公民人格利益可能受国家侵害的现实情形,由于国家行为的有限性,宪法人格权自然就呈类型碎片化的特征。相应地,民法人格权的类型依

―――――――
〔1〕 参见郑贤君:《宪法"人格尊严"条款的规范地位之辨》,载《中国法学》2012年第2期。
〔2〕 参见王泽鉴:《人格权法》,北京大学出版社2013年版,第76页;刘远征:《论作为自己决定权的姓名权——以赵C姓名权案为切入点》,载《法学论坛》2011年第2期;刘练军:《姓名权保护的度在哪里——评上海王某诉当地派出所侵犯其姓名权案》,载《上海政法学院学报》2011年第2期;曹相见:《姓名权限制的规范解读》,载《鲁东大学学报(哲学社会科学版)》2013年第1期。
〔3〕 参见秦小建:《宪法为何列举权利?——中国宪法权利的规范内涵》,载《法制与社会发展》2014年第1期。

据就是人格权可能受私人侵害的现实情形,由于私人行为的普遍性,民法人格权在内涵上也就更为丰富。值得注意的是,与民法人格权不同,宪法人格权既包含了国家的消极不作为,也包含了国家的积极作为,如集会、游行、示威自由,就包含了要求国家提供相应场所的内容。

2. 人格权法定与人格权一般条款

人格权的不确定性源自人格的主观性。人格不仅包含作为生物存在的生命、身体、健康,体现生物存在道德性的行为自由、精神自由,也包含体现受他人尊重的名誉、隐私,以及基于人的社会性产生的姓名、肖像等。人格从生物型、自由型到尊严型、标表型的延伸,既是体现人格从生物性到社会性的过渡,也体现了人格从客观到主观的渐变。[1] 不过,人格的主观性、不确定性也是相对的。一是从权利的类型上看,不同人格的主观程度不同,生物型人格更是客观性居多,只是人格的主观性随着人格社会性的增强而见涨。二是人格的主观性受到时空维度的制约,不同地域、不同时期的人对人格的认识不同。只要社会对某种人格的认识达成共识,人格即可获得社会典型公开性,这就在一定程度上抑制着人格的主观性。因此,从人格的不确定性、主观性出发无法得出人格权法定的否定立场。

人格的不确定性或者说主观性决定了人格保护的开放结构。对此,《民法典》第990条分两款进行规定:"人格权是民事主体享有的生命权、身体权、健康权、姓名权、名称权、肖像权、名誉权、荣誉权、隐私权等权利。""除前款规定的人格权外,自然人享有基于人身自由、人格尊严产生的其他人格权益。"与《人格权编(草案)》"二审稿"第774条第1款"民事主体的人格权受法律保护,任何组织或者个人不得侵害"的规定相比,《民法典》第990条第1款详细列举了各项人格权,是关于人格权的开放规定,加上第2款关于人格利益的兜底规定,构成了人格保护开放性的完整规范。应当指出的是,虽然学界常以"一般人格权"来指

---

〔1〕 参见房绍坤、曹相见:《〈民法典人格权编(草案)〉的贡献与使命》,载《山东大学学报(哲学社会科学版)》2019年第6期。

代人格保护的兜底条款[1],但"一般人格权"作为德国法的特殊产物,实质上是人格保护的一般条款,这已成为学界最新认识趋势[2]。

毋庸置疑,宪法上的人格权也不是封闭的。尤其是在人之尊严、人权作为其价值基础后,宪法权利理应具备开放结构。那么,新的宪法权利如何生成?从发生学上讲,民法先于宪法存在,民事权利是宪法权利的原型。[3]但由于二者在对抗主体、价值秩序上的不同,民事权利无法直接转换为宪法权利。不过,新生民事权利可以为宪法权利的生成提供类型上的联想。当然,更多的时候,宪法权利源自人权理论和宪法实践的内在逻辑。不过,宪法权利也不是越多越好。由于宪法权利(尤其是社会权)往往意味着国家的积极保障,其与一国的经济水平、社会认知紧密关联,也许政治过程才是其有效的保障渠道。[4]

二、人格权独立成编的时代价值

以法、德为代表的传统民法典未正面规定人格权,《瑞士民法典》、我国台湾地区"民法"也只是在主体部分规定了人格的概括保护。与此不同的是,以20世纪60年代的《埃塞俄比亚民法典》《葡萄牙民法典》、90年代末的《魁北克民法典》、21世纪初的《巴西民法典》《罗马尼亚民法典》为代表的新兴民法典则对人格权作了正面规定。我国《民法典》更是创造性地予以专编落实。对此,学界存在两种不同判断:一是认为

---

[1] 在评价"人格权编(草案)"相应规定时也不例外。参见王利明:《民法人格权编(草案室内稿)的亮点及改进思路》,载《中国政法大学学报》2018年第4期;张红:《〈民法典各分编(草案)〉人格权编评析》,载《法学评论》2019年第1期。

[2] 参见房绍坤、曹相见:《论人格权一般条款的立法表达》,载《江汉论坛》2018年第1期。

[3] 参见张文显:《制定一部21世纪的中国民法典》,载《法制与社会发展》2015年第4期;曹相见:《论民法与宪法关系的当代使命》,载《南海法学》2019年第2期。

[4] 魏玛宪法是个反面例子。由于当时的社会民主党主导的联合政府将大量社会权写入宪法,但又无法提供足够的财政保障和有效的司法救济,并抑制了立法机构对此类事项的审议和决策权力,其引发的宪法危机加剧了魏玛政府的垮台。参见姜峰:《权利宪法化的隐忧——以社会权为中心的思考》,载《清华法学》2010年第5期。

人格权发生了"从消极保护到积极确权"的发展趋势[1];二是认为人格权的本质在于防御、补救对人格尊严的侵害,因此,规范重心不在于确认权利,而是救济权利[2]。下文将详述人格权独立成编有何时代价值。

(一)顺应了民法调整对象的理论发展

《民法典》第 2 条规定:"民法调整平等主体的自然人、法人和非法人组织之间的人身关系和财产关系。"该条明确了《民法典》的调整对象为人身、财产关系,并把人身关系放在了财产关系之前。该规定虽与传统民法有所不同,但却反映了民法调整对象理论的最新发展;而人格权在我国《民法典》中独立成编,既与民法调整对象理论遥相呼应,也在民法上真正构建起人格—财产的二元格局。

1. 民法调整对象理论的新发展

传统民法典基本上属于财产法典:除婚姻家庭的规范外,主要是关于权利主体及财产权的得丧变更规则。其在民法调整对象上的反映,就是不规定人格权关系。事实上,传统民法典本来就无意调整人格权关系;或者说,在当时,人格权并不被作为民事权利来对待,如《德国民法典》的起草者温德沙伊德认为:"所有的私法,要做的事情,有两个目标:(1)财产关系;(2)家庭关系。"[3]那么,人格权关系是如何进入民法调整对象理论中的呢?这得从苏联民法说起。据徐国栋教授考察,虽然 1964 年的苏联民事立法纲要明确排除了人格权关系[4],但学者不甘心于这种结果,于是对第 1 条作扩张解释,将人格权关系纳入

---

[1] 参见王利明:《人格权:从消极保护到积极确权》,载《甘肃社会科学》2018 年第 1 期。
[2] 参见中国社会科学院民法典工作项目组:《民法典分则编纂中的人格权立法争议问题》,载《法治研究》2018 年第 3 期。
[3] 转引自徐国栋:《再论人身关系——兼评民法典总则编条文建议稿第 3 条》,载《中国法学》2002 年第 4 期。
[4] 该纲要第 1 条规定:"苏维埃民事立法调整在共产主义建设中由于利用商品货币形式而引起的财产关系,以及与财产关系有关的人身非财产关系。"

"人身非财产关系"的范围[1]。此亦为以佟柔为代表的老一辈民法学者所采纳,其在将"人身非财产关系"简化为"人身关系"之后,于《民法通则》第 2 条作此规定:"中华人民共和国民法调整平等主体的公民之间、法人之间、公民和法人之间的财产关系和人身关系。"

虽然《民法典》关于调整对象的规定,系经由苏联和我国民法理论与实践发展而来,但也体现了民法调整对象理论的最新发展。传统大陆法系国家虽然未正面规定人格权,但人格权理论却经由判例演进而获得长足发展。[2] 德国法院创设了一般人格权,并在人格权的利益构造、死者人格保护上进行了诸多探索。此外,德国总理曾于 1959 年提交联邦议会主席关于《德国民法典》第 12 条的修正案(主要是增加人格权的内容),只是后来因为政治原因而胎死腹中。[3]《法国民法典》则于 1970 年、1994 年、2004 年分别增设了个人"私生活的权利"以及"尊重人的身体"专章,尊重人的身体章规定了保持人的身体完整和应受尊重的权利,从而开创了人格权属性的受尊重权模式。[4] 这表明,即便在传统民法典中,增加人格权的内容、正面规定人格权也是有强烈动因的,可以说,其与苏联、新中国民法的理论演进异曲同工。

2. 人格—财产二元格局的形成

值得注意的是,虽然人格权与财产权已成为民事权利的基本类型,但与财产权的悠久历史相比,人格权的基础要脆弱得多。事实上,人格与财产的二元区分,是在人格权理论创设之后才产生的。在此之前,人格或者不被认为是权利的客体,或者获得财产也被视为人格的

---

[1] 转引自徐国栋:《再论人身关系——兼评民法典总则编条文建议稿第 3 条》,载《中国法学》2002 年第 4 期。
[2] 有学者将国外人格权 200 年历史概括为"通过判例而演进"的历史。参见张红:《人格权总论》,北京大学出版社 2012 年版,第 4—113 页。
[3] 参见《德国民法人格与名誉保护新规则法草案》,王洪亮译,载《中德私法研究》第 12 卷,北京大学出版社 2016 年版,第 317 页。
[4] 参见龙卫球:《人格权立法面面观——走出理念主义与实证主义之争》,载《比较法研究》2011 年第 6 期;曹相见:《人格权支配权说质疑》,载《当代法学》2021 年第 5 期;张红:《人格权总论》,北京大学出版社 2012 年版,第 68—69 页。

体现。就前者而言,康德将权利划分为物权、对人权(债权)、有物权性质的对人权(身份权)三种类型,即将人格排除在权利的客体范围之外。他说:"一个人可以是他自己的主人,但并不是他自己的所有者,他不能任意处理他自己,更不用说对他人有这种关系的可能了,因为他要对在他自身中的人性负责。"[1] 罗马法对财产进行"权利保护",对人格采"人之本体的保护"也体现了这一理念。

即便在人格权理论诞生以后,关于人格与财产的关系格局,仍然存在说不清道不明的关系。例如,人格权理论的集大成者基尔克也提出了人格权的财产性命题。[2] 正因如此,即便人格与财产在观念上并列,但在理论上却从未奠定分立的概念基础,更不要说达到和谐了。张俊浩教授由此呼吁:"应当围绕人身权与财产权来构建我们的潘德克吞体系。"[3] 本书认为,人格权独立成编的体系意义之一,就是真正开创了人格—财产的二元格局,夯实了人格—财产的区分基础。

(二)体现了确定权利边界的分编要求

传统民法按照权利主体、权利对象(通说所谓的权利客体)、法律行为的逻辑构建总则。其中,法律行为作为民事法律事实的典型和主要部分,旨在引起权利义务(法律关系的主要部分)的变动,法律行为也由此成为《民法总则》的核心与灵魂。而反对人格权独立成编的重要理由,就是人格权具有防御性,与其主体资格相始终,在侵权责任已独立成编的情况下,人格权编将缺乏行为规范的具体内容,或者说缺少法律事实这一要素。[4] 而《德国民法典》之所以没有规定人格权,也是因为立法者认为人格权的内容与范围并不确定,只能通过具体保护性条款

---

[1] [德]康德:《法的形而上学原理——权利的科学》,沈叔平译,林荣远校,商务印书馆1991年版,第86页。
[2] 参见张红:《人格权总论》,北京大学出版社2012年版,第17页。
[3] 张俊浩:《民法知识体系应当围绕人身与财产权来构建》,载《法学研究》2011年第6期。
[4] 参见尹田:《论人格权独立成编的技术障碍》,载《政法论丛》2016年第1期;柳经纬:《民法典编纂中的人格权立法问题》,载《中国政法大学学报》2018年第6期。

(行为不法)而不是绝对权的方式来保护。[1] 这一理由看似直击要害,实则雾里看花、似是而非:德国式民法总则在法律行为上颇具误导性——这些规定表面上具有一般性,但因为身份行为、遗嘱行为在分则部分另有规定,实际上已沦为财产行为的一般规定。[2] 事实上,当我们说人格权具有防御性,人格权编缺乏行为规则、事实要素时,不过是站在财产权角度的评论,难免有削足适履之嫌。

本书认为,潘德克吞式民法总则抽象出来的主体、对象与行为,其实仅具相对意义,法律行为亦不例外。[3] 事实上,作为法律事实的典型类型,法律行为不仅仅限于财产行为,同时也不是导致财产关系变动的全部原因。因此,以是否适用法律行为为标准来衡量人格权及其立法,并无道理。此外,人格权与财产权在权利对象上本来就存在"人格自由"与"对物支配/请求"的对立,不能戴着财产权的有色眼镜来观察人格权。事实上,虽然与财产权的"对物支配/请求"不同,但人格自由本身就是积极权能,因此,认为人格权是防御性权利的观点并不可取。(参见本书第八章)

人格权虽然也具有积极权能,但其作为一种自由,具有固有性和专属性,因而不适用财产权意义上的法律行为。但是,人格自由也有自己的行使规则,体现为人格权的具体功能及权利边界。例如,同样是姓名、肖像,在主体意图对外标识主体、客观上亦有其必要时,体现为标表型人格权,即姓名权、肖像权;但若主体缺乏此种意图、客观上亦无对外标识的必要时,则落入隐私权的保护范围。当前,学界对财产权边界和行使规则的研究已臻成熟,但对人格权边界和行使规则的研究仍十分欠缺。人格权独立成编则可解决这一问题:"由于部分人格权的权利边

---

[1] 参见〔德〕霍尔斯特·埃曼:《德国民法中的一般人格权制度——论从非道德行为到侵权行为的转变》,邵建东译,载梁慧星主编:《民商法论丛》第23卷,金桥文化出版有限公司2002年版,第414页。

[2] 参见张谷:《对当前民法典编纂的反思》,载《华东政法大学学报》2016年第1期。

[3] 正如学者所指出的那样,如果主体能够引起任何法律关系而获得公因式地位,即意味着客体也应作同等处置。然则,"客体"总则化的效果不尽如人意,而法律行为也显然以财产行为为原型。参见朱庆育:《民法总论》(第二版),北京大学出版社2016年版,第27页。

界缺乏有效参照、可因主体而异、可能存在明显裂缝,所以需要精细的界定规则;由于部分人格权的行使限度较小、行使程序严格且行使目的特定,所以需要专门的行使规则。"[1]

因此,当我们把注意力从权利救济转移到权利行使上来时,侵权法对人格权的保护、侵权责任独立成编就与人格权独立成编并行不悖。事实上,只有人格权独立成编才能实现赋权规范、行为规范与裁判规范的统一。[2]

(三)彰显了中国民法典编纂的时代特色

在以德、法为代表的传统民法典之后,民法典编纂又经历了从"解法典"向"再"法典化的转变,虽然古典民法典自带的统一国法、宣示价值等功能均已弱化,但现在仍有的关于民法典的共识是:"至少对于大陆法系国家而言,它仍然是一个重要的特征,既是国家治理达到一定境界的象征,也是有利于继续自我改善的开始。"[3]但21世纪的民法典必然有别于19世纪、20世纪的民法典,中国民法典应有其时代意义。而判断民法典是否具有时代意义的标准,应当是满足时代的经济和社会需要。"法典能否提供所处时代和国家的现实需要的行为规则,是决定法典基本价值和判别法典优劣的唯一标准。"[4]与19世纪的民法典重视保护财产和行为自由不同,20世纪的新兴民法典更加鲜明地体现了对人的保护,21世纪的中国民法典又应嵌入何种时代特色呢?

本书认为,21世纪的时代特色在于信息和科技的高速发展,中国民法典在继受传统民法典基本价值的基础上,正确认识并回应了信息和

---

[1] 庞伟伟:《论人格权法独立成编的必要性——以既有规范为中心》,载《中国政法大学学报》2018年第4期。
[2] 参见许中缘:《德国潘德克吞式〈民法总则〉之后的人格权法的立法》,载《东方法学》2017年第6期。
[3] 苏永钦:《体系为纲,总分相宜——从民法典理论看大陆新制定的〈民法总则〉》,载《中国法律评论》2017年第3期。
[4] 孟勤国、戴欣悦:《变革性与前瞻性:民法典的现代化使命——〈民法总则〉的现代性缺失》,载《江汉论坛》2017年第4期。

科技对法律尤其是权利保护的影响。就人格权而言,独立成编不仅可以进一步落实人格权的正面确权,还可以回应信息与科技的时代特色[1],以便更好地保护人的价值。"如果仅以《德国民法典》没有规定独立的人格权制度为由,而置现实需要于不顾,将人格权制度在民法典中用民事主体制度或侵权法的几个条款轻描淡写一笔略过,无异于削足适履,甚至是放弃了时代赋予当代中国民法学者的神圣职责。"[2]

1.人格权独立成编有利于反映信息社会的时代特征

诚如学者所言:"信息时代造就了人格权的脆弱,我们既不能拒绝信息时代,也不能默认人格权脆弱,只能以强有力的法律规则消除人格权的脆弱性。"[3]信息时代首先拓展了人们的空间。随着社交平台和大数据的发展,网名、昵称等成为姓名的新形式,隐私信息也具有社会性和公共性,发生了从个人控制到社会控制的转变。[4]事实上,当隐私信息旨在对外表征主体时,它已经内化为一种新型标表型人格权。为实现此种功能,数据访问权(能)、携带权(能)不可缺少。其次,信息时代促进了法律变革,促使我们重新思考业已成型的关于权利的传统见解。例如,传统学说认为,隐私一经公开,隐私权就消失了。这样一种隐私公开的绝对标准,正在受到越来越多的反思。事实上,只要我们采隐私公开的相对标准,所谓的个人信息本质上就是一种隐私。最后,信息时代加剧了人格权侵权的危害结果,导致了损害的即时性和不可控性。因此,民法典应当着力预防发生于网络的人格权侵权行为,规定删除信息、断开链接等救济方式,防止损害的发生与扩散。[5]

---

[1] 参见王利明:《使人格权在民法典中独立成编》,载《当代法学》2018年第3期。
[2] 王利明:《全面深化改革中的民法典编纂》,载《中国法学》2015年第4期。
[3] 孟勤国:《人格权独立成编是中国民法典的不二选择》,载《东方法学》2017年第6期。
[4] 参见高富平:《个人信息保护:从个人控制到社会控制》,载《法学研究》2018年第3期。
[5] 参见王利明:《编纂一部网络时代的民法典》,载《暨南学报(哲学社会科学版)》2016年第7期。

2. 人格权独立成编可以更好地回应人体科技的发展

现代科技尤其是人体科技、医疗技术的发展极大地影响了人的存在，民法典需要作出有针对性的制度设计。[1] 在当前社会，关于人体的器官捐献、活体保存普遍存在，甚至对人体的基因编辑也已出现，并导致了伦理上的重大争论。那么，在保护和尊重人的基础上，如何处理人与其组成部分的关系，如何认定冷冻胚胎的法律性质，如何界定胚胎监管人的监护权，如何对待人体基因编辑等涉及科技、法律和伦理的关系，需要法律予以专门规制。分散立法固然也可作出回应，但这本质上是如何认识作为权利对象的人体的问题，所以应当在民法典中加以规定。

遗憾的是，学界对此缺乏系统的深入研究。如前所述，有学者提出了财产、尊严并存的人体法益构造。[2] 本书认为，此种立场看到了人体的物质层面，但这是从哲学的角度讲的，不能直接运用于法律领域。事实上，当我们主张人体也是一种存在或称物质时，我们在认知论上已经回到人格、财产不分的广义财产理论年代。在此，必须重申人的意志的重要性：能够体现人的自由意志者，应视其是否为捐赠、接受或抛弃的明确意思，承认或否认其人格属性；不能体现自由意志但处于生命过程的人体物质，本质上属于生命的自然孕育阶段，其虽不具有独立的主体资格，但也是生命的表现形式，因而也应当属于人格的范围。至于人体基因编辑的开展，仅仅要求目的正当（为治病等具备道德性的目的）还不够，尚需通过成熟技术和科学伦理的双重关卡。就《民法典》而言，值得肯定的是，在一审稿规定了器官捐献与医疗实验的情况下，二审稿以后完善了医疗实验的伦理审查，并增加了关于人体基因、人体胚胎的医学与科研活动的规定，但这尚不足以真实体现民法典编纂的时代特色。

---

[1] 参见郭明瑞：《关于编纂民法典须处理的几种关系的思考》，载《清华法学》2014年第6期。

[2] 参见汪志刚：《生命科技时代民法中人的主体地位构造基础》，载《法学研究》2016年第6期；冷传莉：《人体基因法益权利化保护论纲——基于"人格物"创设的视角》，载《现代法学》2014年第6期。

三、人格权编的"得"与"失"

应当承认,人格权最终独立成编,主要是各界的合力所致,佟柔、王家福、江平、魏振瀛等老一辈民法学家付出了艰辛努力。[1] 而自2002年民法典草案专编规定人格权以来,《民法典》经历了十八载的积累、沉淀,谓其基本代表人格权研究的最新成果并不过分。不过,由于人格权尚属不成熟的新生事物,许多问题的解决还须进一步乃至开拓性的研究。

(一)《民法典》的体系布局

与物权编、合同编不同,人格权编因不涉及权利得丧变更规则,总则部分相对单薄。但即便如此,关于人格权编调整对象、人格权保护范围、人格权行使规则、人格权请求权及侵权责任方式的规定,仍可构成总则部分(一般规定)。与《民法总则》《侵权责任法》相比,《民法典》的"一般规定"不乏亮点,典型者如:(1)《民法典》第990条规定:"人格权是民事主体享有的生命权、身体权、健康权、姓名权、名称权、肖像权、名誉权、荣誉权、隐私权等权利。除前款规定的人格权外,自然人享有基于人身自由、人格尊严产生的其他人格权益。"虽有部分学者仍将其理解为一般人格权[2],但本条与《民法总则》第109条规定截然二物,契合了学界否定一般人格权、改采人格权一般条款的新趋势。[3] (2)《民法典》第995条规定了人格权请求权,并明确停止侵害、排除妨碍、消除危险、恢复名誉、赔礼道歉的请求权不受诉讼时效限制。

---

[1] 参见杨立新:《对否定民法典人格权编立法决策意见的不同见解》,载《河南财经政法大学学报》2018年第4期。

[2] 参见王利明:《民法人格权编(草案室内稿)的亮点及改进思路》,载《中国政法大学学报》2018年第4期;张红:《〈民法典各分编(草案)〉人格权编评析》,载《法学评论》2019年第1期。

[3] 参见房绍坤、曹相见:《论人格权一般条款的立法表达》,载《江汉论坛》2018年第1期。

但《民法典》的体系布局也有其问题：一则，人格权主体范围含混不清。第一章"一般规定"除第 990 条第 2 款采用"自然人"概念、第 994 条采用"死者"概念外，余皆使用了"民事主体"的表述，似乎昭示众人：除《民法典》之外的基于人格自由、人格尊严产生的其他人格权益，人格权可尽由法人、非法人组织享有。但查其具体规定，除第三章关于"名称权"、第五章关于"名誉权、荣誉权"的规定外，其他人格权均与法人、非法人组织无关。于此，是否在第一章"一般规定"部分普遍采用"民事主体"的表达就值得推敲。二则，人格权的性质、内容互相矛盾。第一章"一般规定"第 992 条规定人格权不得放弃、转让、继承，即确认人格权的专属性、非财产性，但第 993 条又明确了姓名、肖像等的财产性，虽然有但书规定"依照法律规定或者根据其性质不得许可的除外"，但仍容易使人误解为人格权的商品化。这种人格权精神利益、财产利益合二为一的立场，与人格—财产二分的人格权创设初衷背道而驰。

《民法典》在体系布局上的问题，实际上反映了人格权基础研究的共识欠缺。确实，在法人人格权、人格权利益构造的问题上，无论在中国法还是比较法上都存在较大分歧。本书认为，虽然团体享有人格权为我国通说，这一立场也为《民法典》所坚持，法人、非法人组织也不是都以财产为目的，但团体人格旨在赋予法人、非法人组织行为能力——而非基于尊严的人格权，亦无疑问，法人实在说也难免其拟制色彩；团体人格虽有其社会功能，但为实现与自然人的和谐共处，其法律地位全面让位于自然人；公民享有基本权利，团体则负有容忍义务，因此，除非破坏公共秩序导致刑法规制、损害商誉导致损害赔偿，法人、非法人组织不应享有任何人格权。人们尤其不应将团体背后的自然人的权利与团体的权利混为一谈。（参见本书第四章）就"人格权商品化"而言，主要限于人格标识的商业利用，但其已非标表型人格权的权能，而是具有人格利益的特殊财产权。（参见本书第二章）

由是观之，《民法典》的体系缺陷源自对所谓法人人格权、人格标识使用权性质的不自信,这也可以从第989条"本编调整因人格权的享有和保护产生的民事关系"的表述上看出端倪。不过,虽然本书认为上述两种权利为财产权,但其毕竟与债权、物权等传统财产权存在重大不同:无论是法人名称权、商誉权,还是人格标识使用权,均系通过建立商品与主体之间的联系而发挥自然人、法人、非法人组织的促销价值,也正是因为其与主体的稳定联系,法人名称权、商誉权、人格标识使用权长期以来被误解为"人格权"。有鉴于此,为兼顾立法传统与认知习惯,可令法人名称权、商誉权、人格标识使用权寄生于人格权编。在内在体系上,《民法典》应以自然人人格权为立足点[1],采纳一般规定(基于自然人人格权的抽象总结)、自然人人格权、特殊财产权(与主体有稳定联系的人格标识使用权、法人名称权、商誉权)的体系布局。

(二)人格权的类型结构

就人格权的类型而言,《民法典》采取了"同类聚合"的思路[2],将具有相似内容的人格权置于同一章中,如第二章规定了"生命权、身体权和健康权"、第三章规定了"姓名权和名称权"、第四章规定了"肖像权"、第五章规定了"名誉权和荣誉权"、第六章规定了"隐私权和个人信息保护"。这一立法安排的好处是直观明了,但其科学性却值得推敲:举其要者,同为标表型人格权,肖像权为何不与姓名权一并规定?事实上,《民法典》的此种安排,不过是对《民法通则》《民法总则》的简单沿袭:《民法通则》第98—102条分别规定了生命健康权、姓名权(名称权)、肖像权、名誉权、荣誉权;《民法总则》第110条规定:"自然人享有生命权、身体权、健康权、姓名权、肖像权、名誉权、荣誉权、隐私权、婚姻自主权等权利。"

关于人格权的类型化,学理上存在不同看法。其中,张俊浩教授的两分法最为典型。张俊浩教授将人格权分为物质性人格权和精神性人

---

[1] 参见温世扬:《民法典人格权编草案评议》,载《政治与法律》2019年第3期。
[2] 同上注。

格权两大类,认为前者包括生命权、身体权、健康权和劳动能力权;后者包含标表型人格权(姓名权与肖像权)、自由型人格权和尊严型人格权(名誉权、荣誉权、隐私权等)。[1] 温世扬教授则进一步把人格要素分为"内在"和"外在"两个层次,认为前者包括物质和精神两个要素,后者即自然人的人格标识,从而把人格权划分为物质性人格权、精神性人格权与标表型人格权三大类。[2]

本书认为,人格要素作为目的性的存在,都是"内在要素",并无"外在人格"之说。但人格确实存在"客观—主观"的维度,体现了人从生物性到社会性的过渡;反过来说,人格从生物性向社会性的发展,就是人格从客观向主观逃逸的过程。本书按照人格要素社会性的不同,提出人格权类型的四分法:一是生命权、身体权、健康权等保护人的生物性存在的人格权,它是客观的,有着明确的界限,此与物质性人格权范围一致;二是自由权,它赋予人的生物性存在以道德功能,是人的生物性存在的初步社会化;三是以精神自由为内容的隐私权、名誉权等,此即尊严型人格权;四是社会性最强、以至于具有他为性的标表型人格权,如姓名权、肖像权等。

有鉴于此,在内在体系上,人格权类型的理想结构应是:首先,在生命权、身体权、健康权之后,把禁止性骚扰、人身自由(行动自由)权的规定独立为自由权;其次为隐私权和个人信息保护;再次为名誉权与荣誉权;最后为社会性最强的姓名权、肖像权。

民法典编纂最终采纳了人格权独立成编的主张。虽然这尚赖人格权基础研究的学术合力,但其对人格保护、民法体系的进步意义不应否认。考虑到与侵权责任编的关系,人格权编应着力确定人格权的类型和边界。对此,《民法典》取得了重要成绩,但也存在一些问题,应予改进。

---

[1] 参见张俊浩主编:《民法学原理》(上册)(修订第三版),中国政法大学出版社2000年版,第139页。

[2] 参见温世扬:《略论人格权的类型体系》,载《现代法学》2012年第4期。

(三)法定人格权的内容

1. 关于生命权、身体权和健康权

(1)《民法典》第1002条把生命权的内容界定为"生命安全和生命尊严",值得肯定。解释上应当注意的是,民法学界一般认为,生命权包含生命享有权、生命维护权、生命利益的有限支配权三部分内容。[1] 这种意见值得商榷。其一,享有生命为人之为人的必然结果,系人之尊严的第一位利益,无须法律再行明确,将其作为生命权内容并无规范意义。其二,生命系法律上不可放弃之价值,即便是有限支配也有违其伦理属性,且未必有立法实益,更可能产生负面效果。[2] 在献身等情形中,与其认为是对生命的支配,不如从生命的道德性出发,认为是人维护生命尊严的自由,因为献身具有道德性,故不失其伦理价值。同理,阻止他人自杀、无谓牺牲的行为,也因具有维护生命安全的正当性,而不属于对他人自由的干涉。

(2)《民法典》第1003条把身体权内容界定为"身体完整和行动自由"有失妥当。身体权之身体,应指"人之整个肉体的完整,包括体外的躯体与四肢,体内的器官及牙齿等"[3]。至于"行动自由",与劳动力丧失一样,均属身体被侵害后的间接损失。此外,在《民法典》第1011条已规定行动自由的情况下,如此定义身体权也会模糊身体权的边界。当然,在认定身体权侵权时,既应包含身体组成部分的缺失,还应包括对身体所造成的创痛。与生命权一样,虽然学界多承认身体权的有限支配性,但与生命权的道德性一样,身体权也具有道德性,具有伦理正当性的人体细胞、组织、器官之捐献恰恰体现了身体完整的法律自由。相反,自残行为则因不具有伦理上的正当性,虽然事实上无法避免,但法律绝不认可和提倡。

---

[1] 参见王利明:《人格权法研究》(第二版),中国人民大学出版社2012年版,第278—280;姚辉:《人格权法论》,中国人民大学出版社2011年版,第151页。
[2] 参见温世扬:《民法典人格权编草案评析》,载《政治与法律》2019年第3期。
[3] 王泽鉴:《人格权法》,北京大学出版社2013年版,第101页。

(3)《民法典》第1004条把健康权界定为"身心健康"并不准确。与身体权着重保护身体完整不同,健康权旨在保护身体机能的健康。在许多情况下,侵犯他人身体也就侵害了健康,此时的健康是身体上的健康。但在另外一些情况下,未侵犯身体也可能损害健康,如因受惊吓导致的精神失常。因此,精神健康也是一种健康。但"精神健康"不等于"心理健康",精神性疾病与心理的痛苦、焦虑、抑郁等状态不同,前者影响了人体机能的正常发挥,后者则是心理上的不舒服状态,任何人均可能有之,不宜纳入健康权的范畴。[1] 故在解释上,宜用"身体和精神健康"代替"身心健康"。

(4)《民法典》创设了"行动自由"概念,未规定独立的自由型人格权。自由作为一种抽象价值,法律内涵十分宽泛。但在民法上,自由存在广、狭两重语境,前者是与人格尊严一样抽象的人格自由,后者限于人身自由(即身体活动自由)。不过,比较法与学说上有将人身自由包含精神自由的趋势。[2] 但本书认为,此种做法值得警惕:民法对自由的保护有权利和利益两种,若使作为权利的人身自由扩张,将使自由的权利保护与利益保护混为一谈。对此,王泽鉴教授亦谓:"'人格权法'上的自由,乃人格权个别化的一种人格法益,前揭学说见解使此项'自由人格法益'成为一项维护'宪法'基本权利的私法上概括条款,是否符合'侵权行为法'的规范功能,尚有研究余地。"[3]

遗憾的是,《民法典》第990条第2款沿袭《民法总则》第109条的做法[4],将作为抽象价值的人格自由替换为了人身自由:"除前款规定的人格权外,自然人享有基于人身自由、人格尊严产生的其他人格权益。"并于第1011条另设"行动自由"来指代人身自由:"以非法拘禁等方式剥夺、限制他人的行动自由,或者非法搜查他人身体的,受害人有

---

[1] 参见温世扬:《民法典人格权编草案评议》,载《政治与法律》2019年第3期。
[2] 例如,《埃塞俄比亚民法典》第14、15条分别规定了思想自由、宗教自由。另请参见史尚宽:《债法总论》,中国政法大学出版社2000年版,第148—149页;杨立新:《人格权法》,法律出版社2011年版,第581页。
[3] 王泽鉴:《人格权法》,北京大学出版社2013年版,第112页。
[4] 《民法总则》第109条规定:"自然人的人身自由、人格尊严受法律保护。"

权依法请求行为人承担民事责任。"此种做法忽视学界既有概念,另设新词,徒增成本。

就体系而言,《民法典》在"生命权、身体权、健康权"章下规定行动自由(人身自由)权和禁止性骚扰的规则,似乎认为二者属于生物型人格权的范畴。但显然,人身自由作为自由型人格权的一种,应有其独立的体系地位;就性骚扰而言,虽然确有学者将其作为身体权来对待[1],但其与强奸等侵犯性自主权的行为差异明显,也应归入自由权的范畴。或许立法者认为人身自由、禁止性骚扰的规定太少,因而没有独立成章的必要。这种考虑有其合理性,但立法技术上的取舍,不应抹杀体系上的界限。

2. 关于姓名权、名称权和肖像权

(1)《民法典》对姓名权的规定既有进步意义,也有进一步完善的空间。《民法典》第1012条规定:"自然人享有姓名权,有权依法决定、使用、变更或者许可他人使用自己的姓名,但是不得违背公序良俗。"与《民法通则》相比,本条的进步意义在于,把使用姓名的权利换成了"许可他人使用自己的姓名"。与《民法通则》相适应,民法通说认为,姓名权具有决定、变更、使用三种权能。但把使用权完全赋予姓名权人的做法,有违常理。[2] 因为姓名具有他为性,姓名起了就是让别人叫的,只要不妨碍姓名的决定与变更,不冒用和盗用姓名,自己姓名完全可以为他人自由使用。此中所谓盗用,限于商业利用的情形,是指未经许可而使用他人姓名。反过来说,姓名权人对姓名的商业利用享有专有权,可以通过许可的方式使用自己姓名,这也是《民法典》第1012条要表达的意思。

不过,姓名权作为一项人格权,其权能包含作为商业利用的使用权

---

[1] 参见石佳友:《守成与创新的务实结合:〈中华人民共和国民法人格权编(草案)〉评析》,载《比较法研究》2018年第2期;王毅纯:《民法典人格权编对性骚扰的规制路径与规则设计》,载《河南社会科学》2019年第7期。

[2] 参见房绍坤、曹相见:《标表型人格权的构造与人格权商品化批判》,载《中国社会科学》2018年第7期。

是否合适？对此，学界存在三种不同意见：人格权商品化理论认为，人格权的某些权能(主要是人格标识的使用权能)可以依法转让或者授权他人使用[1]；亦即，该说认为人格与财产利益之间并无不可逾越的鸿沟，某些人格利益可以通过积极利用而获得经济利益。人格权衍生利益说从"固有"与"衍生"的关系来界定二者的关系，从而把标表型人格权上经济利益称为"衍生利益"。[2] 独立权说则认为，姓名权作为一种人格权，根本不是主体对姓名符号的权利，而是主体决定以什么来作为自己姓名的自由[3]；或者说标表型人格权作为受尊重权，具有非财产属性，人格标识使用权则是一项特殊的财产权。[4] 本书赞同独立权说，因为标表型人格权的决定、变更权能与使用权能互相矛盾，无法共存于一个权利对象；且从历史上看，标表型人格权的早期立法也仅规定人格标识的使用权能，当前通说增加了人格标识的决定、变更权能，但仍以人格标识为权利对象，从而导致了标表型人格权的性质矛盾。[5]

(2)《民法典》对肖像权的界定未能正确区分肖像权上人格与财产利益、隐私权的关系。《民法典》第1018条第1款规定："自然人享有肖像权，有权依法制作、使用、公开或者许可他人使用自己的肖像。"与姓名权类似，肖像权作为一项人格权，其权利对象不是肖像本身，而是将权利人外部形象制作为肖像的自由。至于公开，其实是将作为隐私的肖像予以公开，因为与姓名不同，肖像上的他为性要低得多，除了一些

---

[1] 参见王利明：《论人格权商品化》，载《法律科学(西北政法大学学报)》2013年第4期。

[2] 参见张平华：《人格权的利益结构与人格权法定》，载《中国法学》2013年第2期；严城：《论人格权的衍生利益——以人格标识的商业利用为中心》，黑龙江大学2010年博士学位论文，第55页。

[3] 参见李永军：《论姓名权的性质与法律保护》，载《比较法研究》2012年第1期。

[4] 参见温世扬：《论"标表型人格权"》，载《政治与法律》2014年第4期。相同立场另请参见孔祥俊：《姓名权与姓名的商品化权益及其保护——兼评"乔丹商标案"和相关司法解释》，载《法学》2018年第3期；李大何：《未来民法典中人格权财产利益的保护模式》，载《华东政法大学学报》2017年第4期；于晓：《自然人人格标识商业利用民事权利的创设与保护》，载《法学论坛》2017年第1期。

[5] 参见房绍坤、曹相见：《标表型人格权的构造与人格权商品化批判》，载《中国社会科学》2018年第7期。

必要的场合,肖像常常是作为隐私存在的。而就使用而言,只要不属于隐私的范畴,不涉及肖像的商业利用,则他人亦可自由使用。值得注意的是,与姓名权相同,肖像的商业利用也属于独立财产权。因此,在解释上,宜将肖像权界定为自由制作肖像的权利。

(3)法人、非法人名称权以及人格标识的使用权作为特殊财产权,应当独立规定。《民法典》沿袭《民法通则》惯例,将法人名称权作为人格权来对待,《民法典》第1013条规定:"法人、非法人组织享有名称权,有权依法决定、使用、变更、转让或者许可他人使用自己的名称。"但实际上,法人、非法人组织的名称权属于财产权的范畴[1],法人、非法人组织虽然也享有伦理价值,但其保护或者通过公法予以保护,或者在私法中规定容忍义务,可以通过及时声明、回应的方式而非设立私法人格权的方式解决。由于姓名使用权、肖像使用权属于特殊财产权,宜统一规定在具体人格权之后的位置。

3.关于名誉权、荣誉权和隐私权

(1)名誉权侵权方式不应包含侮辱。《民法典》第1024条第1款规定:"民事主体享有名誉权。任何组织或者个人不得以侮辱、诽谤等方式侵害他人的名誉权。"本款将侮辱作为侵害名誉的方式,与我国主流学说、民事立法和司法解释的惯常表达相符。但这种做法其实值得商榷。按本条第2款规定,名誉是对民事主体的品德、声望、才能、信用等的"社会评价",因此是社会对主体行为的相对客观的评价;侮辱则是行为人向受害人作出的、让受害人主观自尊受损的侵权方式。二者截然二物,不应混为一谈。实际上,侮辱他人构成法定人格权之外的人格利益之侵害,可通过人格保护的一般条款获得保护。正因为如此,王泽鉴教授将名誉侵权限于"事实陈述"与"意见表达"。[2]

(2)荣誉属于名誉的一种,无须单独规定荣誉权。《民法典》在规

---

〔1〕 参见房绍坤、曹相见:《法人人格权的立法论分析》,载《山东社会科学》2016年第12期。

〔2〕 参见王泽鉴:《人格权法》,北京大学出版社2013年版,第156页。

定名誉权的情况下,又于第1031条规定:"民事主体享有荣誉权。任何组织或者个人不得非法剥夺他人的荣誉称号,不得诋毁、贬损他人的荣誉。"虽然荣誉权在《民法通则》也有规定,但理论上仍存在独立人格权说[1]、身份权说[2]、非独立权说[3]的争论。本书赞同非独立权说:荣誉的本质是对行为人的社会评价,虽然其与名誉一样都是外部评价,但荣誉与行为人的努力、品行直接相关,构成行为人尊严的一部分,而不是外在于人的事物。虽然其在授予主体、表征内容上均与名誉不同,但只要它仍系针对行为人的社会评价,此种不同就不具有规范意义。事实上,与名誉需要逐渐积累一样,荣誉也需要努力;授予荣誉之后,荣誉即以名望的形式构成名誉的一部分。因此,在解释上,宜将荣誉纳入名誉的范围。

(3)《民法典》应顺应时势规定相对的隐私概念,同时解构个人信息概念。与《民法总则》一样,《民法典》第1034条第1款仅规定"自然人的个人信息受法律保护",没有明确赋予个人信息的独立权利地位。对此,一种意见认为,个人信息权有自己独立的权利内核,无法被其他权利所涵盖,在法律上应当规定独立的个人信息权,否则,将不适当地降低其法律地位。[4] 另一种意见则认为,没有规定个人信息权值得赞赏,"因为自然人的信息可以被他人收集、掌握和使用,而这种情况在大数据时代不仅仅是合法的,而且也是必需的,是对社会有积极意义的"[5]。本书赞同第二种意见。个人信息作为信息社会背景下的新生

---

〔1〕 参见张俊浩主编:《民法学原理》(上册)(修订第三版),中国政法大学出版社2000年版,第154页;张红:《〈民法典各分编(草案)〉人格权编评析》,载《法学评论》2019年第1期。
〔2〕 参见王利明:《人格权法研究》(第二版),中国人民大学出版社2012年版,第458页。
〔3〕 参见温世扬:《民法典人格权编草案评议》,载《政治与法律》2019年第3期;张新宝:《人格权法的内部体系》,载《法学论坛》2003年第6期。
〔4〕 参见王利明:《人格权法研究》(第二版),中国人民大学出版社2012年版,第124页;杨立新:《民法典人格权编草案逻辑结构的特点与问题》,载《东方法学》2019年第2期。
〔5〕 参见孙宪忠:《关于提交十三届全国人大常委会第十二次会议审议的民法典人格权编的审议意见》,载中国法学网(http://iolaw.cssn.cn/jyxc/201908/t20190828_4963546.shtml),访问日期:2019年8月30日。

事物,目前只是一个事实概念,而非人格权的权利对象。

在个人信息中,既存在具有表征功能的人格利益,如主动制作的名片、个人介绍上的人格利益,也有隐私的内容,如已被识别的个人信息,还有可能因信息具有社会属性而产生的财产利益,可能识别但尚未识别的个人信息即属此类。当然,已被识别的个人信息可能因"脱敏"而成为商业利用的对象,尚未识别的个人信息也可能因与其他信息结合而被识别。因此,只要对隐私采取基于场景理念的动态判断模式,个人信息上的人格利益就完全可以为隐私所吸收。事实上,隐私公开的绝对标准是对隐私的误读,因为隐私在其诞生之初就存在家庭、朋友、同事等关系维度,信息社会尤其呼唤以关系为视角的隐私公开相对标准。[1]

遗憾的是,虽然《民法典》第1032条第2款增设"不愿为他人知晓"作为隐私的要件,但同时又将隐私限定于生活安宁、私密空间、私密活动和私密信息,这就阻碍了从关系角度建构相对隐私概念的可能。有鉴于此,本书主张将隐私界定为"自然人不愿为他人知晓且存在合理信赖的空间、活动和信息"。

(4)《民法典》未规定信用权值得赞赏。《人格权编(草案)》一审稿原本规定了信用权,但二审稿、三审稿将其规定为个人信息的具体类型。《民法典》第1029条规定:"民事主体可以依法查询自己的信用评价;发现信用评价不当的,有权提出异议并请求采取更正、删除等必要措施。信用评价人应当及时核查,经核查属实的,应当及时采取必要措施。"这一规定显然受到了信用权理论争议的影响:虽然《德国民法典》《奥地利民法典》《希腊民法典》《葡萄牙民法典》等都规定了信用权,但否定的声音也很大,如有学者认为,信用与名誉难分彼此,其作为名誉的一部分,在法律已确认名誉权的情况下,无须对信用单独加以保

---

[1] 参见房绍坤、曹相见:《论个人信息人格利益的隐私本质》,载《法制与社会发展》2019年第4期。

护[1];或者说,信用与被评价人的人格利益并没有必然联系,应剥离信用中的人格与财产,使人格利益部分回归名誉,财产部分归入一般化财产利益或纯粹经济损失范畴。[2]

在"人格权编(草案)"二审时,仍有学者力主规定信用权。[3] 但本书认为,此种主张实无必要,因为无论是主观信用或者客观履约能力,均与名誉难分彼此。在德国,立法者最初将《德国民法典》第824条关于信用的规定设为名誉保护规范,而在随后的司法实践中,名誉等精神利益主要通过一般人格权在第823条第1款的框架内获得保护,第824条的意义仅是在违背事实宣称或公开特定陈述导致损害时扩大财产利益保护的范围。[4] 易言之,最初规定信用权的《德国民法典》,其实已经遗忘了信用权。而在当前的信息社会背景下,虽然个人信用攸关人的各种自由,但损害信用仍然是作为一种间接损失存在的。在因信用信息记载错误而导致信用受损时,只需请求信用评价人予以更正、删除即可。

四、结 语

在《民法典》编纂过程中,关于人格权的立法争论,几十年后追忆,或许为民法发展与立法史上的趣事。但在时下,即便人格权独立成编木已成舟、关于人格权的争论也趋于平静,但人格权立法折射出来的理论难题仍令有识之士寝食难安。应当承认,人格权立法在步步推进,理论研究却远未跟上步伐。因此,当我们在谈《民法典》人格权编的时代贡献时,也应牢记我们所肩负的学术使命。时下的问题是,人格权

---

[1] 参见张新宝:《我国人格权立法:体系、边界和保护》,载《法商研究》2012年第1期。
[2] 参见周云涛:《信用权之反思与重构》,载《北方法学》2010年第6期。
[3] 参见杨立新:《民法典人格权编草案逻辑结构的特点与问题》,载《东方法学》2019年第2期。
[4] 参见周云涛:《存疑信用权——〈德国民法典〉第824条分析》,载《政法论坛》2008年第2期。

的现代发展远未获得同财产权一样的理论支撑,但坚守传统民法典的立场也忽视了可能和应该作出的贡献。为此,如何完成比较法上人格权研究的未尽事宜,夯实《民法典》的理论基础,为民法学界当仁不让的使命。既有研究的涓涓细流能否汇成江河、形成学术合力,则有待于时间的检验。

后 记

人总是要说很多话，然后才能归于沉默。研究至此，若问我人格权是什么，我很有可能一时语塞。至于本书是否提供了一个观察的视角、可能的论证，抑或只是作者的胡说八道，则有待时间的检验。事实上，我已经不在乎这个问题，我今年37岁，从2011年到2022年，人格权的研究伴随着我的成长，它也让我认识到，理想从来不是所有人的大同世界，而是自己内心的安定与调适。

本书是我在山东农业大学工作期间主持的国家社会科学基金项目的结题成果，也得到了吉林大学法学院的大力支持，入选吉大日新法学文库。感谢国家，感谢学校，让我有充足的时间和经费开展自己喜欢的研究。本书大部分内容都已公开发表，感谢《中国社会科学》《浙江社会科学》《山东社会科学》《法学家》《法制与社会发展》《当代法学》《法学论坛》《法治研究》《河北法学》《南海法学》《浙江工商大学学报》《山东大学学报（哲学社会科学版）》的提携与不弃，使我的想法可以公之于众，供大家批评。

我何其有幸，从湖南到山东再到吉林，一路上得到各位师友、同事、同学的关心与帮助。我无以为报，只好遵照老师"不要多想，勇往直前"的教诲，教书育人，回馈社会。但我仍然要特别感谢恩师房绍坤教授、张平华教授的高风亮节；本书第一章、第二章、第四章以及余论的部分内容为我在读硕士、博士研究生期间协助老师完成的成果，但为本书的逻辑自洽计，两位恩师慨然授权，令学生动容。想起过去的岁月，脑海中总浮起《论语》里师生同乐的画面!

  感谢我的妻子和孩子,他们跟随我来到长春,克服了生活和习惯上的困难,一直保持着快乐生活的能力,他们是我写作的动力。感谢杨玉洁编辑、靳振国编辑、周希编辑、刘文科编辑为本书出版付出的努力。他们的专业能力、敬业精神、人文修养,让我印象深刻。

  愿世界美好、祖国富强。

曹相见

2022 年 12 月

图书在版编目(CIP)数据

人格权总论：传统与超越 / 曹相见著. —北京：北京大学出版社，2022.12
ISBN 978-7-301-33546-8

Ⅰ.①人… Ⅱ.①曹… Ⅲ.①人格—权利—法学—研究 Ⅳ.①D913.04

中国版本图书馆CIP数据核字(2022)第214702号

书　　　名	人格权总论：传统与超越 RENGEQUAN ZONGLUN：CHUANTONG YU CHAOYUE
著作责任者	曹相见　著
责 任 编 辑	周　希　靳振国
标 准 书 号	ISBN 978-7-301-33546-8
出 版 发 行	北京大学出版社
地　　　址	北京市海淀区成府路205号　100871
网　　　址	http://www.pup.cn　http://www.yandayuanzhao.com
电 子 信 箱	yandayuanzhao@163.com
新 浪 微 博	@北京大学出版社　@北大出版社燕大元照法律图书
电　　　话	邮购部 010-62752015　发行部 010-62750672 编辑部 010-62117788
印 刷 　者	北京中科印刷有限公司
经 销 　者	新华书店
	650mm×980mm　16开本　20.75印张　284千字 2022年12月第1版　2022年12月第1次印刷
定　　　价	79.00元

未经许可，不得以任何方式复制或抄袭本书之部分或全部内容。
版权所有，侵权必究
举报电话：010-62752024　电子信箱：fd@pup.pku.edu.cn
图书如有印装质量问题，请与出版部联系，电话：010-62756370